全国城市管理系列培训教材

城市管理行政执法实务

住房和城乡建设部城市管理监督局
全国市长研修学院（住房和城乡建设部干部学院）
组织编写

中国城市出版社

图书在版编目（CIP）数据

城市管理行政执法实务 / 住房和城乡建设部城市管理监督局，全国市长研修学院（住房和城乡建设部干部学院）组织编写. -- 北京：中国城市出版社，2024.8.（全国城市管理系列培训教材）. -- ISBN 978-7-5074-3739-3

Ⅰ．D922.1

中国国家版本馆 CIP 数据核字第 2024P0D524 号

为深入学习贯彻习近平新时代中国特色社会主义思想，贯彻落实《中共中央国务院关于深入推进城市执法体制改革改进城市管理工作的指导意见》精神，全面落实中央城市工作会议精神和党中央、国务院关于城市管理工作重大决策部署，进一步加强和改进新时代城市管理执法队伍教育培训工作，住房和城乡建设部城市管理监督局、全国市长研修学院（住房和城乡建设部干部学院）根据《干部教育培训工作条例》《2018-2022 年全国干部教育培训规划》《"十三五"行政机关公务员培训纲要》等文件要求，按照《全国城市管理执法队伍培训大纲》，组织编写《全国城市管理系列培训教材》。

责任编辑：李　慧
责任校对：赵　力

全国城市管理系列培训教材
城市管理行政执法实务
住房和城乡建设部城市管理监督局
全国市长研修学院（住房和城乡建设部干部学院）
组织编写

*

中国城市出版社出版、发行（北京海淀三里河路 9 号）
各地新华书店、建筑书店经销
北京鸿文瀚海文化传媒有限公司制版
建工社（河北）印刷有限公司印刷

*

开本：787 毫米 ×1092 毫米　1/16　印张：14　字数：310 千字
2024 年 8 月第一版　　2024 年 8 月第一次印刷
定价：55.00 元
ISBN 978-7-5074-3739-3
（904748）

版权所有　翻印必究
如有内容及印装质量问题，请与本社读者服务中心联系
电话：（010）58337283　　QQ：2885381756
（地址：北京海淀三里河路 9 号中国建筑工业出版社 604 室　邮政编码：100037）

前　言

为更好地积极推进严格规范公正文明执法，提高全国广大城市管理执法人员的业务素质和执法水平，受住房和城乡建设部城市管理监督局委托，全国市长研修学院（住房和城乡建设部干部学院）组织部分高校学者、相关专家和城市管理执法一线业务骨干联合编写《城市管理行政执法实务》一书，作为城市管理执法人员法律培训教材使用。编写本教材的目的是让广大城市管理执法人员通过学习本教材，全面掌握城市管理行政执法实务操作规程，运用科学的城市管理执法理论和方法，正确处理城市管理执法中出现的理论困惑与实践难题，实现严格规范公正文明执法。

为实现本教材的编写目的，编写人员从城市管理执法人员的知识结构要求和实践需要出发，确定了科学合理的教材体例和内在逻辑关系，其主要内容有：

第一章　城市管理执法程序
第二章　证据收集与运用
第三章　法律适用与司法衔接
第四章　城市市容市貌执法实务
第五章　城市环境卫生执法实务
第六章　城市园林绿化执法实务
第七章　城市市政公用执法实务
第八章　城市违法建设执法实务
第九章　城市管理执法突发事件及舆情应对
第十章　城市管理执法智慧应用

本教材作为供全国城市管理执法一线人员使用的培训教材，立足于城市管理执法实际，理论与实践相结合，具有以下特点：

1. 内容的实用性。本教材从城市管理行政执法程序入手，系统介绍了调查取证与法律适用的专业法律知识，为城管执法人员规范文明执法打下理论基础；结合城市管理执法主要内容，传授城市管理执法实务操作内容，使城管执法人员更好地在实践中规范文明执法。同时，本教材紧跟时代需求，增加了突发事件应对、智慧执法和行政诉讼典型案例等内容，进一步丰富了城管执法人员的知识结构，有利于提升城管执法人员的实战能力与执法水平。

2. 理论的指导性。本教材结合新修订的《中华人民共和国行政处罚法》等相关法律法规，将最新的法律法规和规章规定的内容写进教材，直接用于指导城市管理执法实践，具有很强的理论指导意义。

3. 适用的广泛性。本教材适合全国城市管理执法一线人员培训学习使用。

本教材的编写和出版发行是全体作者辛勤付出和集体智慧的结晶。按照章、节顺序排列，各位作者分工如下。

姚爱国：第一章

邱爱民：第二章

包振宇：第三章

袁留雷：第四章

向俊超：第五章

濮加友：第六章、第七章

马　云：第八章

刘宏宝、程　浩：第九章第一节

王　毅：第九章第二节

濮加友：第九章第三节

陈德华：第十章

本教材由王毅主编并负责统稿，崔迪、濮加友、袁留雷负责校稿，由住房和城乡建设部城市管理监督局、全国市长研修学院（住房和城乡建设部干部学院）组织相关专家进行讨论评审定稿。

由于编者水平有限，书中难免存在一些不足之处，敬请各位读者批评指正。

目 录

第一章　城市管理执法程序 … 1
　　第一节　简易程序 … 1
　　第二节　普通程序 … 3
　　第三节　听证程序 … 15
　　第四节　行政强制措施程序 … 18
　　第五节　行政强制执行程序 … 21

第二章　证据收集与运用 … 27
　　第一节　应当查明的案件事实 … 27
　　第二节　查明案件事实的手段 … 32
　　第三节　证据收集及其规范化操作 … 38
　　第四节　证据分析与事实认定 … 49

第三章　法律适用与司法衔接 … 55
　　第一节　法律适用概述 … 55
　　第二节　法律依据发现 … 57
　　第三节　法律冲突解决 … 63
　　第四节　法律解释方法 … 71
　　第五节　法律推理技术 … 76
　　第六节　行刑衔接问题 … 80

第四章　城市市容市貌执法实务 … 86
　　第一节　城市市容市貌违法行为的概念、种类和特征 … 86
　　第二节　查处城市市容市貌违法行为程序及注意的问题 … 88
　　第三节　城市市容市貌各类违法行为取证重点、事实认定与行政处罚 … 97
　　第四节　城市市容市貌违法行为的法律适用与执行 … 100

第五章　城市环境卫生执法实务 … 107
　　第一节　城市环境卫生违法行为概念和种类 … 107

第二节　环境卫生违法行为查处程序及注意的问题 ········· 109

　　第三节　城市环境卫生违法行为取证重点、事实认定与行政处罚 ········· 112

第六章　城市园林绿化执法实务 ········· 118

　　第一节　城市园林绿化违法行为概念、种类 ········· 118

　　第二节　城市园林绿化违法行为查处程序及注意的问题 ········· 119

　　第三节　园林绿化各类违法行为取证重点、事实认定与行政处罚 ········· 121

第七章　城市市政公用执法实务 ········· 129

　　第一节　城市市政公用违法行为概念、种类 ········· 129

　　第二节　城市市政公用违法行为查处程序及注意的问题 ········· 129

　　第三节　市政公用各类违法行为取证重点、事实认定与行政处罚 ········· 132

第八章　城市违法建设执法实务 ········· 150

　　第一节　违法建设基本概念和种类 ········· 150

　　第二节　违法建设查处程序及注意的问题 ········· 151

　　第三节　违法建设的取证与事实认定 ········· 153

　　第四节　违法建设处罚的法律依据及其适用 ········· 159

　　第五节　违法建设案件的执行 ········· 162

第九章　城市管理执法突发事件及舆情应对 ········· 165

　　第一节　妨碍执法行为处置 ········· 165

　　第二节　城管执法人员刑事保障 ········· 174

　　第三节　城市管理执法舆情应对 ········· 188

第十章　城市管理执法智慧应用 ········· 194

　　第一节　智慧执法办案 ········· 194

　　第二节　智慧执法勤务 ········· 202

　　第三节　智慧执法考核 ········· 204

　　第四节　智慧执法督察 ········· 208

　　第五节　非现场执法 ········· 209

　　第六节　执法对象分类分级监管 ········· 212

第一章 城市管理执法程序

第一节 简易程序

一、行政处罚简易程序概论

行政处罚的简易程序又称"当场处罚程序",是指行政机关对于事实清楚、情节简单、后果轻微的行政违法行为,依法当场作出行政处罚决定的程序。

在行政管理实践中,一些违法行为事实清楚、情节轻微。这类行为一方面具有违法性,必须依法查处;另一方面,数量大、查处起来相对比较容易,如果按普通程序办理,势必影响行政效率。《行政处罚法》从实际情况出发,在普通程序外设立了简易程序。相对于普通程序而言,简易程序步骤简单,操作简便,相关法律、法规规定比较明晰。

依据《中华人民共和国行政处罚法》(以下简称《行政处罚法》),适用简易程序的行政处罚案件条件是:违法事实确凿;对该违法行为处以行政处罚有明确、具体的法定依据;处罚结果较为轻微。主要步骤为:向当事人表明身份、出示执法证件;填写行政处罚决定书,当场交付当事人;报所属行政机关备案。

二、简易程序的适用、决定和执行

(一)简易程序的适用

《行政处罚法》第五十一条规定:"违法事实确凿并有法定依据,对公民处以二百元以下、对法人或者其他组织处以三千元以下罚款或者警告的行政处罚的,可以当场作出行政处罚决定。法律另有规定的,从其规定。"本次修订调整了简易程序的适用条件,降低了适用门槛。

(二)简易程序的决定

《行政处罚法》第五十二条规定:"执法人员当场作出行政处罚决定的,应当向当事人出示执法证件,填写预定格式、编有号码的行政处罚决定书,并当场交付当事人。当事人拒绝签收的，应当在行政处罚决定书上注明。

前款规定的行政处罚决定书应当载明当事人的违法行为，行政处罚的种类和依据、罚款数额、时间、地点，申请行政复议、提起行政诉讼的途径和期限以及行政机关名称，并由执法人员签名或者盖章。

执法人员当场作出的行政处罚决定，应当报所属行政机关备案。"

此条规定明确了拒签情形的处置、当场处罚决定书的内容等，完善了简易程序的决定程序，更加便于实践操作。

（三）简易程序的执行

《行政处罚法》第五十三条规定："对当场作出的行政处罚决定，当事人应当依照本法第六十七条至第六十九条的规定履行。"

三、适用简易程序应注意的问题

（一）符合简易程序适用条件是否必须进行当场处罚

《行政处罚法》第五十一条对于当场处罚的规定是"可以"，而非"应当"或者"必须"。因此，符合简易程序适用条件并非必须当场处罚。对于"违法事实确凿并有法定依据，对公民处以二百元以下、对法人或者其他组织处以三千元以下罚款或者警告的行政处罚"，也可适用普通程序作出行政处罚决定。

（二）适用当场处罚是否需要事先告知

《行政处罚法》将有关"事先告知"和"听取陈述申辩"的第四十四条、第四十五条放在"第五章 行政处罚的决定"中的"第一节 一般规定"中，此为行政处罚程序的普适性规定。因此，《行政处罚法》修订后，适用简易程序当场处罚也需进行事先告知、听取当事人陈述申辩。不过可以简化程序，比如采用口头告知，或者在格式文书中告知等。这是正当程序原则的必然要求。

（三）穿着制服进行简易程序执法是否可以不出示执法证件

关于出示执法证件，《行政处罚法》第五十五条规定："执法人员在调查或者进行检查时，应当主动向当事人或者有关人员出示执法证件。当事人或者有关人员有权要求执法人员出示执法证件。执法人员不出示执法证件的，当事人或者有关人员有权拒绝接受调查或者检查。"可见，无论是简易程序还是普通程序，执法人员在实施相关执法活动时，均需出示执法证件。《城市管理执法行为规范》第十条规定："城市管理执法人员实施执法时，应当出示行政执法证件，告知行政相对人权利和义务。"第十六条规定："城市管理执法人员实施执法时,应当穿着统一的制式服装,佩戴统一的标志标识。"《住房和城乡建设行政处罚程序规定》第十一条第二款规定:"执法人员在案件调查取证、听取陈述申辩、参加听证、送达执法文书等直接面对当事人或者有关人员的活动中,应当主动出示执法证件。配备统一执法制式服装或者执法标志标识的,应当按照规定着装或者佩戴执法标志标识。"因此,城市管理执法人员穿着制服进行简易程序执法也应出示执法证件,这是表明身份、文明执法的基本要求。

第二节　普通程序

普通程序为行政处罚的一般程序,是行政机关实施行政处罚的基本程序,适用于处罚较重或情节复杂的案件,以及当事人对当场处罚的事实认定有分歧而无法作出行政处罚决定的案件。

一、立案

(一)法条规定

立案是行政处罚普通程序的开始,"先立案后查处"是普通程序的最基本要求。《行政处罚法》第五十四条规定:"除本法第五十一条规定的可以当场作出的行政处罚外,行政机关发现公民、法人或者其他组织有依法应当给予行政处罚的行为的,必须全面、客观、公正地调查,收集有关证据;必要时,依照法律、法规的规定,可以进行检查。

符合立案标准的,行政机关应当及时立案。"

(二)立案标准

《住房和城乡建设行政处罚程序规定》第十五条第二款规定:"经核查,符合下列条件的,应当予以立案:(一)有初步证据证明存在违法行为;(二)违法行为属于本机关管辖;(三)违法行为未超过行政处罚时效。"第三款规定:"立案应当填写立案审批表,附上相关材料,报本机关负责人批准。"

(三)立案前的先行调查

对立案前核查、监督检查过程中依法取得以及移送机关依职权调查收集材料的证据效力予以认可,既符合《行政处罚法》的基本原则与立法精神,也有利于提高执法效率。《住房和城乡建设行政处罚程序规定》第十五条第四款规定:"立案前核查或者监督检查过程中依法取得的证据材料,可以作为案件的证据使用。"但是,若行政处罚的主要证据均于立案前取得,则涉嫌构成程序违法。

(四) 不予立案

对于不予立案的情形，《行政处罚法》未作规定。有的规章对此作了规定，如《市场监督管理行政处罚程序规定》第二十条规定："经核查，有下列情形之一的，可以不予立案：（一）违法行为轻微并及时改正，没有造成危害后果；（二）初次违法且危害后果轻微并及时改正；（三）当事人有证据足以证明没有主观过错，但法律、行政法规另有规定的除外；（四）依法可以不予立案的其他情形。

决定不予立案的，应当填写不予立案审批表。"

应当注意的是，对于上述不予立案适用的要求是"可以"，而非"应当"。实践中，"违法行为轻微并及时改正，没有造成危害后果""初次违法且危害后果轻微并及时改正""当事人有证据足以证明没有主观过错"等量罚情节，通常需经过调查才能够认定。

(五) 撤销立案

《行政处罚法》第五十四条第二款规定："符合立案标准的，行政机关应当及时立案。"已经立案即是经过行政机关初步调查"符合立案标准"。立案后，经调查发现具有法定情形的，可以依法终止调查；调查终结，发现违法行为轻微，依法可以不予行政处罚的，或者违法事实不能成立的，应当作出不予行政处罚决定。鉴于目前大部分法律、法规、规章没有对撤销立案作出规定，因此，在没有法定依据情况下，应当谨慎作出撤销立案决定。

二、调查取证

《行政处罚法》第五十四条至第五十六条对于调查取证作出了具体规定，具体方法包括询问、检查、抽样取证、先行登记保存等。

(一) 调查取证的概念

调查取证是指有调查取证权的城市管理执法机关为了查明案件事实的需要，向有关单位、个人进行调查、收集证据等活动，是行政处罚程序的重要环节，主要内容包括调查、取证、检查等；调查、取证、检查既相互区别又相互联系。

(二) 调查取证的原则

按照《行政处罚法》第五十四条第一款相关规定，除可以当场作出的行政处罚外，行政机关发现公民、法人或者其他组织有依法应当给予行政处罚的行为的，必须全面、客观、公正地调查，收集有关证据；必要时，依照法律、法规的规定，可以进行检查。

(三) 调查取证的规则

目前，我国现行法律法规对于调查取证的规则未作统一规定。实践中必须注意以下两点：

1. 法律、法规、规章已经作出明确规定的，必须严格遵守

如《住房和城乡建设行政处罚程序规定》第十六条规定："执法人员询问当事人及有关人员，应当个别进行并制作笔录，笔录经被询问人核对、修改差错、补充遗漏后，由被询问人逐页签名或者盖章。"第十七条规定："执法人员收集、调取的书证、物证应当是原件、原物。调取原件、原物有困难的，可以提取复制件、影印件或者抄录件，也可以拍摄或者制作足以反映原件、原物外形或者内容的照片、录像。复制件、影印件、抄录件和照片、录像应当标明经核对与原件或者原物一致，并由证据提供人、执法人员签名或者盖章。

提取物证应当有当事人在场，对所提取的物证应当开具物品清单，由执法人员和当事人签名或者盖章，各执一份。无法找到当事人，或者当事人在场确有困难、拒绝到场、拒绝签字的，执法人员可以邀请有关基层组织的代表或者无利害关系的其他人到场见证，也可以用录像等方式进行记录，依照有关规定提取物证。

对违法嫌疑物品或者场所进行检查时，应当通知当事人在场，并制作现场笔录，载明时间、地点、事件等内容，由执法人员、当事人签名或者盖章。无法找到当事人，或者当事人在场确有困难、拒绝到场、拒绝签字的，应当用录像等方式记录检查过程并在现场笔录中注明。"

2. 法律、法规未作出明确规定的，要遵守正当程序原则

"正当程序"原则要求行政机关在作出可能对当事人不利的行政决定之前，应当通过一种特定程序保障当事人享有必要的知情权；当事人在此基础上行使辩护权和防卫权，以切实维护自身合法权益，促进行政机关依法行使权力。

（四）中止调查

《住房和城乡建设行政处罚程序规定》第三十条规定："案件处理过程中，有下列情形之一，经执法机关负责人批准，中止案件调查：（一）行政处罚决定须以相关案件的裁判结果或者其他行政决定为依据，而相关案件尚未审结或者其他行政决定尚未作出的；（二）涉及法律适用等问题，需要报请有权机关作出解释或者确认的；（三）因不可抗力致使案件暂时无法调查的；（四）因当事人下落不明致使案件暂时无法调查的；（五）其他应当中止调查的情形。

中止调查情形消失，执法机关应当及时恢复调查程序。中止调查的时间不计入案件办理期限。"

（五）关于音像记录

对于行政机关的调查取证行为，并未强制性要求同步音像记录，具体要根据实际情况进行。若执法行为系"查封扣押财产、强制拆除等直接涉及人身自由、生命健康、重大财

产权益的现场执法活动和执法办案场所",应当依法进行音像记录。

三、重大行政处罚决定法制审核

(一) 审核人员

根据《行政处罚法》第五十八条规定,"在行政机关负责人作出行政处罚的决定之前,应当由从事行政处罚决定法制审核的人员进行法制审核""行政机关中初次从事行政处罚决定法制审核的人员,应当通过国家统一法律职业资格考试取得法律职业资格。"

(二) 审核范围

根据《行政处罚法》第五十八条规定,有下列情形之一的应当进行法制审核;未经法制审核或者审核未通过的,不得作出决定:(一)涉及重大公共利益的;(二)直接关系当事人或者第三人重大权益,经过听证程序的;(三)案件情况疑难复杂、涉及多个法律关系的;(四)法律、法规规定应当进行法制审核的其他情形。

关于重大行政处罚决定法制审核范围的确定,实践中应当注意把握以下3点:

1. 法制审核适用于普通程序。

《行政处罚法》将重大行政处罚决定法制审核置于"第三节 普通程序"中,表明其不适用于简易程序。

2. 应制定法制审核目录清单,确定审核范围。

《行政处罚法》第五十八条有关重大行政处罚决定法制审核范围规定:一是对于涉及重大公共利益的,不要求"可能造成重大社会影响或引发社会风险"。二是对于直接关系当事人或者第三人重大权益,要求"经过听证程序"。即排除两类情形:直接关系当事人或者第三人重大权益,但没有"经过听证程序";经过听证程序,但并非"直接关系当事人或者第三人重大权益"。三是以"法律、法规规定应当进行法制审核的其他情形"作为兜底。

3. 行政机关自行扩大审核范围,法律并不禁止。

(三) 审核内容

对于审核内容,《行政处罚法》未作规定。根据《住房和城乡建设行政处罚程序规定》第二十四条规定,主要包括:行政处罚主体是否合法,行政执法人员是否具备执法资格;行政处罚程序是否合法;当事人基本情况、案件事实是否清楚,证据是否合法充分;适用法律、法规、规章是否准确,裁量基准运用是否适当;是否超越执法机关法定权限;行政处罚文书是否完备、规范;违法行为是否涉嫌犯罪、需要移送司法机关;法律、法规规定应当审核的其他内容。

实践中应当注意把握以下 4 点：

1. 要进行全流程审核。具体包括执法主体资格、权限、程序、依据、认定事实、适用法律、两法衔接等 7 个方面。

2. 要客观审核判断。即：依据现有移送材料作出判断，不对未来执法证据材料作出判断；无需帮助执法机构收集证据。否则将导致责任不清。

3. 要出具书面意见。书面审核意见不同于案审会意见，案审会发言不能替代书面审核意见；在不同意的情况下，需要出具独立的专门的书面意见，阐明问题所在，履行审查责任，有据可查。

4. "再次报送法制审核"未限定次数。《住房和城乡建设行政处罚程序规定》第二十五条第二款规定："对执法机关负责法制审核工作的机构提出的意见，执法人员应当进行研究，作出相应处理后再次报送法制审核。"法制审核机构可以审核多次，出具多个审核意见。法制审核机构完成审核后，要根据不同情形，提出"同意处罚""建议补充调查""建议改正""建议按有关规定移送"等书面审核意见。行政执法承办机构要对法制审核机构的审核意见进行研究，作出相应处理后再次报送法制审核。

（四）审核时限

《住房和城乡建设行政处罚程序规定》第二十五条第一款规定："执法机关负责法制审核工作的机构应当自收到审核材料之日起十日内完成审核……"

法制审核制度重新创设了行政程序，目的在于实施自我约束。效率优先、兼顾公平原则要求行政执法承办机构和法制审核机构须共同接受既有法定时限的约束，对于需要进行实质审核的行政处罚等执法行为，在考虑法制审核一次不通过、需要重新进行法制审核等环节的基础上重新设计执法流程。

（五）审核形式

对于审核形式，《行政处罚法》未作规定，但实践中，有的出具独立的书面法制审核文书，也有的在行政处罚审批表的基础上增加"法制审核机构意见"栏目。通说认为，法制审核应当采用独立的书面形式，包含具体的审核内容和意见❶。

（六）审核责任

对于审核责任，《行政处罚法》未作规定，实践中应当注意把握以下 4 点：

1. 行政执法机关主要负责人是推动落实本机关重大行政处罚决定法制审核制度的第一责任人，对本机关作出的行政处罚决定负责。

2. 要结合实际，确定法制审核流程，明确送审材料报送要求和审核的方式、时限、

---

❶ 参见江必新、夏道虎主编：《中华人民共和国行政处罚法条文解读与法律适用》，第五十八条【法制审核】的解读。

责任等，建立健全法制审核机构与行政执法承办机构对审核意见不一致时的协调机制。

3. 行政执法承办机构对送审材料的真实性、准确性、完整性，以及执法的事实、证据、法律适用、程序的合法性负责。法制审核机构不负责证据收集；出现因材料不合法导致的审核错误，由行政执法承办机构负责。

4. 法制审核机构对审核意见负责。特别应当注意的是，要坚守底线，坚持应审尽审；要严格审查，全面提出问题，特别是合法性问题。

四、事先告知

关于行政处罚普通程序中的事先告知，主要涉及《行政处罚法》第四十四条、第四十五条、第六十二条。

（一）事先告知与法制审核谁先谁后

在行政处罚实践中，调查终结后，如何进行事先告知与法制审核，有两种不同做法。一是先告知、后法制审核；二是先法制审核、后告知。上述两种做法虽然阶段各有不同，但都是在法律规定的"行政机关负责人作出决定之前"进行，因而程序上都不违法。

采用何种做法，要兼顾合法与效率原则。考虑到行政处罚事先告知是对当事人作出的，而且修订后的《行政处罚法》要求精准告知行政处罚决定的内容，在行政处罚事先告知前进行法制审核，可以避免出现多次进行告知以及违反"不得因当事人陈述、申辩而给予更重的处罚"情况，一方面保障合法行政，减少执法风险，另一方面还可以节省行政资源，提高行政效率。因此执法机关内部法制审核后，告知行政相对人比较精准。

（二）陈述申辩权与听证权能否一并进行告知

《行政处罚法》第四十四条规定："行政机关在作出行政处罚决定之前，应当告知当事人拟作出的行政处罚内容及事实、理由、依据，并告知当事人依法享有的陈述、申辩、要求听证等权利。"显然，适用听证程序的案件，陈述、申辩权利与听证权利可以一并告知。而且从效率原则出发，也不应当分别告知。

（三）作出不予行政处罚决定是否需要事先告知

《行政处罚法》对此虽然未作规定，但对于作出不予行政处罚决定是否需要事先告知，不能一概而论，要结合决定的内容具体问题具体分析。《行政处罚法》第五十七条第一款规定："调查终结，行政机关负责人应当对调查结果进行审查，根据不同情况，分别作出如下决定：（一）确有应受行政处罚的违法行为的，根据情节轻重及具体情况，作出行政处罚决定；（二）违法行为轻微，依法可以不予行政处罚的，不予行政处罚；（三）违法事实不能成立的，不予行政处罚；（四）违法行为涉嫌犯罪的，移送司法机关。"其中，不予行政处罚分为两种情形：一是"违法行为轻微，依法可以不予行政处罚"；二是"违法事实不能成立"。对于"违法行为轻微，依法可以不予行政处罚"，虽然结果是不予处罚，但实际上认可了违法行为的存在，即对当事人作出了否定性评价，此种情况下，按照正当程序原则要求，即应予以事先告知。而对于"违法事实不能成立"，法律规定是"不得给予行政处罚"，此种情况下不予处罚，一般无需事先告知。

（四）特定情况下是否需要重新告知

实践中应视具体情况分别对待。

1. 若行政处罚决定认定事实、理由、依据以及处罚种类等均没有变化，只是对违法行为的程度作了减小或减轻了处罚结果，则无需再次告知。此类情况或有可能是行使陈述权、申辩权的结果。

2. 若行政处罚决定对告知的违法事实有了扩大，或有了新的事实和法律依据，或重新对违法行为进行定性，或加重了拟处罚结果，或增加了处罚种类等，均应再次告知。因为当事人的陈述、申辩是基于原来的告知内容，若有调整，特别是不利于当事人的调整，当事人对于该调整内容仍然享有陈述、申辩权，这对保护当事人的权利，防止和减少行政机关的失误十分必要。

3. 关于行政处罚决定因行政复议或行政诉讼被撤销，或者行政机关自行撤销后，重新作出同样内容的行政处罚是否需要重新告知，也可参照上述规则处理。

（五）对于当事人陈述、申辩是否需要书面回复

根据《行政处罚法》第四十五条第一款规定，行政机关必须充分听取当事人的陈述、申辩意见，对当事人提出的事实、理由和证据，应当进行复核；当事人提出的事实、理由或者证据成立的，行政机关应当采纳。据此，对于当事人的陈述、申辩，行政机关的法定义务有三项：一是"必须"充分听取；二是"应当"进行复核；三是事实、理由或者证据成立的"应当"予以采纳。但是，对于行政机关以何种形式进行听取、复核，或者采纳，《行政处罚法》未作要求。

对于当事人陈述和申辩，《行政处罚法》没有要求行政机关以书面形式进行回复。《住房和城乡建设行政处罚程序规定》第二十二条第一款规定："执法机关必须充分听取当事人的意见，对当事人提出的事实、理由和证据进行复核，并制作书面复核意见。当事人提出的事实、理由或者证据成立的，执法机关应当予以采纳，不得因当事人陈述、申辩而给予更重的处罚。"可见，住房和城乡建设执法机关对于当事人的陈述申辩应当制作"书面复核意见"。

五、审查与决定

案件调查结束后，调查人员应就所取得的事实和证据进行分析判断，形成案件调查报告，报行政机关负责人审查，根据不同情况分别作出决定。

《行政处罚法》第五十七条规定："调查终结，行政机关负责人应当对调查结果进行审查，根据不同情况，分别作出如下决定：（一）确有应受行政处罚的违法行为的，根据情节轻重及具体情况，作出行政处罚决定；（二）违法行为轻微，依法可以不予行政处罚的，不予行政处罚；（三）违法事实不能成立的，不予行政处罚；（四）违法行为涉嫌犯罪的，移送司法机关。

对情节复杂或者重大违法行为给予行政处罚，行政机关负责人应当集体讨论决定。"本条规定实际上是对行政机关负责人集体讨论决定程序适用范围的进一步明确——不以结果为导向，也不再强调必须是给予"较重的"行政处罚才需进行集体讨论决定。

（一）行政机关负责人集体讨论决定程序的法律定位

1. 集体讨论决定程序的性质

集体讨论决定程序最初作为一项在行政机关内部实行的程序，体现了行政自制理念。但是，法条中的"应当"即"必须"，属于命令性规范，具有强制性，它所规定的行为明确而肯定，不允许随意变更或违反。

2. 未按要求进行集体讨论决定的后果

行政机关负责人集体讨论决定属于法定程序；应当集体讨论决定而未按要求实施的，属于违反法定程序。根据《中华人民共和国行政诉讼法》（2017年修正版）第七十条第三项规定，人民法院应当判决撤销或者部分撤销，并可以判决重新作出行政行为，而不应以程序瑕疵为由确认违法。

（二）行政机关负责人集体讨论决定程序的适用范围

根据《行政处罚法》第五十七条第二款规定，行政机关负责人应当集体讨论决定的范围是"对情节复杂或者重大违法行为给予行政处罚"。司法实践对于"情节复杂或者重大违法行为"理解不一，裁判口径相差较大。比如，对于城市管理执法中的责令限期拆除案件，主要观点有：

1. 法律未作普遍性的强制要求，未经集体讨论并未违反法定程序

如聂某安诉某市住房和城乡建设局城乡建设行政管理案，云南省高级人民法院认为：《中华人民共和国城乡规划法》（以下简称《城乡规划法》）第六十四条和《行政处罚法》对"限期拆除"的行政处罚是否须经负责人集体讨论程序并未作普遍性的强制要求，本案中，住房和城乡建设局认为聂某安未经规划许可擅自建设简易建筑的违法事实清楚、证据确凿，在此情况下其未经负责人集体讨论并未违反法定程序，聂某安的该再审申请理由不能成立。

2. 作出限期拆除建筑物即较重的行政处罚决定之前，应当集体讨论决定

如某市自然资源局与富某土地处罚纠纷再审案，辽宁省高级人民法院认为：根据《行

政处罚法》的规定，市规划和国土资源局浑南分局对富某作出限期拆除建筑物即较重的行政处罚决定之前，应当经过本单位领导集体讨论决定，但是市规划和国土资源局浑南分局未提供其对富某作出的处罚决定经过了本单位领导集体讨论决定的证据。因此，市规划和国土资源局浑南分局对富某作出的处罚决定主要证据不足，不符合法定程序，原审判决予以撤销并无不当。

3. 涉及3000多平方米建筑的处理，对被处罚人权利造成重大影响，理应经过集体讨论

如某纺织公司与某市城市管理综合行政执法局行政处罚一案，江苏省南通市中级人民法院认为：本案中涉及对某纺织公司3000多平方米建筑的处理，对被处罚人权利造成重大影响，理应经过集体讨论程序。市城管局在一、二审程序中亦称经过集体讨论，其对此应当提供证据予以证明。

（三）行政机关负责人集体讨论决定程序的操作要求

根据《最高人民法院关于适用〈中华人民共和国行政诉讼法〉若干问题的解释》第一百二十八条第一款的规定，行政机关负责人包括行政机关的正职、副职负责人以及其他参与分管的负责人。"其他参与分管的负责人"一般指行政机关参与分管具体工作的党组成员、行政首长助理等。行政机关的法制工作机构、派出机构（如分局）、受委托组织（如执法支队、执法中心等）负责人不属于行政机关负责人。行政机关负责人集体讨论时，上述有关负责同志可以参加，就案件事实和法律适用等陈述意见，但不能参与表决。

不得在法定程序尚未完结的情况下先期集体讨论，行政机关负责人集体讨论应当通过会议形式履行程序。

六、作出行政处罚决定

行政处罚决定书是行政机关针对当事人的行政违法行为，在履行调查取证、处罚告知等法定程序的基础上制作的，记载当事人违法事实、处罚理由、依据和决定内容等事项的具有法律强制力的法律文书，是对行政管理相对人产生直接影响的法律文书。作出行政处罚决定是行政处罚程序中十分重要的步骤。

（一）行政处罚决定书制作要领

《行政处罚法》对有关作出行政处罚决定的规定作出了文字调整。实践中，制作行政处罚决定书应当注意以下问题。

1. 要件内容齐全

《行政处罚法》第五十九条对行政处罚决定书的内容作了明确的规定，这些内容缺一不可，不能随意取舍。具体要求包括：

（1）适用依据正确到位。实践中，对于行政法律文书适用依据不正确、不到位问题，相关司法裁判认识不一，有撤销、指正和认可3种截然不同的态度。为充分保障行政相对人的合法权益，监督行政机关依法行政，行政处罚决定的适用依据应当具体到法律、法规、规章的条、款、项、目；条、款、项、目表述不到位，甚至表述错误的，应当认定为适用法律错误。

（2）决定内容明确具体。行政处罚决定书中，行政处罚的种类和依据、行政处罚的履行方式和期限等必须明确具体，不能出现"建议""拟"等不确定用语。

（3）诉权交代准确完整。行政处罚决定书要准确列明申请行政复议、提起行政诉讼的期限、受理机关等。实践中，常有行政机关在这方面出现问题。

2. 说理逻辑严密

目前，各地各部门正在推行说理式法律文书。这就要求在认定违法事实方面，证据要明确、具体，并围绕违法行为构成要件逐一进行列举分析。法律适用方面，要将当事人的违法事实与法律禁止性规定相对照，充分说明处罚的理由和依据，对案件进行定性，明确具体罚则。特别是当事人陈述申辩的内容以及核实情况，从轻、从重或者减轻情节的适用，自由裁量基准的对应，以及行政机关负责人集体讨论决定等，都应当在行政处罚决定书中完整说明。

3. 语言精炼准确

行政处罚决定书的语言文字必须准确、规范，要做到语言明白清晰、使用法言法语、叙述言简意赅、句子结构完整。信息时代，法律文书中的任何差错都有可能发酵放大，进而引发舆情，必须十分谨慎。

4. 格式统一规范

上级主管部门和本级人民政府对行政处罚决定书格式有明确规定的，按照有关规定执行。

（二）不予行政处罚决定书制作要领

根据《行政处罚法》第五十七条第一款第二项、第三项规定，调查终结后不予行政处罚的，需要作出书面决定。但是，行政处罚法对于不予行政处罚决定书的内容未作规定。

需要注意的是，不予行政处罚决定亦有可能对行政相对人或利害关系人的权益产生影响，进而引发争议。故不予行政处罚决定书也应按照《行政处罚法》第五十九条，载明当事人的姓名或者名称、地址，行政机关查明的事实和证据，不予处罚的理由和依据，申请行政复议、提起行政诉讼的途径和期限，作出决定的行政机关名称和日期等事项，并加盖作出决定的行政机关印章。

（三）普通程序办理期限

《行政处罚法》第六十条规定："行政机关应当自行政处罚案件立案之日起九十日内作

出行政处罚决定。法律、法规、规章另有规定的，从其规定。"此为本次修法新增条款，明确适用普通程序的行政处罚案件，行政机关应当自立案之日起九十日内作出行政处罚决定。考虑到不同领域、不同行业的特点，在规定九十日的一般办案期限同时，也赋予了法律、法规、规章"另有规定"的权力，兼具原则性与灵活性。

在实践运用中应注意到的问题。

1. 一般办理期限：九十日

（1）期限的起止

根据《行政处罚法》第六十条规定，九十日的办理期限自"行政处罚案件立案之日起"，至"作出行政处罚决定"止。如前所述，本次修法将立案作为行政处罚普通程序的启动标志，而且，"作出行政处罚决定"是明确而具体的行政执法行为。因此，九十日的办理期限应当是闭环的法定期间。

（2）期限的扣除

行政处罚决定的送达、执行时间等均不计入办理期限。主要原因是行政执法普遍面临"送达难""执行难"等问题，若考虑送达、执行环节所需时间，势必愈加复杂而无法确定。

此外，案件办理过程中的听证、检测、检验、检疫或者技术鉴定等时间一般也不计入办理期限，但是，宜以"法律、法规、规章另有规定"为据。至于法制审核时间，则不予扣除。

2. 除外情形："法律、法规、规章另有规定"

《行政处罚法》第六十条在明确九十日一般办理期限的同时，又规定"法律、法规、规章另有规定的，从其规定"。"法律、法规、规章另有规定"，既包括更长或者更短期限，也包括该期限的计算以及中止、延长等。比如，《住房和城乡建设行政处罚程序规定》第二十九条规定："执法机关应当自立案之日起九十日内作出行政处罚决定。因案情复杂或者其他原因，不能在规定期限内作出行政处罚决定的，经本机关负责人批准，可以延长三十日。案情特别复杂或者有其他特殊情况，经延期仍不能作出行政处罚决定的，应当由本机关负责人集体讨论决定是否再次延期，决定再次延期的，再次延长的期限不得超过六十日。

案件处理过程中，听证、检测、检验、鉴定等时间不计入前款规定的期限。"

3. 正确理解与适用一般办理期限需要注意的问题

一是没有除外规定的执法领域，九十日期限不可延长；二是只有"法律、法规、规章"才可作出另外规定。

（四）关于责令改正通知书和行政机关印章

责令改正可以先于行政处罚，也可以与行政处罚同时进行，因此可以同时下达行政处罚决定书和责令改正通知书。

简易程序行政处罚决定书已印有行政机关电子印章，故不需要再加盖行政机关印章。

普通程序行政处罚决定书必须加盖行政机关印章。

七、送达

送达是指行政机关按照法定程序和方法将法律文书送交当事人的行为。《行政处罚法》对于行政处罚决定书送达作了明确规定。

（一）法条规定

《行政处罚法》第六十一条规定：''行政处罚决定书应当在宣告后当场交付当事人；当事人不在场的，行政机关应当在七日内依照《中华人民共和国民事诉讼法》的有关规定，将行政处罚决定书送达当事人。

当事人同意并签订确认书的，行政机关可以采用传真、电子邮件等方式，将行政处罚决定书等送达当事人。''

（二）法定送达方式

《行政处罚法》第四十七条规定：''行政机关应当依法以文字、音像等形式，对行政处罚的启动、调查取证、审核、决定、送达、执行等进行全过程记录，归档保存。''据此，在送达法律文书时，应当以文字或者音像等形式对送达的全过程进行记录，并归档保存。

（1）直接送达。又称交付送达，是指行政机关将行政处罚决定书直接交付给受送达人签收的送达方式。直接送达是最基本的送达方式，一般情况下，受送达人是公民的，由该公民直接签收；该公民不在时可交由与其同住的成年家属签收。受送达人是法人的，交由其法定代表人或者该法人负责收件的人签收；受送达人是其他组织的，交由其主要负责人或者该组织负责收件的人签收。依据：主要包括《中华人民共和国民事诉讼法》（以下简称《民事诉讼法》）第八十八条，《最高人民法院关于适用〈中华人民共和国民事诉讼法〉的解释》（法释〔2022〕11号，以下简称2022年《民诉解释》）第一百三十一条。

（2）留置送达。是指受送达人无理拒收行政处罚决定书时，行政机关依法将其放置在受送达人的住所并产生送达的法律效力的送达方式。依据：主要包括《民事诉讼法》第八十九条，2022年《民诉解释》第一百三十条。

（3）邮寄送达。是指行政机关将所送达的行政处罚决定书通过邮局采用挂号信寄给受送达人的方式。依据：主要包括《民事诉讼法》第九十一条。

注意：应当将当事人同意电子送达的确认书、电子送达截图、系统显示发送成功及其日期的截图、当事人收悉截图等全过程进行记录，并归档保存。

（4）委托送达。是指行政机关直接送达行政处罚决定书有困难时，委托其他行政机关代为送达。这种送达方式在行政执法中使用不多。依据：主要包括《民事诉讼法》第九十一条。

（5）电子送达。是指行政机关通过传真、电子邮件等方式将行政处罚决定书发送给受送达人的行为。依据：主要包括《民事诉讼法》第九十条，2022 年《民诉解释》第一百三十五条、第一百三十六条。

（6）转交送达。是指行政机关将行政处罚决定书送交受送达人所在单位代收，由受送达人所在单位转交给受送达人的送达方式。这种送达方式在行政执法中使用不多。依据：主要包括《民事诉讼法》第九十二条、第九十三条。

（7）公告送达。是指行政机关以张贴公告、登报公告、在门户网站公布等办法将行政处罚决定书公之于众，经过一定时间，法律上即视为送达的送达方式。依据：主要包括《民事诉讼法》第九十五条，2022 年《民诉解释》第一百三十八条、第一百三十九条。

注意：适用公告送达必须是穷尽其他方式无法送达；公告的载体可以拓展至信息网络等新媒体；公告期应以三十日为准。

（三）实施要求

《民事诉讼法》第八十七条规定："送达诉讼文书必须有送达回证，由受送达人在送达回证上记明收到日期，签名或者盖章。

受送达人在送达回证上的签收日期为送达日期。"第九十四条规定："代为转交的机关、单位收到诉讼文书后，必须立即交受送达人签收，以在送达回证上的签收日期，为送达日期。"

此外，《中华人民共和国邮政法》（以下简称《邮政法》）第五条规定："国务院规定范围内的信件寄递业务，由邮政企业专营。"第五十五条规定："快递企业不得经营由邮政企业专营的信件寄递业务，不得寄递国家机关公文。"据此，邮寄送达执法文书原则上只能通过邮政企业。2015 年印发的《国家邮政局关于进一步加强国家机关公文寄递管理的通知》（国邮发〔2015〕1 号），规定除邮政企业以外，社会快递企业不得寄递国家公文。在贾某诉某区政府行政复议不作为案中，山东省青岛市中级人民法院认为："区政府作出的行政的复议决定书，属于国家机关公文，应当严格按照法定要求和法定途径送达，但其违背邮政法等相关法律法规规定，采用顺丰快递方式送达政府机关公文，明显违背了国家法律的禁止性规定，具体行政行为明显不当，确认其以顺丰方式邮寄行政复议延期通知书和行政复议决定书的行为违法。"

"公文"是国家机关实施领导、履行职能、处理公务的具有特定效力和规范体式的文书，理应包含行政处罚决定书等行政执法文书。因此，邮寄送达必须符合《邮政法》要求，注意方式选择。

第三节 听证程序

一、行政处罚听证制度及其发展

听证是行政程序现代化和民主化的重要标志。现代国家行政要求公平的行政，当事人享有不受偏私裁决的权利。听证制度的本质在于给行政处罚决定的当事人一个陈述自己意见的机会，这种机会实质上是与行政决定有利害关系的当事人享有的、与行政机关的行政权力相对应的一种自卫权利。

我国的听证制度包括行政处罚听证、价格听证、行政许可听证、立法听证、行政复议听证、重大决策听证等制度。目前在城市管理执法程序中仅有行政处罚程序的相关法律对听证程序作出了规定，故本节我们仅对行政处罚听证制度进行讨论。行政处罚听证制度是指行政机关在作出较大数额罚款、没收较大数额违法所得、没收较大价值非法财物等较重的行政处罚以及法律、法规、规章规定的其他行政处罚决定之前，应当事人的要求，组织案件的调查人员和当事人同时参加，由调查人员和当事人对所指控的违法事实和所适用的法律依据进行举证、质证，听取当事人陈述、申辩，然后根据听证笔录作出决定的一种制度，目的在于弄清事实、发现真相、准确施罚，实现法律效果与社会效果的统一。对于当事人而言，听证是一项重要的程序性权利；对于行政机关而言，听证是一个特殊的调查取证程序。

二、行政处罚听证程序适用范围

《行政处罚法》第六十三条将"没收较大数额违法所得、没收较大价值非法财物"以及其他可能对相对人权益产生较大影响的"降低资质等级、责令关闭、限制从业"纳入听证范围，回应了立法本意。此外，在列举时，还使用了"其他较重的行政处罚""法律、法规、规章规定的其他情形"双兜底，这在立法中较为罕见。

三、行政处罚听证的组织程序

《行政处罚法》第六十四条对行政处罚听证的组织程序进行了修订，一是将当事人有权提出听证的期限由"行政机关告知后三日内"改为"行政机关告知后五日内"，使得当事人行使听证权利的期限更为充足，保障更为充分；同时，保持了与《中华人民共和国行政许可法》的一致。二是新增"当事人及其代理人无正当理由拒不出席听证或者未经许可中途退出听证的，视为放弃听证权利，行政机关终止听证"规定。三是新增"当事人或者其代理人拒绝签字或者盖章的，由听证主持人在笔录中注明"规定。以上两项新增规定回应了听证程序中的非正常情形及其处置。

四、行政处罚听证笔录的法律地位

《行政处罚法》第六十五条规定："听证结束后，行政机关应当根据听证笔录，依照本法第五十七条的规定，作出决定。"确定案卷排他性原则，即行政机关只能依据听证笔录来作出决定，新增此项规定，是为了增强听证程序的实效性。

五、适用行政处罚听证程序的几个具体问题

(一) "较大价值"需要进一步明确

《行政处罚法》第六十三条第一款第二项将"没收较大数额违法所得、没收较大价值非法财物"纳入听证范围,但《行政处罚法》实施后,国家层面应当对没收处罚中"较大数额""较大价值"作出统一规定,或者提出规范意见,以利于没收处罚中的公平公正。

(二) 听证过程中的举证、质证与辩论

在美国行政法中,听证被称为对抗性听证。而在我国行政处罚听证程序中,对于对如何举证、如何质证、如何辩论仅有原则性制度交代,缺乏可操作性的具体规则,导致整个听证程序的对抗性不足。

1. 举证。听证开始后,首先由案件调查人员提出听证申请人违法的事实、证据和法律依据及行政处罚意见。案件调查人员提出证据时,应当向听证会出示。对证人证言、鉴定意见、勘验笔录和其他作为证据的文书,应当当场宣读。

此外,根据案卷排他性原则,作为行政处罚依据的所有证据都必须向听证会出示,由当事人进行质证。为此,案件调查人员应当注重完善证据目录,该证据目录也是未来行政复议、行政诉讼的证据目录,目录之外无证据。

2. 质证。是指在听证主持人的主持下,当事人对听证过程中提出的证据,就其真实性、合法性、关联性以及证明力的有无、大小等进行质辩的活动或过程。听证过程中,听证申请人可以就案件调查人员提出的违法事实、证据和法律依据以及行政处罚意见进行陈述、申辩和质证,并可以提出新的证据;第三人可以陈述事实,提出新的证据;当事人及其代理人也有权申请通知新的证人到会作证,调取新的证据。

3. 辩论。有观点认为,听证会非法庭审理,不应当进行辩论,我们对此不予赞同。听证程序的核心功能是由案件调查人员以外的人通过听证会这一法定形式,向当事人告知违法事实、理由、依据及拟处罚内容,当面听取当事人陈述申辩。其中的"辩",当然包含辩论。

值得注意的是,举证、质证与辩论在听证过程中不可或缺,构成了听证程序的完整内容。仅举证而不质证、辩论的"走过场"式的听证会,或将影响行政程序的合法性。

(三) 听证后是否可以再调查,再调查后是否应当再听证

1. 听证后是否可以再调查。《行政处罚法》第六十五条规定:"听证结束后,行政机关应当根据听证笔录,依照本法第五十七条的规定,作出决定。"第五十七条规定:"调查终结,行政机关负责人应当对调查结果进行审查,根据不同情况,分别作出如下决定:(一)确有应受行政处罚的违法行为的,根据情节轻重及具体情况,作出行政处罚决定;

(二)违法行为轻微,依法可以不予行政处罚的,不予行政处罚;(三)违法事实不能成立的,不予行政处罚;(四)违法行为涉嫌犯罪的,移送司法机关。

对情节复杂或者重大违法行为给予行政处罚,行政机关负责人应当集体讨论决定。"

有观点认为,依据上述规定,听证后对于案件的处理应包括作出行政处罚决定、不予行政处罚、移送司法机关3种,并不包括继续调查。因此听证后不可以再调查。从法条表面看,听证后对于案件的处理方式不包括继续调查,但不能据此得出听证后不可以再调查的结论。理由是,《行政处罚法》第五十七条的前提是"调查终结"。如前所述,听证是一种特殊的调查取证程序。通过听证活动,行政机关发现案件属于"违法行为轻微,依法可以不予行政处罚"以及"违法事实不能成立"的,可以终结调查,依法作出不予行政处罚决定;但是,如果行政机关发现案件事实不清、证据不足的,则应继续进行调查。这也符合设立听证制度的初衷。

2. 再调查后是否应当再听证。对于再调查后是否应当再听证,目前法律无规定,亦未见相关权威答复,有关司法裁判亦不置可否。再调查后是否需要再听证,应当具体问题具体分析:(1)重新调查后,改变认定事实、适用依据,或者拟作出对相对人更为不利的处罚决定的,应当再次给予当事人听证权利;(2)重新调查后,没有改变认定事实、适用依据,拟作出减少处罚种类、降低处罚幅度等对相对人更为有利的处罚决定的,可以不再给予当事人听证权利。

(四)对超出听证范围告知听证权情形的处置

实践中曾经出现这样的窘况:按照法律规定原本不属于听证范围,但行政机关告知了当事人享有听证权利,这种情形下当事人是否享有听证权利?有的行政机关拒绝举行听证,有的撤销听证告知书,由此形成争议。

近年来,对于行政机关通过规章以及规范性文件"自我加压"的情况(包括但不限于给自己设定超出上位法的义务,给自己限定比上位法要求更严格的期限等),司法实践从扩大公众参与、提高行政效率、恪守行政承诺等原则出发,一般均予以认可。例如《江苏省行政程序规定》第六十三条规定:"法律、法规、规章对行政执法事项有明确期限规定的,行政机关必须在法定期限内办结。

行政机关对行政执法事项的办理期限作出明确承诺的,应当在承诺期限内办结。"

由此看来,对超出听证范围告知听证权的,在当事人要求举行听证的情况下,应当依法启动听证程序,而不应拒绝举行听证甚至撤销听证告知书。

第四节 行政强制措施程序

一、行政强制措施的概念

行政强制措施是指行政机关在行政管理过程中,为制止违法行为,防止证据损毁,避免危害发生，控制危险扩大等情形，依法对公民的人身自由实施暂时性限制，或者对公民、法人、其他组织的财物实施暂时性控制的行为。

二、行政强制措施的种类

行政强制措施的种类包括：限制公民人身自由；查封场所、设施或者财物；扣押财物；冻结存款、汇款；其他强制措施等。比如，根据《中华人民共和国城乡规划法》（以下简称《城乡规划法》），城市管理执法部门有权采取的行政强制措施主要是查封施工现场。一些地方性法规规定了扣押（暂扣）违法建设施工工具等。

作为一种对行政相对人权利进行限制的行政权力，行政强制措施的种类和设定受到法律严格控制。《中华人民共和国行政强制法》（以下简称《行政强制法》）第十一条规定："法律对行政强制措施的对象、条件、种类作了规定的，行政法规、地方性法规不得作出扩大规定。

法律中未设定行政强制措施的，行政法规、地方性法规不得设定行政强制措施。但是，法律规定特定事项由行政法规规定具体管理措施的，行政法规可以设定除本法第九条第一项、第四项和应当由法律规定的行政强制措施以外的其他行政强制措施。"

三、行政强制措施实施程序

（一）行政强制措施实施要件

1. 实施主体。主要是法律、法规规定授权的行政机关，行政强制措施权不得委托。
2. 实施条件。必须在法定职权范围内。目前在实践中，为了精简行政机构，集中行政资源，提高行政效率，很多地方在一定行政区域内根据《行政处罚法》的规定建立综合行政执法部门，赋权行使与相对集中行政处罚权有关的行政强制措施。
3. 实施人员。应当由行政机关具备资格的行政执法人员实施，其他人员不得实施。

（二）行政强制措施实施程序

1. 一般规定。主要包括：实施前须向行政机关负责人报告并批准；由两名以上行政执法人员实施；出示执法身份证件；通知当事人到场；当场告知当事人采取行政强制的理由、依据以及当事人依法享有的权利、救济途径；听取当事人的陈述和申辩；制作现场笔录，由当事人和行政执法人员签名或者盖章，当事人拒绝的，在笔录中予以注明，当事人不到场的，邀请见证人到场，由见证人和行政执法人员在现场笔录上签名或盖章；法律、法规规定的其他程序。
2. 特别规定。（1）情况紧急、需要当场实施行政强制措施的，行政执法人员应当在二十四小时内向行政机关负责人报告,并补办批准手续。行政机关负责人认为不应当采取行政强制措施的,应当立即解除。(2)对于实施限制公民人身自由的行政强制措施,除遵守一般规定外,还需当场告知或者实施行政强制措施后立即通知当事人家属实施行政强制措施的行政机关、地点和期限;在紧急情况下当场实施行政强制措施的,在返回行政机关后,立即向行政机关负责人报告并补办批准手续,不得超过法定期限。实施行政强制措施的目的已经达到或者条件已经消失,应当立即解除。

需要指出的是,在紧急状态下采取应急措施或临时措施,当事人有容忍义务,不适用《行政强制法》。

(三)城市管理执法常用的行政强制措施——查封、扣押

1. 实施查封、扣押的范围。限于涉案的场所、设施或者财物,不得查封、扣押与违法行为无关的场所、设施或者财物;不得查封、扣押公民个人及其所扶养家属的生活必需品。当事人的场所、设施或者财物已被其他国家机关依法查封的,不得重复查封。

2. 实施查封、扣押需制作法律文书。决定实施查封、扣押的,应当场制作并交付查封、扣押决定书和清单,清单一式二份,由当事人和行政机关分别保存。查封、扣押决定书应当载明下列事项:

(1)当事人的姓名或者名称、地址;

(2)查封、扣押的理由、依据和期限;

(3)查封、扣押场所、设施或者财物的名称、数量等;

(4)申请行政复议或者提起行政诉讼的途径和期限;

(5)行政机关的名称、印章和日期。

3. 查封、扣押的期限。原则上不得超过三十日。情况复杂的,经行政机关负责人批准,可以延长,但是延长期限不得超过三十日。对于延长查封、扣押的决定,应当及时书面告知当事人,并说明理由。需要对查封、扣押物品进行检测、检验或者技术鉴定的,期间不计入查封、扣押时限,但必须将该期间明确并书面告知当事人。检测、检验费用由行政机关承担。

4. 查封、扣押的解除。对于经查实符合条件的,行政机关应当及时作出解除决定,解除条件包括:

(1)当事人没有违法行为;

(2)查封、扣押的场所、设施或者财物与违法行为无关;

(3)行政机关对违法行为已经作出处理决定,不再需要查封、扣押;

(4)查封、扣押期限已经届满;

(5)其他不再需要采取查封、扣押措施的情形。

解除查封、扣押的应当立即退还财物;对鲜活物品或不易保管的财物进行变卖或拍卖的,退还相关款项。变卖价格明显低于市场价格给当事人造成损失的,应当给予补偿。

第五节　行政强制执行程序

一、行政强制执行的概念

行政强制执行是指行政机关或者行政机关申请法院对不履行行政决定的当事人依法强制履行义务的行为。行政强制执行按其主体划分，包括行政机关强制执行、申请法院强制执行。

行政强制执行与行政强制措施的区别见表1-1。

表1-1　行征强制执行与行政强制措施区别

	适用目的	主要方式	基本特征	救济途径
强制措施	为调查而强制；为预防而强制；为征用而强制	对人强制扣留、隔离、疏散；对物强制检验、查封、扣押、冻结；对场所强制隔离、查封	临时性；非惩罚性	对其不服可以起诉
强制执行	为实现另一个行为确定的义务而强制	间接强制，如代履行、执行罚；直接强制，如划拨、收缴、拍卖	替代性；有时带惩罚性	执行行为有错诉执行行为；执行内容有错诉执行内容

二、行政强制执行的方式

（一）加处罚款或者滞纳金

主要是针对承担金钱给付义务的当事人，可以加处罚款或者滞纳金。实践中应当注意4点：

1. 凡依法作出含有金钱给付义务行政决定的行政机关都有权加处罚款和滞纳金，不需要法律特别授权。

2.《行政处罚法》第七十二条规定，对于到期不缴纳罚款的，每日按百分之三加处罚款。其他法律有特别规定的，只要不超过上述标准均可以继续适用。

3.《行政强制法》明确规定了加处罚款不得超过本金原则，加处的罚款在诉讼期间不应计算。

4. 根据《全国人大常委会法工委对行政处罚加处罚款能否减免问题的意见》（法工办发〔2019〕82号），人民法院受理行政强制执行申请后，行政机关不宜减免加处的罚款。

（二）划拨存款、汇款

这是直接强制执行方式。《中华人民共和国商业银行法》第二十九条、第三十条规定，划拨需由法律明确授权，未经法律授权的单位要求银行划拨的，银行应当拒绝。《行政强制法》第三十条对此也作了明确规定。目前，划拨只适用于《中华人民共和国税收征收管理法》《中华人民共和国海关法》《中华人民共和国社会保险法》规定的税收征缴和社会保险费缴纳。

（三）拍卖或者依法处理查封、扣押的场所、设施或者财物

只有法律规定的行政机关（如税务、海关），才可以直接拍卖、变卖或者变价；没有强制执行权的行政机关必须申请法院执行。

（四）排除妨碍、恢复原状

这是《民法典》规定的私权受理侵害的民事责任形式，但如果当事人的行为侵害了公共权利领域，影响到行政管理秩序，也应当承担责任。如果当事人不履行，除出现代履行的情况外，行政机关必须申请法院强制执行。

（五）代履行

代履行是指当事人拒绝履行行政决定的义务，由行政机关或第三人代替其履行，履行费用由当事人承担。适用条件包括：必须属于排除妨碍、恢复原状等情形；代履行的范围只限于可以替代的义务；如遇当事人抵抗，就不适用代履行；强制搬迁不适用代履行程序；代履行权是一个普遍授权，没有行政强制执行权的行政机关也可实施代履行。

（六）法律规定的其他强制执行方式

这是兜底条款，如《城乡规划法》第六十五条的"可以拆除"、第六十八条的"强制拆除"。需要注意的是，对于强制执行方式的只能由"法律规定"，行政法规、地方性法规以及规章均无权规定。这与行政强制措施形成了鲜明差异。

三、行政强制执行程序

（一）行政强制执行的一般规定

行政强制执行由具有行政强制执行权的行政机关强制执行。对于法律未赋权行政机关强制执行的，由作出决定的行政机关向人民法院申请强制执行。

行政机关向人民法院申请强制执行，应当提供：强制执行申请书；行政决定书及作出决定的事实、理由和依据；当事人的意见及行政机关催告情况；申请强制执行标的情况；其他材料。因情况紧急，为保障公共安全，行政机关可以申请人民法院立即执行。

（二）催告程序

行政机关作出强制执行决定前，应当事先催告当事人履行义务。催告应当以书面形式

作出,并载明:履行义务的期限、方式;涉及金钱给付的,应当有明确的金额和给付方式;当事人依法享有的陈述权和申辩权。

当事人收到催告书后有权进行陈述和申辩,行政机关应当充分听取当事人的意见,对当事人提出的事实、理由和证据,应当进行记录、复核。当事人提出的事实、理由或者证据成立的,行政机关应当采纳。

(三)作出决定

经催告,当事人逾期不履行行政决定,且无正当理由的,行政机关可以作出强制执行决定。强制执行决定应当以书面形式作出,并载明:当事人的姓名或者名称、地址;强制执行的理由和依据;强制执行的方式和时间;申请行政复议或者提起行政诉讼的途径和期限;行政机关的名称、印章和日期。

在催告期间,对有证据证明有转移或隐匿财物迹象的,行政机关可以作出立即强制执行决定。

(四)送达

催告书、行政强制执行决定书应当直接送达当事人。当事人拒绝接收或无法直接送达当事人的,应当依照《民事诉讼法》的有关规定送达。

(五)中止执行

对于符合下列情形之一的,行政机关决定中止执行:(1)当事人履行确有困难或暂无履行能力的;(2)第三人对执行标的主张权利,确有理由的;(3)执行可能造成难以弥补的损失,且中止执行不损害公共利益的;(4)行政机关认为需要中止执行的其他情形。

中止执行的情形消失后,行政机关应当恢复执行。对没有明显社会危害,当事人确无能力履行,中止执行满三年未恢复执行的,行政机关不再执行。

(六)终结执行

对于符合下列情形之一的,行政机关决定终结执行:(1)公民死亡,无遗产可供执行,又无义务承受人的;(2)法人或其他组织终止,无财产可供执行,又无义务承受人的;(3)执行标的灭失的;(4)据以执行的行政决定被撤销的;(5)行政机关认为需要终结执行的其他情形。

(七)其他规定

1. 执行回转。在执行中或者执行完毕后,据以执行的行政决定被撤销、变更,或者执行错误的,应当恢复原状或退还财物;不能恢复原状或退还财物的,依法给予赔偿。

2. 执行和解。实施行政强制执行,行政机关可以在不损害公共利益和他人合法权益的情况下，与当事人达成执行协议。执行协议可以约定分阶段履行；当事人采取补救措施的，可以减免加处的罚款或滞纳金。执行协议应当履行，当事人不履行执行协议的，行政机关应当恢复强制执行。

3. 特别规定。（1）除有紧急情况外，行政机关不得在夜间或法定节假日实施行政强制执行；（2）不得对居民生活采取停止供水、供电、供热、供燃气等方式迫使当事人履行相关行政决定；（3）对违法建筑、构筑物、设施等需要强制拆除的，应当由行政机关予以公告，限期当事人自行拆除。当事人在法定期限内不申请行政复议或提起行政诉讼，又不拆除的，行政机关可以依法强制拆除。

四、强制拆除违法建设操作要点

现行法律框架下，强制拆除违法建设一般按照以下步骤实施。

（一）行政决定程序——作出限拆决定

强制拆除违法建设是一种典型的行政强制执行行为，既应当遵守《行政强制法》的一般程序，还应遵守《行政强制法》第四十四条的特殊程序。最高人民法院指出，限期拆除决定，不仅是查处违法建设的必经程序，更是实施强制执行的必不可缺的事实基础。未作出限期拆除决定，径行对违法建设实施强制拆除，程序违法。

行政决定程序的具体流程包括立案、调查取证、事先告知、作出行政决定、送达等。该程序由法定执法主体实施，相关法律文书使用该执法主体的印章。

（二）责成程序——县级以上地方人民政府依法责成

1. 责成的性质

"责成"行为本身通常只具有内部性，是上级政府为推进行政强制执行而明确具体实施部门的内部核准指令活动，同时是一种过程性、阶段性的行政活动，其本身往往并不对再审申请人的实体合法权益产生直接影响，难以作为行政诉讼受案范围，除非出现极个别情形下政府以自身名义直接对被执行人作出而非依法责成"有关部门"实施或者出现其他可能产生外化效果之情形。实践中作以下理解：

（1）责成行为属于本级政府对其职能部门实施的内部监督管理行为，并未对当事人作出新的处理决定，亦未设定新的权利和义务，属于不可诉的行政行为。

（2）经《城乡规划法》授权由县级以上人民政府确定的实施强制拆除的部门，依法享有独立的城乡规划行政强制执行权。

（3）对违建强制拆除有责成权的县级以上人民政府当然也有强制执行权。

（4）县级以上人民政府以自身名义直接对当事人作出或者出现其他可能产生外化效果之情形，则可以县级以上人民政府为被告。

2. 责成的方式

《城乡规划法》第六十八条的"责成",实践中各有不同。有的就个案逐一作出责成决定,称之为"一案一责成";有的一次性加以明确,称之为"概括责成"。有的地方通过地方性法规一次性授权城市管理执法部门强制拆除违法建设,如《南昌市城市管理条例》第三十二条规定,对违法建设的建筑物、构筑物或者其他设施,城市管理行政执法部门作出责令停止建设或者限期拆除的决定后,当事人不停止建设或者逾期不拆除的,城市管理行政执法部门可以依法采取查封施工现场、强制拆除等措施。

最高人民法院认为,责成程序实践中也各有不同,有的以规范性文件加以明确,有的就个案作出责成决定,有的表现为内部行政程序……目前,对上述问题的各种规范欠缺,操作不统一,情况较为复杂……显然,并非不可以"概括责成"。因此,实践中可以由县级以上政府发文,或者制定规范性文件,明确实施行政强制的部门。但是,地方立法中已经作出"一案一责成"规定的,必须严格执行。如《广东省城乡规划条例》第八十七条第二款规定:"城乡规划主管部门作出责令限期拆除的决定后,建设单位或者个人逾期不拆除且未申请行政复议、提起行政诉讼的,城乡规划主管部门应当立即向本级人民政府报告。城市、县人民政府应当自收到报告之日起十五个工作日内书面责成有关部门依法强制拆除,强制拆除的费用由违法行为人承担。"

3. 被责成的对象

实践中主要包括城市管理执法、综合执法、自然资源和规划、住房和城乡建设等部门,以及乡(镇)政府、街道办事处,行政执法队伍,开发区(高新区)管委会等政府部门及执法机关。

(三)强制拆除程序——催告;作出强制拆除决定;公告;实施强制拆除

1. 催告。《行政强制法》首次确立了催告程序,它既是作出强拆决定的前置程序,也是必要条件,不可或缺。《最高人民法院关于行政机关申请人民法院强制执行前催告当事人履行义务的时间问题的答复》(〔2019〕最高法行他48号)指出,当事人在行政决定所确定的履行期限届满后仍未履行义务的,行政机关即可催告当事人履行义务。行政机关既可以在行政复议和行政诉讼期限届满后实施催告,也可以在行政复议和行政诉讼期限届满之前实施催告。当事人收到催告书后有权进行陈述和申辩。行政机关应当充分听取当事人的意见,对当事人提出的事实、理由和证据,应当进行记录、复核;事实、理由或者证据成立的,行政机关应当采纳。

2. 作出强制拆除决定。根据《行政强制法》第三十七条规定,强制拆除决定应当以书面形式作出,并载明当事人的姓名或者名称、地址,强制执行的理由和依据,强制执行的方式和时间,申请行政复议或者提起行政诉讼的途径和期限以及行政机关的名称、印章和日期等事项。

3. 公告。公告是指对重大事件当众正式公布或者公开宣告、宣布。《党政机关公文处理工作条例》对于公告的使用表述为"适用于向国内外宣布重要事项或者法定事项"。《行政强制法》第四十四条设定了公告程序，《最高人民法院第一巡回法庭关于行政审判法律适用若干问题的会议纪要》明确，公告的内容是"强制拆除决定"，非催告、限期拆除决定。

4. 实施强制拆除。对于催告、公告如何嵌入强制执行程序，实践中有三种模式：

（1）作出责令限期拆除决定→催告→作出强制拆除决定→公告→实施强制拆除

比如，《河池市违法建设防控和查处条例》就采用了此种模式。这是《最高人民法院第一巡回法庭关于行政审判法律适用若干问题的会议纪要》认可的模式。其缺点是公告的内容与责令限期拆除决定、强制执行决定相互矛盾，行政机关作出的责令限期拆除决定中载明了自行拆除的期限，强制执行决定中也必须载明强拆的时间，而之后公告又要求限期当事人自行拆除，这三个期限难以协调。

（2）作出责令限期拆除决定→公告→催告→作出强制拆除决定→实施强制拆除

比如，《达州市违法建设治理办法》就采用了此种模式。该模式符合《行政强制法》第四十四条"应当由行政机关予以公告，限期当事人自行拆除"的表述，缺点是与第四十四条设置的"对违法的建筑物、构筑物、设施等需要强制拆除的"这一条件不对应。在责令拆除决定刚刚作出的时候，不应推断当事人将不会自行拆除，事先臆断"需要强制拆除"，从而作出公告。并且不符合《最高人民法院第一巡回法庭关于行政审判法律适用若干问题的会议纪要》"公告的内容是强制拆除决定"的要求。

（3）作出责令限期拆除决定→催告→公告→作出强制拆除决定→实施强制拆除

比如，《成都市违法建设治理条例》就采用了此种模式。该模式不符合《最高人民法院第一巡回法庭关于行政审判法律适用若干问题的会议纪要》"公告的内容是强制拆除决定"的要求。

（四）强制拆除的注意事项

1. 我国现行法律对于具体行政行为以不停止执行为原则。

2. 根据《行政强制法》第四十四条规定，救济期限（6个月）届满前不得强拆。

3. 在行政复议或者行政诉讼期间，若复议机关或者人民法院没有决定（裁定）停止执行，则不停止执行。

4. 对在建违建应当先责令停止建设；拒不停止建设的，作出限期拆除决定；当事人逾期不拆除的，县级以上人民政府责成有关部门强制拆除；最后，按照《行政强制法》第三十四条、第三十七条的程序实施强制拆除。

第二章　证据收集与运用

在城市管理综合执法实务中，无论是行政处罚，还是行政强制，抑或行政许可，以及其他执法行为，都有一个基本的问题，就是事实认定。综合执法作为执行和落实国家法律法规的具体行政行为，必然需要先解决案件中的事实是否存在、是什么样的事实等诸如此类的问题。在事实得以确立后，才能正确适用法律法规。这就是"以事实为根据，以法律为准绳"的执法基本原则。对于城市管理执法人员来说，案件事实往往不具有亲历性，并非自己耳闻目睹，此时则需要依赖证据来准确认定案件事实。通过证据的收集和运用，依靠证据"复制"出曾经存在过的案件事实。在城市管理执法程序中，证据运用主要包括调查取证和证据分析两个基本的环节。在听证程序、行政复议和行政诉讼中，有相对集中的证据提交和证据质证阶段。本章紧密结合实务操作，依据城市管理综合执法的法律法规和相关政策文件、非法律规范性文件，参照一些地方性规定，适度借鉴行政诉讼证据制度的内容，分四节介绍城市管理综合执法实务中的证据收集与运用工作❶。

第一节　应当查明的案件事实

应当查明的案件事实，包括三个紧密关联的问题，其一，什么是案件事实？其二，谁应当负责查明案件事实？其三，达到什么程度才可以说查明了案件事实。这三个问题就是行政执法证据法中的证明对象、证明责任和证明标准。

一、案件事实的构成与分类

鉴于行政执法的特殊性，在城管综合行政执法程序中，把全部案件事实都作为证明对象是正确的，案件事实和证明对象是同一概念。因为全部案件事实依法都应当加以查明。从查明的角度来说，所有适用法律需要明确的事实都属于查明对象。

（一）案件事实的概念和依据

案件事实是在行政执法程序中存在的事实，需要加以查明或者证明的事实。案件事实

---

❶ 对于城管执法实务程序中证据收集与运用问题的详细阐述，可另见邱爱民著：《行政执法证据收集与运用规则研究》，知识产权出版社 2022 年版。

的正确认知需要建立在案件、事实等概念的准确认知基础之上。

1. 案件事实的概念

案件是国家行政机关、司法机关、仲裁机构等主体依据自身职责所处理的各类事件、事情、事务。行政执法案件是行政执法主体履行行政管理职责、实施行政执法行为的具体化和特定化称谓，其名称往往包括行政管理相对人和执法行为类型，如某公司违法建设行政处罚案。城市管理执法程序中的"案件事实"是指法律法规规定城市管理执法机关为了正确作出执法处理决定而必须明确或者查明的事实，是适用法律法规不可缺少的基础。

2. 案件事实的依据

必须强调，案件事实的建构和陈述（证据复制），不能是随心所欲的，而是应当依据行政实体法、行政程序法和行政证据法规范中的构成要件事实来建构和陈述。也就是说，案件事实与法律规范中的构成要件事实本质上是事实归类、价值同一的。否则，这种案件事实不能作为适用法律时的推理小前提。所以，案件事实的依据是城市管理执法所适用的那些实体法规范、程序法规范、证据法规范。

（二）案件事实的基本分类

对于城市管理执法中应当查明的案件事实，可以根据不同的标准进行不同的分类。

1. 根据需要证明或者查明对象的性质及法律依据，案件事实可分为实体法事实、程序法事实和证据法事实。

（1）实体法事实。实体法事实是指行政管理实体法规范中确立的案件事实，故亦称要件事实、构成要件事实或者规范事实，如《行政许可法》第三十八条所谓的"申请人的申请符合法定条件、标准的"，即为达到许可条件的事实；《行政处罚法》第四条所谓的"公民、法人或者其他组织违反行政管理秩序的行为"，即违法行为事实；《行政强制法》第二条所谓的违法行为、证据损毁、危害发生、危险扩大等可能发生或者正在发生的情形，以及不履行行政决定的事实，即应当采取行政强制措施或者行政强制执行的案件事实。

（2）程序法事实。程序法事实是指行政管理程序法规范中的案件事实。《行政处罚法》第四十七条要求行政机关应当依法以文字、音像等形式，对行政处罚的启动、调查取证、审核、决定、送达、执行等进行全过程记录，归档保存。这里所谓的"全过程"就是行政处罚的程序，也即程序法事实。

（3）证据法事实。"证据法事实是指支持证据材料具备法定证据资格所需要的事实。证据是用于证明案件实体法事实和程序法事实的手段和根据，但能够成为定案根据的证据材料本身需具备证据能力，即客观性、关联性和合法性[1]。"所以，证据法事实就是指法律程序中相关证据合法性、客观性、关联性是否存在的事实，支持证据材料具有证据资格或者证据能力的理由性事实。

---

[1] 参见卞建林主编：《证据法学》，第112页。

2. 根据行政执法行为的类型，案件事实可以分为行政许可事实、行政处罚事实、行政强制事实、行政检查事实等种类。

综合《中共中央关于全面推进依法治国若干重大问题的决定》《中共中央 国务院关于深入推进城市执法体制改革改进城市管理工作的指导意见》（中发〔2015〕37号）、《城市管理执法办法》和《城市管理执法行为规范》等规范文件的表达，城市管理执法行为包括但不限于行政许可、行政处罚、行政强制、行政检查。在这些具体的行政执法行为中，程序法事实和证据法事实具有高度的一致性，但实体法事实则各有不同。

（三）案件事实的构成要素

社会生产和生活的复杂性和多样性决定了案件事实的复杂性和多样性。但是，形形色色的案件都是由一些基本事实要素所构成，行为是其核心要素。

1. 案件事实的基本要素

任一行政执法类型中的案件事实，其基本要素都应当包括如下七项（简称"七何"或者"7W"），城市管理执法也不例外❶。

（1）何事（What matter）：行为或者事件的法律定性，如违法建设行为、擅自占用河道的房屋等。

（2）何人（Who）：行为或者事件的牵涉主体，包括但不限于行政管理相对人（当事人或者申请人）、利害第三人、见证人；自然人和单位；他们的年龄、精神状况、资质、资格等，如占道经营的80岁老太等。

（3）何时（When）：行为或者事件的起始时间、终结时间、延续期限，如连续非法排污3个月等。

（4）何地（Where）：行为或者事件的空间处所或者位置以及周围环境，如非法搭建的阳光房位于某小区某栋楼某单元的某层等。

（5）何情（How）：行为或者事件的具体活动表现，包括但不限于行为手段、行为过程、行为结果，如对污染物的偷排方式或者公开排放等。

（6）何物（What thing）：行为或者事件中存在的物品、物质和痕迹，包括但不限于工具物、被侵害物、关联物，如非法运营的黑车、占道经营的西瓜等。

（7）何故（Why）：出现行为或者事件的主客观原因，动机与目的、外界诱因、因果关系，如擅自增加建设楼层数量是为了牟取暴利等。

2. 案件事实的行为要素

在城市管理执法案件事实的构成要素中，行为是根本性、基础性要素。行为是指行政法律关系主体有目的、有意识的活动，如违法建房、阻碍河道等。行为在行政法律关系和行政执法程序中，既可以是行政法律关系的客体；也可以是引起行政法律关系产生、变更

---

❶ 参见何家弘、刘品新著：《证据法学》（第七版），第243—248页。

与消灭的法律事实之一；还可以是行政法律关系的内容，权利行使与义务承担往往就表现为行为。从客体角度看，并非所有行为都是行政法律关系的客体，只有具有法律意义的行为或者受行政法规范的行为，才能成为行政法律关系的客体❶。

行为按照主体的身份，可以分为行政执法主体的行为，如行政处罚、行政许可、行政检查等；行政相对人的行为，如占道经营、违规排放废水等。按照主体的属性，可以分为自然人的行为和单位的行为，如张某占道经营是自然人的行为；某4S店乱倒乱放车辆维修垃圾是单位的行为。按照是否遵循法律法规，可以分为合法行为与不法行为，申请占道许可是合法行为；污染环境是不法行为。无论合法行为还是不法行为，都会影响行政法律关系的变动。行为还可以根据其客观外在特征，分为作为与不作为，作为是行为人以积极的身体活动实施的行为；不作为是行为人"应为而不为"的消极状态。《行政强制法》第四十四条提及的当事人自行拆除属于作为；当事人不申请行政复议、不提起行政诉讼、不拆除，属于不作为；行政机关发出公告，依法强制拆除，属于作为。

二、案件事实的查明职责

通常情形下，对于城市管理综合执法中的案件事实，尤其是认定困难或者存在争议的事实，就有一个需要谁来加以查明或者证明的问题。大多数执法程序中，城市管理执法机关依法承担查明案件事实的职责，如《行政处罚法》第四十条、《行政强制法》第三十七条第三款和《行政许可法》第三十四条等规定。但是，在一些执法程序中，行政执法相对人依法也会承担一定的证明责任。

1. 查明职责的内涵

证明责任在行政执法程序中更多地表达为查明职责。城市管理执法程序中的查明职责，就是指城市管理执法机关在行政综合执法程序中提供证据证明自己认定之案件事实成立的法定责任。查明职责包括三个层面的内涵：（1）收集、提供证据的行为责任，即城市管理执法机关就其事实认定之主张在行政执法程序中收集、提供证据的责任；（2）说服事实认定者的行为责任，即城市管理执法机关使用符合法律要求的证据说服自己（包括一线执法人员、法制审核人员、领导决策人员，乃至行政复议人员和行政裁判法官）相信自己的事实主张成立的责任；（3）承担不利后果的责任，即城市管理执法机关在不能提供证据或者不能说服事实认定者而且案件事实处于不清楚状态时承担不利法律后果的责任。在一些行政执法案件中，在提供证据之后、说服事实认定者之前，还有一项证据鉴真（authentication）的责任，即对证据合法性、客观性和关联性真实存在的证明。查明职责中的说服责任与证明标准的实现是一个事物的两种表达。

---

❶ 参见罗豪才、湛中乐主编：《行政法学》（第四版），北京：北京大学出版社2016年版，第19—22页。

2. 查明职责的承担

城市管理执法机关承担查明职责的具体体现就是证据的收集与运用，关键环节是调查取证和证据审查分析。《行政处罚法》第五十四条规定，除依法适用简易程序当场作出行政处罚外，行政机关发现公民、法人或者其他组织有依法应当给予行政处罚的行为的，必须全面、客观、公正地调查，收集有关证据；必要时，依照法律、法规的规定，可以进行检查。第五十八条规定，对重大、疑难复杂案件在调查取证后、行政机关负责人审查决定前，应当由从事行政处罚决定法制审核的人员先进行法制审核。法制审核的内容包括案件事实是否清楚，证据是否合法充分地分析。并且《行政处罚法》在第五章行政处罚的决定中构建了听证程序，强调对一些较重处罚应当实施听证程序。无论是城市管理执法机关自己对证据的法制审核，还是交由当事人进行证据质证，都是证据的审查分析活动，也是承担查明职责的基本行为表现之一。

三、案件事实的查明标准

城市管理执法机关承担查明案件事实的职责，并不意味只要有一些证据就可以了，也不是只要开展了调查取证工作就算完成了任务。查明的"明"是有法定标准的，只有达到了法定的查明标准，才能说最终真正完成了查明职责。

（一）负担性（权益减损或者义务增加）执法行为的查明标准

一般认为，站在行政管理相对人的立场，行政处罚、行政强制、行政收费等执法行为属于负担性执法行为，减损了相对人的权益或者增加了义务。那么，城市管理执法机关依法对当事人实施行政处罚或者行政强制时，查明案件事实的证明标准是根据《行政处罚法》第四十条、《行政强制法》第二十七条的规定，结合《国务院办公厅关于全面推行行政执法公示制度执法全过程记录制度重大执法决定法制审核制度的指导意见》（国办发〔2018〕118号），负担性执法行为的查明标准是：案件事实清楚，证据合法充分。但是，对于"案件事实清楚""证据合法充分"如何理解，在实务中如何把握，需要进一步加以阐述。

1. 案件事实清楚

案件事实清楚是指城市管理执法案件发生的各组成要素，诸如时间、地点、人物、情节、原因、结果等，必须具体、准确、真实，必须符合客观事实。客观真实应当作为认定案件事实是否清楚的终结目标。证据所揭示的案件事实尽管属于法律真实，但应当以追求客观真实为圭臬。所以，案件事实清楚包含三层内容：（1）所认定的案件事实必须符合客观实际，必须能够真实、客观地再现事物的本来面貌。（2）事实认定必须能够反映案件事实发生、发展的全过程，包括行为及其发生时间、地点、手段、原因、结果、情节等。（3）案件事实的认定必须能够准确地反映当事人行为的性质和种类。

2. 证据合法充分

案件事实是由证据来支撑的。案件事实是证据复制或者揭示出来的过去的事实。事实与证据是互相依存、互为条件的有机统一体。事实清楚必须以相当数量和质量的证据为基础，证据合法、充分必须以查明案件事实为目的。证据合法、充分，可以合称为"证据确凿"，是指在城市管理执法程序中所认定的事实都有合法的证据加以证明。证据合法、充分包含六层内容：（1）每一个证据都是合法收集与运用的，具有合法性，在执法程序中能够作为证据使用，有证据资格。（2）每一个合法收集与运用的证据都必须真实，经得起现实和历史的检验，具有客观性。（3）每一个合法收集与运用的证据都必须与案件有内在的联系，证据与案件事实有牵连，具有关联性。（4）案件事实的每一个环节、每一个要素都有相应的证据加以证明，没有遗漏。（5）证据应当达到一定的数量，形成一个相互印证的证明体系，足以揭示出案件事实，能够使得出的结论具有唯一性。也就是肯定案件事实存在的证据达到明显的优势，占绝对的多数。（6）证据之间没有明显的矛盾和冲突，彼此协调，和谐完整。

（二）授益性（权益赋予或者责任减免）执法活动的查明标准

通常认为，站在行政管理相对人的立场，行政许可、行政给付等执法行为属于授益性执法行为，赋予或者确立了相对人的权益，以及减免了相对人的义务或者责任。行政许可有利于当事人，属于典型的授益性执法行为。关于行政许可案件的证明或者查明标准，《行政许可法》第三十八条从正反两个方面加以规定，申请人的申请符合法定条件、标准的，行政机关应当依法作出准予行政许可的书面决定；行政机关依法作出不予行政许可的书面决定的，应当说明理由，并告知申请人享有依法申请行政复议或者提起行政诉讼的权利。由此可见，行政许可的证明或者查明标准是"优势证据"或者"盖然性占优势"。因为城市管理执法机关准予行政许可，只需要查明申请人的申请"符合"法定条件、标准即可，并没有特别强调事实清楚、证据合法充分。执法机关只要经过审查、核查，核实申请人的申请"符合"法定条件、标准，即完成了许可程序中的查明职责。

第二节　查明案件事实的手段

通常情形下，城市管理执法机关查明案件事实的手段是各种法定证据，运用证据来"复制"案件事实。但是，特殊情形下，依法也可以不依靠证据或者不直接依赖证据而完成案件事实的认定。因此，在理论表达上，查明案件事实的手段可以划分为免证方法和证据方法两种。

一、免证方法

免证方法或者非证据方法，是从查明案件事实的手段角度表述的。从案件应当查明的待证事实角度看,也称为免证事实或者直接认定的事实。综合规范文件的规定和行政执法实践经验,在城市管理执法程序中,下列事实无需查明或者证明,可直接加以认定❶:(1)自然规律以及定理、定律;(2)众所周知的事实;(3)法律拟制的事实;(4)依照法律规定推定的事实;(5)根据已知的事实和日常生活经验法则推定的事实;(6)已为人民法院生效裁判所确认的事实;(7)已为仲裁机构生效裁决所确认的事实;(8)已为有效公证文书所证明的事实;(9)执法人员职务上应当知悉的其他事实。对于这些免证事实,除自然规律及定理、定律,以及法律拟制的事实外,当事人以及其他参与人有相反证据足以反驳或者推翻上述事实的,城市管理执法机关需要承担相应的查明职责或者证明责任。所谓"相反证据足以反驳或者推翻"是强调这些直接认定的事实,可能是推定出来的,也可能是法律基于效率原则和行政执法人员的职务认知而加以简便规定的,都存在偏差、不可靠的可能性,故而在反证足以反驳或者能够推翻时,直接认定的事实则不采纳,以反证证实的事实为准。

二、证据及其属性

证据是认定案件事实的主要手段,但是,并非随意一件事实或者一份材料就能够成为证据,能够成为定案根据的证据必须具备法定的证据属性。

(一)证据的概念和功能

证据概念的内涵存在争议,但是从其自身功能的角度理解是正确且有法律依据的。

1. 证据的概念

证据,也被称为"证据材料""证据资料""证据方法"和"证据原因"。通常而言,证据就是证明案件事实存在与否的根据。在城市管理执法程序中,证据是指一切有助于查明案件真实情况的事实和材料。作为定案根据的证据,其自身要么来源于案发时的人或者物,具有客观事实性,要么来源于案件处理过程中执法人员调查取证时生成的各种材料。所以,《现代汉语词典》第7版把证据解释为:"名词,能够证明某事物的真实性的有关事实或材料❷。"

所谓事实类证据,就是当初案件发生时就客观存在于案件环境之中或者直接感知案件事实的实物或人员。在我国法定证据种类里,书证、物证、视听资料、电子数据、证人、当事人、被侵害人都是事实类证据。所谓材料类证据,是当初案件发生时不存在,而在案

---

❶ 详见 2002 年 7 月 24 日发布的《最高人民法院关于行政诉讼证据若干问题的规定》(法释〔2002〕21号)第六十八条第一款和 2018 年 10 月 23 日《关于印发〈上海市城管执法调查取证规则〉的通知》(沪城管规〔2018〕4 号)第二十八条。《上海市城管执法调查取证规则》自 2018 年 11 月 15 日起施行,有效期五年,至 2023 年 11 月 14 日为止。

❷ 中国社会科学院语言研究所词典编辑室编:《现代汉语词典》(第 7 版),北京:商务印书馆 2016 年版,第 1673 页。

件处理过程中陆续形成或者出现的信息载体，诸如鉴定意见、勘验笔录、现场笔录，以及各类文字材料、电子音像材料、实物示意材料等。材料类证据的根本来源或者说基础还是当初案发时的实物或者人员，只不过添加了法律程序的因素，在法律程序中生成，它们有些属于我国立法文本中的法定证据，如鉴定意见、勘验笔录、现场笔录、检查笔录；有些属于法定证据的示意物、固定品、复制件，如物证的复制品或照片、书证的复印件或影印件、证言和当事人陈述的书面记录或者电子音像记录、视听资料和电子数据的拷贝等。

2. 证据的功能

城市管理执法证据的功能和其他法律事务中证据的功能是一样的。总体上讲，都是认定案件事实的根据。作为行政执法程序中当事人证明相关案件事实的工具和行政执法主体查明案件事实的手段，其功能，或者说首要层次的功能，在于以下两个方面：（1）证据是城市管理执法机关认定案件事实的根据；（2）证据是当事人用以支持其事实主张的根据。

（二）证据属性

《行政处罚法》第四十六条第二款规定，证据必须经查证属实，方可作为认定案件事实的根据。据此，"查证属实"是证据获得定案根据资格的前提条件。对证据查什么、什么事项属实，这是证据属性问题。证据属性也被称为证据特征、证据要素、证据品格，是贯穿于城市管理执法证据收集与运用全过程的核心问题，它决定着各类证据能否作为定案依据，也彰显证据收集与运用工作是否有效。

参照《行政处罚法》第四十六条第三款、2018年2月6日公布的《最高人民法院关于适用〈中华人民共和国行政诉讼法〉的解释》第四十二条，以及2019年7月26日通过的《福建省行政执法条例》第五十四条、2022年7月29日通过的《江苏省行政程序条例》第四十五条等国家和地方层面的规范文件要求，城市管理执法程序中的证据应当完整具备合法性、关联性、真实性三项属性。

1. 合法性

证据合法性，也称证据的法律性，是证据属性中的外赋属性，其内涵包括但不限于下列要求。

（1）任何作为证据的事实或者材料必须属于现行有效的法律法规所许可的证据种类。

（2）事实类证据的提取主体、提取过程符合法律法规的要求。

（3）材料类证据的生成主体、生成过程、证据内容、证据形式符合法律法规的要求。

2. 关联性

证据的关联性，也称证据的相关性，它是证据的内生属性，其内涵包括但不限于下列要求。

（1）形式关联：证据来源于过去发生的案件环境且与案件事实具有部分或者全部的牵连。

（2）实质关联：证据所留存、表达的案件事实信息足以帮助行政执法主体认定部分或者全部过去发生的案件事实。

3. 真实性

证据的真实性，也称证据的客观性，它是证据的内生属性，其内涵包括但不限于下列要求。

（1）形式真实：证据应当具备成立为该等证据应有的形式要件；证据应当具备被各类主体感知和认识的外在表现形式。

（2）内容真实：证据所留存、表达的案件事实信息是客观真实的，不存在诸如伪造、变造等虚假情形，以及非臆测、猜想、评价、分析等主观信息。

三、证据种类

证据种类是指法定的证据划分。《行政处罚法》第四十六条规定了行政处罚中的证据种类。据此，城市管理执法程序中应当符合证据种类规范要求。

1. 书证

以其自身所记载的信息内容来证明案件事实的各类文书、证照、图表、簿记、文献、凭据、报刊等属于书证。

对于书证，可以根据不同的标准进行不同的细化分解。首先，根据意思表现形式或者案件信息记载方式，书证包括文字书证、符号书证和图表书证。其次，根据制作书证的主体身份，或者说是否依据公共职权制作，书证可分为公文书（公文书证）和私文书（私文书证）。再次，根据文书的内容，可分为报道性书证和处分性书证。再次，根据制作方式和制作程序有无特别要求，可分为普通文书和特殊（特别、特制）文书。最后，依据书证的制作方法和相互关系，可以把书证分为原件、复制件。

2. 物证

广义的物证等同于实物证据，包括狭义的物证、书证、视听资料、电子数据等证据种类。而狭义的物证则排除了书证、视听资料、电子数据等证据类型。《行政处罚法》中规定的物证属于狭义物证。以其自身内在属性、空间位置和外部特征来证明案件事实的物品、物质和痕迹属于物证。

物品物证也称有形物证，是指各种人体感官可视的实体存在，包括动产和不动产。

物质物证也称微量物证，是指需要借助一定的工具或者仪器才能发现和提取的细微生物物质或者非生物物质，如金属粉末、生物 DNA 等。鉴于物质与物品的紧密关联，许多行政执法证据法规范文件在界定物证含义时都不提物质。

痕迹物证是指两个以上物体相互接触后所留存的彼此印记，如手印、足迹、工具痕迹、整体分离痕迹、车辆痕迹和枪弹痕迹、火灾痕迹、爆炸物痕迹等。

上列物证属于典型的事实类证据，它们共生于案件事实之中，伴随着案件的产生、发展和终结。由于物证往往具有形状各异、体积较大、性质复杂等特性，导致其在案卷中难以实物留存。因此，在城市管理执法程序中，物证常常需要转化展示形态，如绘图、拍成照片、摄录成电子视频等。这些替代实物的材料，就是物证的示意证据、替代证据或者展示证据。

物证是以其外部特征、内在属性和空间位置来证明或者复制过去发生的案件事实的。物证的外部特征主要是指实体物的形状、大小、数量、颜色、新旧程度等。物证的内在属性主要指物证所具有的各种物理、化学性质，如质量、重量、成分、结构、性能等。物证的空间位置主要指物证所处的位置、所占有的时间、空间范围等。

物证对案件事实的信息留存，有些是显而易见的，有些则需要解读。普通人对物证的解读归入物证分析与审查判断之中；专家对物证的解读，则是独立的证据种类，即鉴定意见。

3. 视听资料

以模拟信号手段生成且不存储于电子介质的录音资料和影像资料属于视听资料。

视听资料包括录音资料和影像资料。录音资料是指以模拟录音设备（如磁带录音机、录音笔）录音生成的声音信息。影像资料是指以模拟录像、照相设备（如磁带录像机、X光机）摄录生成的视频和图像信息。

视听资料和电子证据的本质区别在于，视听资料是以模拟信号的方式在磁性介质上进行存储的数据；而电子数据是以数字信号的方式在电子介质上进行存储的数据。

4. 电子数据

电子数据，也称电子证据、电子数据证据、计算机数据、计算机证据等，是行政执法中一种独立的证据形态。电子数据是指以电子技术手段生成且以数字信号形式存储、处理、传输的各类数据电文及其记录信息与电磁介质。以数字信号手段生成且存储于电子介质中的录音资料和影像资料，属于电子数据。

电子数据包括数据电文证据、附属信息证据与系统环境证据❶。数据电文证据，是指电子数据本身，即记录法律关系发生、变更与消灭的数据，如 E-mail、EDI 的正文。附属信息证据，是指对数据电文生成、存储、传递、修改、增删而引起的记录，如电子系统的日志记录、电子文件的属性信息。系统环境证据，是指数据电文运行所处的硬件和软件环境，即某一电子数据在生成、存储、传递、修改、增删的过程中所依靠的计算机环境，特别是硬件设施和系统软件、应用软件。

5. 证人证言

城市管理执法程序中的证人仅仅是指直接参与案件法律关系或者亲历案件发生发展过程的自然人。

证人不同于当事人，包括被侵害人、程序见证人、关联第三人和普通目击证人。其中被侵害人在其与侵害人的关系中属于当事人，但在行政主体处理侵害人的行政案件中，属

---

❶ 参见汪振林主编：《电子证据学》，第18页。

于证人。

证人的条件，也称证人资格、证人能力，可以从正反两个角度把握。从正面角度看，证人首先应当具有知晓案件事实的基础条件。其次，证人还应当具有正确表达意思的能力、认知作证后果并能够承担法律责任的能力。从反面角度看，首先，凡是因为各种原因而不能正确表达意思的人，不能作为证人。影响正确表达意思的原因主要有生理上的缺陷、精神上的缺陷、年幼（年龄上的不足）。其次，曾经在前置程序中担当过代理人的自然人不能作为证人。最后，城市管理执法办案人员在其所承办的案件中不能作为证人。

证人就其感知的案件事实向行政执法主体所作的言词陈述为证人证言。证人自书材料或者对证人的调查询问笔录以及音像视频记录等为证人证言的书面载体或者固定资料。所以，证人证言的形态包括三类：口头语形态，言词陈述，最终需要落实到纸面或者生成音像资料；传统书面形态，包括证人自书和行政执法人员作成调查询问笔录；现代音像视频记录。这些不同的形态在调查收集部分有详细的阐述。

6. 当事人的陈述

行政执法程序中的当事人是指与行政执法行为有法律上的利害关系，以自己名义参与行政执法程序的公民、法人或者其他组织。当事人在行政执法程序中的陈述包括主张或者请求的表达、事实的叙述、观点或者意见的论证与反驳等。并非所有陈述内容都属于行政执法证据法意义上的当事人陈述。就法定证据种类而言，当事人就其亲历的案件事实向行政执法主体所作的言词陈述属于当事人陈述。当事人陈述包括对案件事实和证据的承认、否认，以及对第三人行为事实的指认。作为法定证据种类的当事人陈述不应当包括当事人表达的、非案件事实的那些意见、主张、观点和理由。如证人证言一样，当事人陈述的表现形式也分为口语言词形式、文字笔录形式和现代音像记录形式。

7. 鉴定意见

鉴定意见是指鉴定人运用科学原理和技术手段对案件中的专门性问题进行研究、分析、检测、审查判断后提出的结论性意见。在法律程序中之所以需要鉴定意见，是因为有些专门的事实问题超越了事实认定主体的常识和经验。为了便于事实认定者理解证据和认定事实，古今中外的法律制度都允许借助于或者求助于专家，由专家提供专业意见。进行鉴定时所运用的科学原理和技术手段统称为法庭科学（forensic science）。在行政执法证据法规范文件中，法庭科学常被称为专门知识和技能。

对于行政执法中的鉴定，在理解和运用时应作适度扩张，包括检验、检测、监测、检疫等。在此意义上的鉴定，可以分为行政系统内的鉴定和行政系统外的鉴定。

8. 勘验笔录、现场笔录

在城市管理执法程序中，用文字、符号、图表或者影像手段记录、摄录行为过程及其结果或者言词陈述的属于笔录。在行政执法程序出现的笔录，基本上都属于报道性书证，客观记载着行政执法程序中的行为过程及其结果。根据使用场合及功能，行政执法笔录主要包括勘验（检查）笔录、现场笔录、询问笔录等取证笔录，以及听证笔录、审核笔录等行政程序笔录。根据记载工具或者表现形式，笔录也可分为文字笔录和音像笔录。从书证的角度考量，城市管理执法机关及其工作人员在执法程序中依法制作的各种笔录，完全可以归入公文书之范围。

第三节　证据收集及其规范化操作

在宏观的认知上，无论是行政执法程序，还是行政诉讼活动，证据运用包括取证、举证、质证、认证等重大阶段。其中，证据的收集（调查取证）都是最初的证据运用环节。

一、调查取证概述

调查取证，也称证据收集、收集证据，简称取证。狭义的调查取证仅指城市管理执法机关通过自身行为发现、收集证据的活动。广义的调查取证还包括城市管理执法机关依法采取的证据保全、证据公证和请求其他单位协助收集证据等活动❶。

（一）调查取证的合格主体

调查取证活动必须由合法适格的主体实施，否则收集的证据不具备合法性。主体合格的要求包括调查取证的执法机关具有执法权；具体从事调查取证的执法人员符合法定数量和质量；执法机关辅助人员不得独立调查取证。

1. 城市管理执法人员可以调查取证

根据《行政处罚法》第四十二条、第四十三条、第五十五条第一款，以及《行政强制法》第十八条等规定，合法适格的城市管理执法调查取证人员应当同时具备下列条件：

（1）具有完全民事行为能力的自然人；
（2）取得行政执法资格证书并在执法时主动出示；
（3）2人以上；
（4）不存在应当回避的情形；
（5）着装规范，行为文明。

2. 城市管理执法机关协管人员不得独立取证

《城市管理执法办法》第十八条规定，城市管理执法主管部门可以配置城市管理执法协管人员，配合执法人员从事执法辅助事务。这就在城市管理执法部门组建了另一支不同于城管执法队伍的协管辅助队伍。但是，协管人员不得独立调查取证。《中共中央关于全面推进依法治国若干重大问题的决定》强调行政机关要坚持法定职责必须为法无授权不可

---

❶　2018年10月23日《关于印发〈上海市城管执法调查取证规则〉的通知》第三条指出，本规则所称城管执法调查取证，是指本市城管执法部门和乡镇人民政府及其城管执法人员在履行行政执法职责过程中，针对公民、法人或者其他组织涉及违反城市管理相关法律、法规、规章的行为，进行调查和收集有关证据的活动。

为的法治原则。城市管理执法机关中从事执法辅助工作的人员可以对调查取证进行必要且适度的辅助，但严禁其独立实施调查取证活动。因为没有任何法律法规赋予协管人员独立取证的职权。对此，《中共中央 国务院关于深入推进城市执法体制改革改进城市管理工作的指导意见》（中发〔2015〕37号）还专门指出，协管人员只能配合执法人员从事宣传教育、巡查、信息收集、违法行为劝阻等辅助性事务，不得从事具体行政执法工作。《住房城乡建设部关于严格规范城市管理执法行为严肃执法纪律的通知》（建督〔2018〕23号）也再次强调，协管人员不得从事具体行政执法工作，只能配合从事宣传教育、巡查、信息收集、违法行为劝阻等辅助事务。

（二）调查取证的工作原则

调查取证的工作原则是指城市管理执法人员实施调查取证工作时必须遵守的基本行为规则。这些原则大体上可以分为三类：取证行为原则；保守秘密原则；全过程记录原则。

1. 取证行为原则

取证行为原则是指具体实施取证活动时必须遵循的工作要求。根据《行政处罚法》第五十四条、《行政强制法》第五条、《城市管理执法办法》第二十八条第一款、《城市管理执法行为规范》第十一条第一款等规定，城市管理执法机关及其适格工作人员调查收集证据必须遵循合法、客观、全面、公正、及时、合理（适当）的基本原则。

（1）取证合法原则要求所有收集证据的活动都必须遵守法律规定，有法律依据。

（2）取证客观原则要求遵守诚实信用原则，在调查取证过程中尊重事实、保持事实、坚持事实、实事求是。

（3）取证全面原则要求本证（有利证据）与反证（不利证据）一起收集，不得选择性调查取证。

（4）取证公正原则要求保持中立，平等对待（冲突）各方，不偏不倚。

（5）取证及时原则要求实施调查取证工作应当迅速，不拖延、不懈怠，严防证据灭失。

（6）取证合理（适当）原则要求采取任何调查取证措施都应当优先选择给相对人最小损害的方式方法。

2. 保守秘密原则

保守秘密原则要求在执法程序中遇有相关秘密时必须加以保守。根据《行政处罚法》第五十条的规定，城市管理执法机关及其适格工作人员对于在调查取证过程中所知悉的国家秘密、商业秘密或者个人隐私都应当予以保密，任何人不得自己或者通过第三方直接或者间接地加以泄露或者使用。

3. 全过程记录原则

全过程记录原则体现着对行政执法全过程记录制度的严格遵守。根据《城市管理执法办法》第二十八条第二款、《城市管理执法行为规范》第九条等规定，城市管理执法机关及其适格工作人员的所有调查取证活动应当贯彻全过程记录原则,确保所有发现、固定、提取、保管、运用证据的行为和过程都具有可回溯性。

(三) 调查取证的工作步骤

程序法律关系和程序行为的步骤,一般都是启动、实施、结束。城市管理执法调查取证的工作步骤也是如此。

1. 调查取证的基本阶段

从宏观上看,行政执法调查取证一般分为三大阶段:待证事实的确立与启动调查;具体实施调查;证据分析与终结调查。

城市管理执法机关及其执法人员调查收集证据应当以案件中需要查明的待证事实为出发点;以达到相应的证明标准为终结点。具体的调查取证过程应当合法、规范、科学、有效,努力实现或者保障证据的合法性、关联性和真实性。

2. 调查取证方案

调查取证方案,也称证据调查方案、证据调查计划,是城市管理执法机关对未来调查取证工作的若干事项作出预先安排的书面文件。简单的案件可以用调查提纲替代调查方案,但是,对于重要或者重大案件的调查取证工作,还是以制定书面调查方案为宜。证据调查提纲是用简明扼要的形式把案件中已知的情况、已知的证据及各种潜在证据的假设条陈列出的文书。

(四) 调查取证的法定措施

对于城市管理执法调查取证的方法而言,相对集中的规定是《城市管理执法办法》第二十七条。除此之外,还有《行政处罚法》第五十四条至第五十六条,《行政强制法》第九条,《行政许可法》第三十六条,以及《城市管理执法行为规范》第十二条等规定。根据这些规定,城市管理执法调查取证的法定方法主要有❶:

1. 询问并且制作调查询问笔录:针对当事人陈述、证人证言等言词证据;
2. 勘验、检查并制作笔录(含同步录音、录像、摄影、拍照):针对现场、物证;
3. 收集、调取(含委托调取)并附交接手续:针对物证、书证、视听资料、电子证据;
4. 抽样取证并制作证明文书:针对多数物证;
5. 查封、扣押并附手续:针对物证;
6. 查阅、摘抄、复制:针对他人保管的文书证据;
7. 录音、录像、拍照、摄影,生成视听资料和电子数据:针对现场、物证、书证,

---

❶ 许多地方性规定都有调查取证措施的相对集中表述,如 2018 年 11 月 30 日公布的《陕西省城市管理综合执法条例》第 21 条。

及一切取证行为的补强；

    8. 委托或者指定鉴定人获得鉴定意见：针对专门性问题；

    9. 先行登记保存并附文书：针对证据固定和保全；

    10. 委托办理证据公证：针对证据固定和保全；

    11. 法律法规规定的其他调查取证措施。

二、言词证据的调查

言词证据是指人证，包括当事人、被侵害人、证人的陈述或者证言。各类言词证据的调查取证方法是询问。通过询问，听取并获知他（她）们陈述的案件事实。

询问步骤具体包括启动、实施、结束。

（一）询问的启动

启动询问工作时，城市管理执法人员应当完成如下各项工作：

    1. 核对或者确定被询问人员身份，必要时查验其身份证件。

    2. 向被询问人员敬礼，口头说明执法询问人员身份，交代来意。《城市管理执法行为规范》第二十一条规定，城市管理执法人员实施执法时，应当先向行政相对人敬举手礼。

    3. 出示执法证件，请求被询问人查验。《城市管理执法行为规范》第十条规定，城市管理执法人员实施执法时，应当出示行政执法证件，告知行政相对人权利和义务。

    4. 告知被询问人的作证义务，以及如实陈述、如实作证的法律规定。《行政处罚法》第五十五条第二款规定，当事人或者有关人员应当如实回答询问，并协助调查或者检查，不得拒绝或者阻挠。

    5. 告知固定陈述的方法，开始书面记录；必要时，自始就开启执法记录仪或录音设备。

（二）询问的实施

实施询问工作时，城市管理执法人员应当完成如下各项工作：

    1. 高度概括地介绍相关案件情况，但需注意不能泄露具体事实要素。

    2. 请被询问人就其感知的案件事实作总体上的宏观叙述。当事人陈述所作所为；证人陈述所见所闻；被侵害人陈述所遇所受。在此过程中要注意适当纠偏和引导，防止被询问的陈述偏离问话主题。

    3. 针对办案还需要查明的具体事实要素、事实细节逐一向被询问人问话，一问一答，获得案件事实信息。

具体实施询问的执法人员应当采取合理有效的问话方式，综合运用口头语、态势语和书面语，最大限度地获得过去发生的案件事实信息。《城市管理执法行为规范》第二十二条规定，城市管理执法人员应当礼貌待人，语言文明规范，不得对行政相对人使用粗俗、歧视、训斥、侮辱以及威胁性语言。第二十三条规定，城市管理执法人员实施执法时，一般使用普通话，也可以根据行政相对人情况，使用容易沟通的语言。

询问调查应当个别进行。

询问不满十八周岁的未成年人，应当通知其监护人到场。

询问聋哑人或者不通晓当地通用语言的人，应当有通晓手语的人或者翻译提供帮助，并在询问笔录中注明被询问人的聋哑情况或者外籍信息以及翻译人员的姓名、住址、工作单位和联系方式。

（三）询问的结束

无论询问是否获得良好的预期效果，该结束的应当果断终结询问。

询问的良好结果是获得部分或者全部案件信息；生成各种固定材料，如谈话笔录、调查笔录、音像视频资料等。

询问的不好结果包括未获得案件信息；或者未能固定询问结果，如被询问人不肯做笔录、不肯签字确认等。

询问笔录是城市管理执法人员在行政执法活动中，就询问当事人、证人及关联第三人的过程及内容所作成的书面文字记录。凡法律法规要求询问应当制作笔录者，不得因有音像资料而缺失文字记录。

制作询问笔录应当尽量使用统一印制的询问笔录纸并规范填写与记录。询问笔录应当格式完整、项目齐备、过程清晰、内容真实、一人一份。

调查询问笔录应当交被询问人查阅核对；阅读有困难的，应当向其宣读。笔录有差错或者遗漏的，应当允许被询问人更正或者补充。涂改部分应当由被询问人在修改处以签名、盖章或者捺指印等方式确认。

根据《住房和城乡建设行政处罚程序规定》第十六条的规定，被询问人确认笔录记载无误后，应当在笔录上逐页签名、盖章或者捺指印进行确认；拒绝签名、盖章或者捺指印的，执法人员应当在笔录中予以注明❶。

调查询问人员也应当在询问笔录上逐页签名确认。

三、实物证据的收集

这里的实物证据主要是指各类物证和书证。调查收集的方法包括寻找与发现方法，即勘验、检查；固定与保全方法，如先行登记保存，查封、扣押；提取方法，如整体调取，

---

❶ 《住房和城乡建设行政处罚程序规定》于 2022 年 3 月 10 日由住房和城乡建设部令第 55 号公布，自 2022 年 5 月 1 日起施行。

抽样取证，查阅、摘抄、复制等。收集实物证据有一个共用的基本规则，那就是"最佳证据规则"。该规则要求收集书证遵循原件优先；收集物证遵循原物优先；收集视听资料和电子数据遵循原始载体优先。对此，《住房和城乡建设行政处罚程序规定》第十七条也有明确要求。

（一）实物证据的寻找与发现方法

勘验、检查，是指城市管理执法人员对与违法活动或者其他案件事实有关的场所、物品等进行勘查、勘验或检查，以发现、固定和收集案件所遗留的各种物品（含文书）、物质和痕迹的一种取证活动。

勘验、检查的对象主要是现场（不动产物证）、物品和文书。

1. 勘验、检查的步骤

城市管理执法人员勘验、检查现场和物证，应当制定工作方案，合理安排勘验人员、辅助人员、勘查流程和记录分工，确保有效发现、固定、提取、保管物证。

勘验、检查时应当通知当事人到场，邀请见证人在场见证。当事人拒不到场、无法找到当事人或者当事人拒绝签名或者盖章的，执法人员应当在笔录中注明，并可以请在场的其他人员佐证。

具体实施勘验时应当由勘查负责人确定勘查范围，安排专人维持现场秩序，防止突发事件。

2. 勘验、检查的固定

对勘验、检查活动及其发现、提取的物证应当采用文字、图表、音像等手段全过程、全方位立体记录。

对现场和物证拍照、摄像的内容应清晰、准确、完整、连贯，突出重点、明确目标，体现直接证明力。

3. 勘验笔录和现场笔录

勘验、检查笔录和现场笔录应当完整记载下列事项：

（1）案由和案号；

（2）勘验、检查人员以及执法人员出示执法证件表明身份和告知当事人申请回避权利、配合调查义务等的情况；

（3）现场勘验、检查的时间、地点、主要过程和结果；

（4）被勘验、检查的场所概况及与当事人的关系；

（5）与案件行为或者事件有关的物品、工具、设施的名称、规格、数量、状况、位置、使用情况及相关书证、物证；

（6）与案件行为或者事件有关人员的活动情况；

（7）当事人及其他人员提供证据和配合勘验、检查情况；

（8）现场测量、拍照、录音、录像、绘图、抽样取证、先行登记保存情况；

(9) 执法人员勘验、检查发现的其他案件事实。

现场图示要注明绘制时间、方位、比例、制作人等，规范使用制图标记和符号。

经过查阅或者听取宣读、解释与说明，当事人、见证人应当对勘验笔录和现场笔录逐页签名或者捺指印确认。当事人拒绝签名或者按捺指印的，应当在笔录中予以注明。

执法人员也应当在勘验笔录和现场笔录上逐页签名确认。

（二）实物证据的固定与保全方法

对于城市管理执法调查取证而言，实物证据固定与保全的方法包括先行登记保存和查封、扣押。

1. 先行登记保存

根据《行政处罚法》第五十六条的规定，先行登记保存是指城市管理执法机关及其执法人员在日常监督检查时，在证据可能灭失或以后难以取得的情况下，对相关物品和资料当场登记在册，暂时先予封存固定，并要求当事人或有关人员妥善保管，不得销毁、转移或隐匿，以待城市管理执法机关进一步调查和处理的证据保全手段。

根据《住房和城乡建设行政处罚程序规定》第十九条规定，先行登记保存应当经过城市管理执法机关负责人批准。

实施先行登记保存，应当会同当事人当场查点清楚，制作并当场交付先行登记保存决定书（通知书），开具清单。必要时，应当对采取先行登记保存措施的证据进行拍照或者对采取先行登记保存的过程进行录像。

对先行登记保存的证据，应当在七日内作出处理决定。逾期不作出处理决定的，视为自动解除。

2. 查封、扣押

查封、扣押是《行政强制法》第九条规定的行政强制措施。根据《行政强制法》第十条规定，查封、扣押应有全国人大及其常委会制定的法律、国务院制定的行政法规和地方性法规明确授权。除此以外的其他任何规范性文件所设定的查封、扣押都不能作为执法依据。《行政强制法》第三章，尤其是第二节第二十二条至第二十八条，详细规定了查封、扣押的具体程序。

（1）查封、扣押的适用

查封、扣押是城市管理执法机关对公民、法人或者其他组织的场所、设施或者财物实施暂时性控制的行为，是一种固定和提取实物证据的活动。为了制止违法行为、防止证据损毁、避免危害发生、控制危险扩大等事由，城市管理执法机关可以对与行政违法案件有关的场所、设施、财物（包括视听资料、电子数据）和文件依法予以强行提取、留置和封存。

（2）查封、扣押的操作

实施查封、扣押（物证、书证）须由城市管理执法机关负责人批准，持有行政执法主体的证明文件。事有紧急者，行政执法人员应当在二十四小时内向行政执法主体负责人报告，并补办批准手续。

实施查封、扣押，应当通知当事人到场。当事人不到场的，邀请见证人到场，由见证人和行政执法人员在现场笔录上签名或者盖章。

实施查封、扣押，应当依照法律、法规规定的程序，会同当事人查点清楚、交接明白，制作并当场交付查封、扣押决定书和物品清单。必要时，应当进行同步拍照或者摄像。

对可以作为证据使用的录音带、录像带，在扣押时应当予以检查，记明案由、内容以及录取和复制的时间、地点等，并妥为保管。

对扣押的电子数据原始存储介质，应当封存，保证在不解除封存状态的情况下，无法增加、删除、修改电子数据，并在证据保全清单中记录封存状态。

（3）查封、扣押的期限

查封、扣押的期限不得超过三十日；情况复杂的，经行政执法主体负责人批准，可以延长，但是延长期限不得超过三十日。法律、行政法规另有规定的除外。

（4）查封、扣押的解除

城市管理执法机关采取查封、扣押措施后，应当及时查清事实，在法定期限内作出处理决定。对违法事实清楚，依法应当没收的非法财物予以没收；法律、行政法规规定应当销毁的，依法销毁；应当解除查封、扣押的，作出解除查封、扣押的决定。

（三）实物证据的提取方法

实物证据的提取方法包括直接提取原件、原物，抽样取证以及制作复制件、复制品等三类措施。

1. 抽样取证

在城市管理执法实务中，对于多数物证，以及动态、连续的微量物质（物证），常常采用抽样取证的方法提取证据。《行政处罚法》第五十六条特别指出，行政机关在收集证据时，可以采取抽样取证的方法。

抽样取证是城市管理执法机关在执法活动中，从证据总体中抽取部分作为行政执法证据的一种收集（调查）证据的方法。

实施抽样取证，应有当事人在场，会同当事人查点清楚、交接明白。当事人是单位的，应通知其单位领导，并有其单位领导或者相关的实物保管人员、管理人员、销售人员在场。

抽样方法应具有一定的科学性，随机抽取以确保样品具有代表性。法律、法规、规章、质量标准对抽样、封样方法和样品的数量等有规定的，应遵守其规定。样品的代表数量应该准确、具体，所代表的物品的名称、型号、规格、批号、存放地点、数量等信息均应记录在案。封样要科学、严谨。

执法人员应当制作抽样取证凭证，对样品加贴封条，并由办案人员和当事人在抽样取证凭证上签名、按捺指印或者盖章。

实施抽样取证，应当制作抽样笔录，并由当事人、在场人、办案人签章。实施现场检查的，还应制作现场检查笔录。对抽样过程可以同步采取音视频记录。

对抽取的样品应当及时进行检验。经检验，能够作为证据使用的，应当依法扣押、先行登记保存或者登记；不属于证据的，应当及时返还样品。样品有减损的，应当予以补偿。

2. 制作或者形成实物证据的示意证据

所谓示意证据（demonstrative evidence），也称演示性证据、说明性证据、替代证据，是指复制或者描绘案件中有关人物、物体或者场景的展示性材料。在我国，被法律法规所许可作为证据使用的示意证据主要是书证（含音像电子证据）的复印件、节录本、影印本、抄录本等复制件，物证的照片、影像或者复制品，以及其他一些绘图、模型等[1]。示意证据不是实物证据本体，它们只是实物证据的展示手段。示意证据都是在办理案件的法律程序中由办案人员制作或者生成的，故而它们都是材料类证据。

四、科学证据的生成与调取

科学证据是指视听资料、电子数据、鉴定意见三种法定证据，它们有一个共性就是包含科技因素。科学证据的调查收集分为：城市管理执法机关自主生成音像电子证据（接触性与非接触性）；城市管理执法机关依法调取其他主体生成的音像电子证据；自行或者委托鉴定并获得鉴定意见。

（一）音像电子数据的自主生成

城市管理执法机关及其调查取证人员自主生成音像电子数据是视听资料和电子数据生成的主要形态。

1. 音像电子数据生成的途径

行政执法中视听资料和电子数据的生成途径包括但不限于：

（1）固定设置检测、监控视频系统，相对稳定地自动生成音像视听资料；

（2）执法人员现场操作非接触性设备，即时、动态生成音像视听资料，例如，执法记录仪等；

（3）遥控无人机巡查摄录音像视听资料。

2. 生成音像电子数据时的注意事项

使用非接触性设备生成视听资料和电子数据应当确保：

---

[1] 参见邱爱民著：《实物证据鉴真制度研究》，第250—251页。

（1）设备设置或者领取使用的合法性；
（2）设备保养和使用的科学性和规范性；
（3）音像摄录的连续性和立体性；
（4）案件信息的特定性和相关性；
（5）视音频数据保存和传输的及时性和完整性。

（二）音像电子数据的调取

无论是城市管理执法机关自主生成，还是其他单位或者个人在不违背法律法规基础上形成的音像电子数据，城市管理执法机关都应当依法及时调取、提取和收取。

1. 视听资料和电子数据的收取

城市管理执法主体自行生成的视听资料和电子数据应当及时收取原始数据或者存储媒介或者载体。在城市管理执法主体电子设备内或者网络系统中存储、传输的电子数据，一律作为原件使用。通过外在存储媒介或者载体复制，以及由打印设备打印输出的电子数据，按照复制件使用。

非行政执法主体通过不违法的手段采集的视听资料和电子数据，城市管理执法主体应当依法调取，审核使用。

2. 视听资料和电子数据的勘验、检查

针对当事人及其他参与人生成的视听资料和电子数据，城市管理执法主体可以依法予以现场或者远程勘验、检查。

对已扣押、封存、固定的电子数据，应当及时予以电子证据检查，以发现和提取与案件相关的线索和证据。

对视听资料和电子数据进行勘验、检查应当制作《现场勘验检查笔录》《远程勘验笔录》《电子证据检查笔录》《固定电子证据清单》《封存电子证据清单》《提取电子数据清单》《原始证据使用记录》《勘验检查照片记录表》和远程截获的屏幕截图等，必要时予以同步录音、摄像。

3. 电子数据的固定与封存

为了保护电子数据的完整性、真实性和原始性，应当对其实施固定和封存。

作为证据使用的存储媒介、电子设备和电子数据应当在现场固定或封存。

固定存储媒介和电子数据包括以下方式：

（1）完整性校验方式：计算电子数据和存储媒介的完整性校验值，并制作、填写《固定电子证据清单》；

（2）备份方式：复制、制作原始存储媒介的备份，并封存原始存储媒介；

（3）封存方式：对于无法计算存储媒介完整性校验值或制作备份的情形，应当封存原始存储媒介，并在勘验、检查笔录上注明不计算完整性校验值或制作备份的理由。

(三) 鉴定意见的形成

专家鉴定及其鉴定意见属于典型的科学证据。在城市管理执法程序中，遇有经验、常识无法认知的案件事实或者证据事实信息时，常常需要借助于专家的科学技术知识与技能，通过鉴定生成鉴定意见。

1. 鉴定的概念和类型

鉴定，是指鉴定人运用自己的专门知识和技能，以及必要的技术手段，对案件中有争议的专门性问题进行检测、分析、鉴别的活动。运用专门知识对涉及案件事实的技术问题进行鉴定活动的人，称为鉴定人。城市管理执法程序中，需要以专业知识、技能或者手段进行分析研究后才能鉴别或判明的专门性问题（案件事实或者证据事实），是鉴定的对象或者鉴定客体。经过鉴定活动，鉴定人对鉴定对象所形成的判断性或结论性意见，称为鉴定意见。

《城市管理执法办法》第二十四条规定，城市管理执法需要实施鉴定、检验、检测的，城市管理执法主管部门可以开展鉴定、检验、检测，或者按照有关规定委托第三方实施。据此，可以把城市管理执法程序中的鉴定分为指定鉴定和委托鉴定。

2. 鉴定意见的内容

书面鉴定意见应当包括下列基本内容❶：

（1）申请、委托或者指派鉴定的单位或个人；
（2）申请、委托或者指派鉴定的时间及内容；
（3）明确的结论性意见；
（4）鉴定时提交的相关材料，包括检材、样本和辅助资料；
（5）鉴定的依据和使用的科学技术手段；
（6）鉴定的具体实施过程；
（7）鉴定机构和鉴定人员的资格证明；
（8）鉴定机构印章、发文时间及鉴定人员签名；
（9）其他必要的项目。

鉴定意见书应当及时送达当事人及其他参与人。

3. 补充鉴定

补充鉴定是指城市管理执法机关为使鉴定意见更臻充实完善而在原鉴定基础上，指派或者聘请具有专门知识的人，对案件中某些遗漏的专门性问题进行鉴别和判断并作出结论的活动。补充鉴定的目的在于弥补原鉴定的不足，保证鉴定的全面性和客观性。

补充鉴定是原委托鉴定的组成部分，应当由原鉴定人进行。情况特殊者亦可由其他鉴

---

❶ 2018年10月23日《关于印发〈上海市城管执法调查取证规则〉的通知》第十一条指出，鉴定意见应当载明委托人和委托鉴定的事项、向鉴定部门提交的相关材料、鉴定的依据和使用的科学技术手段、鉴定部门和鉴定人鉴定资格的说明，并应有鉴定人的签名和鉴定部门的盖章。通过分析获得的鉴定意见，应当说明分析过程。

定人进行。

4. 重新鉴定

重新鉴定是指城市管理执法机关将原鉴定材料（检材、样本和辅助资料）再次指定或者聘请新的鉴定人进行再次鉴定的活动。

需要进行重新鉴定的，应当另行指派或者聘请鉴定人员。

第四节　证据分析与事实认定

在借助证据方法认定案件事实时，事实结论的得出是基于对单一证据和全案证据的分析而实现的。证据分析也称证据审查判断，证据审查评断，证据评价、认证，是指城市管理执法机关及其相关工作人员对执法程序中收集的各种证据进行审查分析，研判并确认这些证据的证据资格和证明价值的专门活动。简言之，证据分析就是对证据属性进行认定，通过对证据合法性、关联性、真实性的研究探讨，来判定证据资格的有无和证明价值的大小强弱。

一、事实认定的概念和方法

城市管理执法程序中查明案件事实的活动就是事实认定。因为查明事实常常需要借助于证据，所以，事实认定也指通过证据分析、证据评价、证据审查判断得出案件事实结论的过程。

1. 事实认定的概念

事实认定（fact-finding）是事实认定者对案件特定事物及其关系真实存在之可能性的确定。城管执法调查取证人员、城市管理执法机关法制审核人员、行政复议人员和行政诉讼审判人员都是相应的事实认定者。不同层次、不同类型的案件事实，就是事实认定的对象，也就是证明对象[1]。

2. 事实认定的方法

事实认定的路径或者方法，从证据的角度看，分为证据方法和非证据方法。

（1）证据方法

所谓证据方法，就是运用证据来确认案件事实的方法，通过对证据所留存的过去案件事实的信息的分析，来复制、重现案件事实。这种方法从证明责任主体的角度而言，也称证据证明法。

（2）非证据方法

非证据方法，也称直接确认法或者免证方法，它是指对案件事实的确认无须借助于证据或者较少借助于证据，而是在一定的条件下，凭借行政执法主体或者司法人员的经验常

---

[1] 王毅主编：《城市管理执法实务操作与典型案例》，第62页。

识、逻辑推理等直接得出事实结论。

二、证据分析的内容

证据分析的内容是指对证据质量和数量的综合考察，虽然以证据属性（合法性、关联性、真实性）为核心，但也不限于证据属性。

（一）证据分析的基本内容与考察路径

证据分析时，对证据属性的考察路径应当针对证据的证据资格和证明价值，围绕证据的合法性、关联性和真实性，紧扣那些影响或者决定证据属性的证据生成、运用等环节、行为与状态。

1. 证据分析的内容

对单一证据的分析内容包括以下三个层面：

（1）证据资格的有无和证明价值的大小强弱；

（2）证据的合法性、真实性和关联性；

（3）影响证据合法性、真实性和关联性的各种行为、环节和状态。

证据资格，也称证据能力，证明能力或者证据的适格性、容许性、可采性，是指证据材料被采用为证据而必须具备的条件，即被法律所容许为证据的资格。证据资格是法定的，法律一般用排除或者禁止的方式加以规定。凡没有被法律排除或者加以禁止的证据都有证据资格。

证明价值，也称证明力、证据价值、证据力、关联性，是指证据在证明、证实待证事实（证明对象）存在或不存在上体现出来的价值，包括价值的大小强弱等程度。证明价值由行政执法机关及其相应工作人员，以及后续可能出现的行政复议人员、行政审判法官自由裁量。

通常而言，证据的合法性、形式关联性和形式客观性影响证据资格；证据的实质关联性和内容真实性决定证明价值❶。定案证据必须首先具有证据资格，其次还需要具备证明价值。证据资格在先、证明价值在后。无资格肯定无价值；有资格也未必有价值。

对全案证据的分析内容包括完整性和充分性。全案证据的完整性是指彼此之间相互印证，不存在证据信息的矛盾；全案证据的充分性是指全部证据信息足以"复制"出过去发生的案件事实，达到应有的证明标准。

2. 证据合法性的分析要点

证据合法性的分析要点包括但不限于下列事项：

（1）证据是否符合法定形式；

---

❶ 参见陈光中主编：《证据法学》（第四版），第142页。

(2) 调查取证的执法人员的资格和数量；
(3) 证据的取得是否符合法律、法规和规章的要求；
(4) 是否存在影响证据效力的其他因素。

3. 证据真实性的分析要点

证据真实性的分析要点包括但不限于下列事项：

(1) 证据的来源或者出处；
(2) 证据形成的原因、过程；
(3) 发现证据时的客观环境；
(4) 证据是否为原件、原物，复制件、复制品与原件、原物是否相符；
(5) 证据是否进行过修改或者技术处理；
(6) 提供证据的人或者证人与当事人是否具有利害关系或者其他可能影响公正处理的关系；
(7) 证据与拟证明事实之间是否存在无法解释的矛盾；
(8) 影响证据真实性的其他因素。

单个证据的部分内容不真实的，不真实部分不得采信。

4. 证据关联性的分析要点

证据关联性的分析要点包括但不限于下列事项：

(1) 证据证明的事实是否与案件实体性事实或者程序性事实有本质的内在联系，以及关联程度的大小；
(2) 证据所证明的事实对案件主要情节和案件性质的影响程度大小；
(3) 证据之间是否互相印证，形成完整的证据逻辑体系；
(4) 所形成的证据逻辑体系能否全面印证案件的法律事实；
(5) 是否有影响证据关联性的其他因素。

5. 全案证据的分析要点

全案证据的分析要点包括但不限于下列事项：

(1) 证据之间能否相互印证；
(2) 证据之间是否存在无法解释的矛盾；
(3) 证据与事理或者情理之间是否存在无法解释的矛盾；
(4) 证据是否达到一定的数量；
(5) 证据是否足以认定案件事实；
(6) 证据是否形成完整的证据逻辑体系；
(7) 是否有影响证据完整性和充分性的其他因素。

（二）应当排除的证据

在城市管理执法程序中，下列证据没有证据资格，应当予以排除。

1. 一切不具备合法性的证据，包括但不限于：
（1）严重违反法定程序收集的证据；
（2）以引诱、欺诈、胁迫、暴力等不正当手段获取的证据；
（3）以偷拍、偷录、窃听等手段获取且侵害他人合法权益的证据；
（4）以其他违反法律禁止性规定或者侵犯他人合法权益的方法获取的证据；
（5）不能正确表达意志而无证人资格的人提供的证言；
（6）鉴定人不具备鉴定资格、鉴定程序严重违法情形下出具的鉴定意见；
（7）存在明显不符合法律、法规、规章和相关规定要求的勘验、检查、现场笔录。
2. 无形式关联性的证据，包括但不限于：
（1）与案件没有任何联系的证据材料；
（2）对案件待证事实的证明没有实质指向意义的重复证据、拖延证据；
（3）对证明目标会带来不当影响的误导证据或者明显偏见证据；
（4）不能指向案件中专门性问题判断的、意见不明确或者内容不完整的鉴定意见。
3. 无形式真实性的证据，包括但不限于：
（1）根本不能成立的证据；
（2）无法感知和认识的证据；
（3）被伪造、变造或者技术处理而无法辨明真伪的证据；
（4）被询问人身份未经确认或者没有进行个别询问而取得的证人证言、当事人陈述。
4. 不能对证据资格进行鉴真的证据，包括但不限于：
（1）对来源及收集过程有疑问，不能作出合理解释的书证、物证；
（2）没有其他证据佐证且相关人员不予认可的证据复制件或者复制品；
（3）经审查或者鉴定无法确定真伪的视听资料、电子数据；
（4）制作和取得时间、地点、方式等有异议，不能提供必要证明的视听资料、电子数据；
（5）没有经证人、当事人核对确认的证人证言、当事人陈述；
（6）在中华人民共和国境外形成的未办理法定证明手续的证据。

（三）待补强证据

下列证据不能单独作为定案的依据，其证明力需要其他确实、充分的证据予以必要的补充或者强化。
1. 无其他证据佐证的当事人陈述；
2. 未成年人所作的与其年龄和智力状况不相适应的证言；
3. 与一方当事人有亲属关系或者其他密切关系的证人所作的对该当事人有利的证言，或者与一方当事人有不利关系的证人所作的对该当事人不利的证言；
4. 应当出席听证会作证而无正当理由不出席作证的证人证言；

5. 难以识别是否经过修改的视听资料、电子数据；
6. 无法与原件、原物核对的复制件或者复制品；
7. 经一方当事人或者他人改动，对方当事人不予认可的证据；
8. 其他不能单独作为定案依据的证据。

三、证据分析的方法

证据分析方法是指探究、挖掘证据中"信息"的各种技术手段。此等手段包括但不限于文义分析、经验分析、科学分析和逻辑分析。

1. 文义分析

文义分析是最基本的证据分析方法，主要适用于书证、视听资料、电子数据和各种笔录。

文义分析又称语义分析、语法分析、文法分析、文理解释等，是指按照书证（含视听资料、电子数据和笔录证据）的文字、语法去理解书证的思想内容和意义的证据解释方法。例如《行政处罚法》第十八条第一款指出，国家在城市管理、市场监督、生态环境、文化市场、交通运输、应急管理、农业等领域推行建立综合行政执法制度，相对集中行政处罚权。这一条文中的"等"应当解释为"等外省略"，即国家实行综合行政执法制度的领域不限于前面列举出来的七个部门，还包括未列举出来、现在或者将来也实行综合执法的领域。作出这一文义分析也是有依据的，2014年10月23日通过的《中共中央关于全面推进依法治国若干重大问题的决定》指出，要推进综合行政执法，大幅减少市县两级政府执法队伍种类，重点在食品药品安全、工商质检、公共卫生、安全生产、文化旅游、资源环境、农林水利、交通运输、城乡建设、海洋渔业等领域内推行综合执法，有条件的领域可以推行跨部门综合执法。显然《行政处罚法》条文明确列举的七个领域未能完全涵盖中央决定的表述。

2. 经验分析

运用经验法则分析证据就是基于经验法则来推定相关的案件事实，在城市管理执法中典型的实例就是证明妨碍推定制度。事实推定就是根据经验法则，从已知事实出发，推定应证明的事实的真伪。经验法则是事实推定的依据[1]。

经验法则，也称经验规则、经验、生活经验、日常生活经验、经验判断，是指人类在长期生产和生活中形成的、在经验归纳和逻辑抽象后所获得的关于事物属性以及事物之间常态联系的一般性知识，这些知识属于常识性的、具有内在约束力的不成文法则。

在城市管理执法证据分析时，经验法则具有评价证据资格、决定证明力、推定事实、分配证明责任和补强执法人员内心判断等功能。

---

[1] 参见卞建林主编：《证据法学》，第128—129页。

证明妨碍是指不负举证责任的当事人，故意或过失以作为或不作为的方式，使负有举证责任的当事人不可能提出证据，使待证事实无证据可资证明，形成待证事实存否不明的状态。当存在证明妨碍情形时，在事实认定上，就可以推定负有举证责任的当事人的事实主张是成立的或者是可信的。换言之，不能让一方的证明妨碍真正妨碍案件事实的认定，在肯定一方存有证明妨碍情形时，作出有利于对方、不利于妨碍方的事实认定（推定）。

3. 科学分析

随着社会的进步和科技的发展，城市管理执法程序中运用科技手段分析证据的情形必将日益增多。

科学分析是指运用科学技术手段，对证据，主要是实物证据进行鉴定并得出分析意见的一种证据分析方法。《城市管理执法办法》第二十四条规定："城市管理执法需要实施鉴定、检验、检测的，城市管理执法主管部门可以开展鉴定、检验、检测，或者按照有关规定委托第三方实施。"这里的鉴定就是典型的科学分析。科学分析的对象是案件中的专门性问题。所谓专门性问题，就是指城市管理执法机关及其工作人员的常识和经验无法认知、无法解决的问题。

对证据进行科学分析的基础学科为法庭科学，包括但不限于物理学、化学、生物学和医学的知识原理与技术手段❶。对于城市管理执法而言，主要是涉及物理学和化学的科学原理与技术较为多见。

城市管理执法中可能运用物理学原理与技术分析证据的领域主要包括文书建议、痕迹检验、现场勘查、指纹鉴定、噪声检测等。可能运用化学原理与技术分析证据的领域主要包括微量物证分析，诸如固定废弃物（垃圾）的鉴定、扬尘及不可称量物的分析、恶臭气体的分析等。

4. 逻辑分析

对所有证据，尤其是实物证据或者间接证据，应当采用逻辑分析的研判方法。逻辑分析应当遵循形式逻辑和辩证逻辑的基本规律和要求。

逻辑分析，也称"论理法则"，是指运用形式逻辑和辩证逻辑的知识和方法，分析判断证据的一种证明方法。它经常与"经验法则"并列使用。案件事实查明的过程其实就是一种推理过程。根据查明活动中所运用的推理形式的不同，可以分为演绎证明、归纳证明和类比证明；根据论据与论题的逻辑联系的不同，即对论题采取直接证明、还是间接证明，事实查明也可分为直接证明和间接证明。直接证明是以论据的真实性直接推出论题真实性的证明，其特点是从论据出发，为论题的真实性提供理由。间接证明是指通过确定与论题相矛盾的判断或相关的其他判断的虚假，从而确定论题真实性的证明，主要有反证法和选言证明（排他证明）法两种。论证与反驳、假设与假定等都是常用的逻辑手段。运用书证证明案件事实，常常是直接证明；运用物证证明案件事实，常常是间接证明。

---

❶ 详见邱爱民著：《科学证据基础理论研究》，第130—147页。

第三章 法律适用与司法衔接

第一节 法律适用概述

一、问题的提出：城市管理执法典型案例三则

请阅读以下案例。

案例一：李某砍伐树木案

2002年，家住上海市松江区明华路某小区的居民李某花费1.1万元购入一棵香樟树种于自家院子内。香樟树越长越高，对李某家中采光造成影响，李某就将香樟树移到了院外的小区公共绿地里。数年后，香樟树再次挡住了李某家院子里的阳光。2021年1月20日，李某请来工人，将这棵香樟树的分枝全部砍除，仅剩余2米高的主干。

案例二：蒋某丽违法建设案

南通市崇川区城管局于2017年8月29日、9月29日在南通市某小区内张贴《城市规划管理提示书》，友情提示居住户禁止从事：1. 房屋未批先建；2. 擅自改变住宅外立面；3. 擅自在建筑物楼顶、退层平台、住宅底层院内以及配建的停车场进行建设；4. 擅自在设备平台、通风井等部位进行工程建设；5. 其他违反城市规划的建设活动。蒋某丽系南通市某小区的房屋所有权人。2017年10月4日，蒋某丽未经批准，在自家南侧设备平台上安装铝合金窗户。同年10月15日，崇川区城管局进行现场勘查，发现包括蒋某丽在内的81户在设备平台上安装了铝合金窗户。

案例三：黄某露天烧烤案

某区城管执法局执法人员于2017年7月8日21：00左右巡查发现，当事人黄某在某街道福寿路人行道上利用改装电瓶三轮车烧烤食品进行出售。经调查发现，当事人有多次在福寿路人行道上露天烧烤食品出售的行为，执法人员曾于2017年7月6日向其发放《执法事项提示函》和《责令改正通知书》，要求当事人自行改正，但当事人仍未改正，继续有从事露天烧烤行为。

假设上述三个案例的事实均有证据予以证明，查证属实，足以认定。但仅凭对案件事实的全面掌握，城市管理执法机关仍无法对案件作出处理。因为行政执法不仅要以事实为依据，还要以法律为准绳。在查清案件事实的基础上，执法机关还需要正确适用法律，才

能对案件作出准确的定性和处理。本章将结合以上三则典型案例，探讨城市管理行政执法的法律适用问题。

二、城市管理执法法律适用的概念与特征

徒法不足以自行，法律的生命力在于实施。高度抽象的法律规范只有适用于个案，才能对主体的行为产生实际影响，从而形成立法者追求的社会秩序。因此，法律适用及其方法是实现法律规范的社会秩序的重要问题。

城市管理行政执法的法律适用，简称城管执法法律适用，是指城管执法部门根据法定职权和法定程序，在综合执法过程中将抽象的法律规范同特定案件中的具体的主体、行为和事实相结合，通过法律解释和法律推理等方法，确定法律规范的具体内容，据此对特定的公民、法人和其他组织的权利义务关系作出判断和决定的活动。城管执法法律适用具有以下特征：

1. 法律适用主体的特定性。城管执法法律适用的主体是城管执法部门。

2. 法律适用事项的综合性。城管执法部门根据法律授权集中行使多个领域的行政处罚权及相关的行政强制措施，还可根据法律授权实施行政强制措施，广泛涉及不同领域、不同性质的执法事项。

3. 法律适用来源的多元性。城管执法部门在执法过程中综合行使多个执法部门的法定职权，适用的法律来源于多个不同法律部门，法律环境更加复杂和多元。

三、城市管理执法法律适用的基本原则

（一）严格适用原则

城市管理执法应当有法必依、执法必严，以事实为依据，以法律为准绳，严格以法律为标准和尺度。

（二）平等适用原则

城市管理执法应当对所有当事人平等适用法律，不得差别性执法或选择性执法。

（三）统一适用原则

城市管理执法法律适用应当采用同一个标准和尺度，做到同案同处，维护国家法律和制度的统一。

（四）相对独立原则

行政机关执法具有相对的独立性，不受其他机关和团体或个人的干涉。但是与司法机

关，特别是人民法院相比，这种独立是有限的。上级机关可以基于领导关系对下级机关的法律适用作出指示和进行层级监督。

（五）有错必纠原则

城市管理执法法律适用应当实事求是，发现法律适用错误应及时纠正。有错必纠还要求有责必追。法律适用错误的，应当落实和追究责任，损害当事人合法权益的，应予赔偿。

此外，城市管理执法法律适用还应遵循及时高效等原则。

四、城市管理执法法律适用"找定释用"四步法

广义的法律适用包括事实认定和狭义的法律适用。所谓事实认定，是指对行政执法中待处理的案件事实运用证据予以证明并进行认定的活动。狭义的法律适用则是指行政执法部门针对已经查明的案件事实寻找应当适用的法律规范并运用法律规范处理案件的过程。关于事实认定问题，本书第二章已有专门讨论，本章主要讨论狭义的法律适用。为了方便讨论，我们将城市管理执法法律适用的过程分解为"找、定、释、用"四个步骤，依次讨论。

一"找"，即找法，找到相关的法律规范，是指法律适用主体直接从法律渊源中获得可能适用于案件事实的法律规范。二"定"，即定法，确定适用的法律规范，是指法律适用主体针对同一案件事实有数条互相歧异和冲突的法律规范可以适用时，从中确定应当或最适用于案件事实的法律规范。三"释"，即释法，对法律规范进行解释，是指法律适用主体在适用于案件事实的法律条文含义存在模糊或歧义时，对其进行法律解释后确定适用于案件事实的法律规范的含义。四"用"，即用法，将法律规范用于案件，是指法律适用主体将案件事实归入确定适用的法律规范中的事实构成要件，得出对案件的处理结论，最终完成将抽象的法律适用于具体案件的任务。

需要注意的是，法律适用的过程，包括事实认定在内，是一个统一的动态的整体，执法实践中并不能将其机械地割裂开来。在城市管理执法法律适用实务中，找、定、释、用四步并不总是按照固定顺序依次展开，事实认定的过程也会和法律适用交织在一起，需要城管执法人员灵活运用法律适用的技术和方法，目光在事实与规范之间不断地来回穿梭，由案件事实，探寻法律规范，由法律规范，进一步认定案件事实，直至案件事实能够完美地归入法律规范，法律规范能够完美地涵摄案件事实，确保对法律的正确适用。

第二节　法律依据发现

法律是法律适用的基础。在初步掌握案件事实后，城管执法部门首先要做的就是找出可能适用于案件的相关法律规范。这是正确适用法律的前提和基础。之所以说是"初步"

掌握案件事实,是因为对案件事实的认定也需要以法律为依据,在找到适用的法律规范以后,根据法律规范规定的要件事实,执法人员往往需要对案件事实进行重新或补充认定。

想要高效和准确地找到可能适用于案件的法律规范,适用法律的执法人员必须熟悉我国现行法律体系中有效法律规范的来源,即法律渊源。

一、法律渊源的概念和功能

(一)法律渊源的概念

法律渊源具有不同含义。渊源的本义是指河流的来源,法律渊源的字面意义是指有效的法律规范的来源。从城管执法法律适用的角度,执法人员应当如何理解法律渊源的概念呢?首先应当明确在城管执法法律适用中引入法律渊源这一理论分析工具所要解决的问题是什么,从不同的视角出发,不同主体关注的问题也有所不同。立法者视角关注的问题是应当如何在社会生活中发现应然的法,并用何种立法形式赋予其实在的法律效力。司法者关注的问题是法官应当在哪里寻找可以作为案件司法裁判依据的有效法律规范。城管执法部门作为执法者,所要关注的问题和立法者完全不同,和司法者大致相同但也有差异。其主要关注的是如何寻找和发现作为行政执法依据的有效法律规范。

因此,城管执法的法律渊源主要是指法律的形式渊源,也就是指作为法律适用的大前提,有效法律规范表现为何种形式,又以何种方式存在。

(二)法律渊源的功能

法律渊源的功能是指法律渊源在立法、司法、执法和守法等各个法治运行环节中的作用。具体可以分为立法功能、司法功能和执法功能等。

法律渊源的立法功能在于明确不同立法形式和方式的效力和地位,形成完备的法律体系,保障立法的科学性、合法性和可行性。

法律渊源的司法功能在于为法官寻找和发现用于具体案件裁判的有效法律规范提供指引,保证裁判依据的合法性和权威性。

法律渊源在执法中的功能与司法功能类似。首先,法律渊源是证明有效法律规范的存在及其具体内容的证据;其次,法律渊源可以帮助执法者确定不同法律规范的效力和地位,从而找到适用于具体案件的有效法律规范。此外,法律渊源也是执法者学习法律的必读材料。

二、法律渊源的理论分类

(一)正式渊源和非正式渊源

法律渊源通常可以分为正式渊源和非正式渊源。

1. 正式渊源。正式的法律渊源是指具有明文规定法律效力的法律规范的表现形式。我国法律的正式渊源主要为制定法，如宪法、法律、法规等。法律的正式渊源可以作为有效法律规范存在的直接证据。

2. 非正式渊源。非正式的法律渊源则指不具有明文规定的法律效力，但具有实际的法律约束力的法律规范的表现形式。在我国，非正式的法律渊源主要包括政策、习惯、司法习惯法（如司法解释、指导案例等）、法理等。非正式的渊源同样可以证明有效法律规范的存在，但证明力一般情况下低于正式渊源。

（二）必须的渊源、应该的渊源和可以的渊源

随着法治发展，正式渊源和非正式渊源的界限变得越来越模糊。实践中，具有正式渊源的地位并不必然意味着可以成为法律适用大前提的来源。因此，有学者提出应当根据在法律适用实践中的地位和实际作用对法律渊源进行分类。据此可以将法律渊源划分为必须的渊源、应该的渊源和可以的渊源。

1. 必须的渊源。必须的渊源是指在司法和执法实践中必须适用的渊源，在我国主要包括宪法、法律、行政法规、地方法规、民族自治法规、经济特区法规、特别行政区立法、国际条约等。

2. 应当的渊源。应当的渊源是指在司法和执法实践中应当适用的渊源。例如部门规章、地方政府规章，属于正式渊源，但却并不是必须适用的渊源，其适用具有一定的条件和范围。最高人民法院作出的规范性司法解释并不具有正式渊源的地位，但在法律适用中却具有特殊的优势地位。

3. 可以的渊源。可以的渊源是指在司法和执法实践中可以用来辅助证明有效法律规范的渊源。如政策、判例、习惯等。

（三）立法法源、裁判法源和执法法源

根据法律渊源适用的领域和适用主体的不同，可以把法律渊源区分为立法法源、裁判法源和执法法源。立法法源是指《中华人民共和国宪法》（以下简称《宪法》）和《中华人民共和国立法法》（以下简称《立法法》）明确规定的有效法律规范的法定存在方式和表现形式。裁判法源是指能够成为人民法院裁判司法案件依据的有效法律规范的实际存在方式和表现形式。执法法源是指可以用作行政执法机关处理执法案件依据的有效法律规范的实际存在方式和表现形式，或者说是执法人员在行政执法过程中寻找和发现适用于具体案件的执法依据的大致"场所"。

逻辑上，执法法源应当和裁判法源相互一致。行政机关的执法行为的合法性要经过人民法院的司法审查，要保证执法行为的合法性通过司法审查，行政机关就应当将人民法院审理行政案件适用的裁判法源作为执法的依据。但由于司法和行政是两个不同性质的法治环节，实践中，也会出现执法法源和裁判法源不完全一致的问题，需要引起执法者的重视。

三、我国现行法律渊源的主要种类与层级

(一) 我国现行法的正式渊源

我国法律的正式渊源包括宪法、法律、行政法规、部门规章、地方法规、自治条例、经济特区法规、政府规章等。此外，中央军事委员会制定的军事法规，香港、澳门特别行政区制定的规范性法律文件以及我国缔结或加入的国际条约也是我国现行法的正式渊源。

(二) 我国现行法的非正式渊源

1. 党和国家的政策。政策是指执政党或者国家机关为履行国家治理和社会治理的功能职能制定并公布的政治方针和策略。在我国，政策是一种具有规范性的非正式的法律渊源。政策是执政党和国家政治理念的具体化，可以为制定法的立法和实施提供指导。

2. 习惯。习惯是最传统的法律渊源。虽然不是《宪法》和《立法法》规定的法律的正式渊源，但《中华人民共和国民法典》第十条规定："处理民事纠纷，应当依照法律；法律没有规定的，可以适用习惯，但是不得违背公序良俗"该条确认了在我国习惯是民事法律渊源。

3. 司法解释和指导案例。司法解释是指最高司法机关对法律作出的规范性解释。在我国，最高人民法院针对人民法院在审判工作中具体应用法律的问题作出的司法解释包括"解释""规定""规则""批复"和"决定"五种形式，在司法实践中具有准裁判法源的地位和实际的法律约束力。我国不承认判例法的渊源地位，但最高人民法院选择、确认和发布的指导性案例在司法实践中具有应当参照适用的事实上的约束力，在司法实践中实际起到了法律渊源的作用。

4. 标准。标准是指为了在一定范围内获得最佳秩序，经协商一致制定并由公认机构批准，为各种活动或其结果提供规则、指南或特性，供共同使用和重复使用的一种文件。在我国，标准不属于正式的法律渊源，但强制性的国家标准或行业标准，作为技术规范性文件，可以作为司法和执法活动的重要依据。

5. 行业、社会组织自治规范。自治规范是指行业或社会组织根据自治权自行制定、调整本行业或本社会组织内部事务的行规行约、乡规民约和组织章程等。经国家认可的行业和社会组织自治规范具有法律约束力，是国家法的重要补充，也是重要的非正式法律渊源。

此外，国家机关的决策和决定、权威法律学说等可以在法律适用中用作证明或论证有效法律规范存在的证据材料，也是重要的非正式法律渊源。

四、城管执法的执法法源探析

(一) 城管执法法律适用中宪法的地位和作用

宪法是正式的法律渊源。宪法规范具有纲领性和抽象性，一般不作为城管执法的直接依据。但依法治国首先必须依宪治国，依法行政首先要求合宪行政。行政执法机关在执法活动也应当遵守和执行宪法。

同时，宪法在城管执法的法律适用中具有解释性渊源的地位，发挥间接作用。根据合宪性解释原则，城管综合行政机关在处理具体案件适用法律时，要依据宪法的具体条文和精神来解释所要适用的法律规范。

(二) 城管执法法律适用中规章的地位和作用

规章是正式的法律渊源。但由于规章的效力层级较低，其在行政执法法律适用中的法源地位也存在较大争议。随着我国社会主义法律体系的不断完善，规章在行政执法中适用的范围在不断缩小。司法实践中，人民法院对规章只是"参照"适用，规章并不是人民法院审理行政案件适用法律的必须的法源，只有经人民法院审查认定为合法有效的规章才是行政案件的裁判法源。

对于人民法院在行政案件审理中认定为违法无效，而未参照适用的规章，城管执法机关能否不予适用应视情况而定。首先应当指出，我国法律并未赋予人民法院通过个案审查废止违法无效规章的权力。虽然《行政诉讼法》第五十三条规定公民、法人或者其他组织认为行政行为所依据的国务院部门和地方人民政府及其部门制定的规范性文件不合法，在对行政行为提起诉讼时，可以一并请求对该规范性文件进行审查。但《行政诉讼法》明确将规章排除在外。同时，我国并不承认判例法的法律渊源地位。人民法院认定规章不属于合法有效而不予适用的判决理论上只有个案效力。实践中甚至可能出现不同法院对规章效力作出不同认定的情形。因此，被人民法院在个案中认定为违法无效的规章，除非被有权机关正式废止，否则仍然具有规范效力。

当然，如果是最高人民法院或对行政执法机关有管辖权的人民法院作出的生效判决认定规章违法无效，同时如果适用规章会导致执法行为明显失当的情况下，城管执法机关可以根据情况对有关规章不予适用。这是由于最高人民法院作出的终审判决具有较高的权威性，而有管辖权的法院有权在诉讼中对城管执法机关行政行为的合法性进行审查，其对规章效力的认定对于城管执法机关具有现实的约束力。

(三) 城管执法法律适用中法律解释的地位和作用

法律解释是对法律规范的含义以及其使用的概念、术语等所作的说明。法律解释不仅是法律适用的技术和方法。在我国,有权解释,即有权机关对法律所作的权威解释也是城管执法重要的执法法源。有权解释又可以分为立法解释、司法解释和行政解释。

1. 立法解释。广义的立法解释是指规范性法律文件的制定主体对其制定的规范性法律文件所作成文的理解和说明,与其解释的规范性法律文件具有同等效力。

实践中,全国人民代表大会常务委员会的法律解释通常是针对法律实施中的重要事项。城管执法中所遇到的问题往往较为具体,并不需要提交全国人民代表大会常务委员会释法,而是依据全国人大法工委的答复。《立法法》第六十九条规定,全国人民代表大会常务委员会工作机构可以对有关具体问题的法律询问进行研究予以答复,并报常务委员会备案。全国人大法工委等常委会工作机构对行政执法的法律适用问题作出的答复被认为属于"准立法解释",也是城管执法的执法法源。

2. 司法解释。我国司法解释主要包括"解释""规定""规则""批复"和"决定"五种形式。对于采取"解释"形式的规范性司法解释,越来越多的城管执法人员已经认识到其执法法源的地位,在执法中主动引之为依据。但其他形式的司法解释,对很多城管执法人员来说仍然较为陌生。这些形式的司法解释虽然不是以成文的条文形式存在,但对于城管执法的法律适用,具有比法律条文更加明确的指导作用。

例如最高人民法院 2016 年针对安徽省高级人民法院《关于孙邦柱诉房屋强制拆除一案如何适用〈中华人民共和国行政强制法〉第四十三条第一款的请示》作出的答复,明确依照《行政强制法》第四十三条第一款及第六十九条的规定,行政机关不得在星期六实施强制拆除,但情况紧急的除外。该答复解决了第四十三条第一款及第六十九条中的"法定节假日"是否包括星期六、星期天等休息日在内的疑问,将《行政强制法》第四十三条第一款禁止行政机关在法定节假日实施强制拆除的规则的适用范围扩张到休息日。

3. 行政解释。行政解释是指国家行政机关在依法行使职权时,对非由其创制的有关法律、法规如何具体应用问题所作的理解和说明。行政解释不包括行政机关作出的立法解释。后者是指行政机关对于由其创制的行政法规、规章所作的解释,本质上属于立法解释,是基于"谁制定,谁解释"原则,以规范制定者的身份对自己制定规范所作的理解和说明。

不同于司法解释,实践中行政解释主要是事前解释和抽象解释,其形式主要是针对有关法律或地方法规的具体实施制定的实施条例或实施细则等规范性法律文件,往往同时具有行政法规或规章的渊源地位。

(四)城管执法法律适用中强制性标准的地位和作用

我国现行强制性标准作为强制性的技术规范,不属于正式的法律渊源,不能直接援用作为执法法源。但作为技术规范性文件,强制性标准可以作为一种法律事实或证据加以援引,作为判断相对人行为是否构成违法事实的标准。

例如，在案例一当中，《上海市绿化条例》第四十三条第二款规定："违反本条例第二十九条第一款规定，擅自砍伐树木的，由市或者区绿化管理部门处绿化补偿标准五至十倍的罚款。"但对于具体案件中相对人的行为是构成"砍伐"，还是仅构成"过度修剪"，属于绿化行业的专业技术问题，城管执法机关应依据有关技术规范和标准进行认定。根据住房城乡建设部 2018 年印发的《园林绿化养护标准》，修剪树木应符合树木生物学特性、生长阶段、生态习性、景观功能要求及地区气候特点，选择相应的时期和方法进行修剪。2012 年印发的《上海市居住区绿化调整技术规范》（2023 年 6 月 30 日修订，本案引用为 2012 版，下同）第 4.3.4 条规定："过度修剪导致一个生长周期内未能恢复树木冠形的，认定为砍伐。"案例一当中城管部门正是依此将当事人的违法行为定性为砍伐。

第三节 法律冲突解决

所谓定法，即确定适用的法律规范，是指法律适用主体针对同一案件事实有数条互相歧异和冲突的法律规范可以适用时，从中确定应当或最适合适用于案件事实的法律规范的活动，也就是解决法律冲突的过程。

一、法律冲突的主要类型

（一）消极冲突和积极冲突

法律冲突首先可以分为消极冲突和积极冲突。

所谓消极冲突，是指现行法中没有任何法律规范可以适用于行政执法案件的处理的情形，也就是现行法对行政案件的处理没有作出规定，找不到可以适用的法律依据。行政执法活动遵循"法无授权不可为""法无规定不处罚"的原则。因此，如果执法机关确定现行法中没有任何规范依据，不应作出行政行为，不能在没有法律依据的情况下实施行政处罚或行政执行行为。因此，一般情况下，法律消极冲突并不是城管执法机关需要解决的问题。城管执法中需要解决的法律冲突，主要是指积极冲突。

所谓积极冲突，是指现行法中有两个或两个以上的有效法律规范对同一案件都可以适用的情形。

（二）积极冲突的主要类型

法律的积极冲突主要包括以下类型：

1. 域际法律冲突。所谓域际法律冲突，是法的空间效力冲突的一种特殊类型，特指一国法律体系内部适用于不同的具体地域范围的法律规范之间的冲突。例如，根据《城乡规划法》第二条规定，违法建设的执法的地域范围为"规划区"，城市、镇规划区内违法行为的执法主体是规划（城管）部门，乡、村庄规划区内违法行为的执法主体是乡、镇政府，在规划区以外的违法建设则不适用《城乡规划法》调整。

2. 时际法律冲突。也称法的时间效力冲突，是指一国法律体系内部新旧法律规范之间的冲突。在我国主要时际法律冲突涉及法律规范生效的起止时间以及法律规范对实施前发生的行为和事件有无溯及力的问题。

3. 人际法律冲突。也称法的对象效力冲突，是指一国法律体系内部适用于不同种族、民族、宗教、部落和阶层的人的法律规范之间的冲突。在我国人际法律冲突主要涉及民族自治地方立法对不同民族公民的适用效力问题。

4. 层际法律冲突。也称法的层级效力冲突，是指一国法律体系内部不同层级或效力位阶的法律规范之间的冲突。在我国层际法律冲突主要涉及上位法与下位法的适用效力问题。

5. 类际法律冲突。也称法的种类效力冲突，是指一国法律体系内部不同种类或性质的法律规范之间的冲突。在我国类际法律冲突主要涉及特别法与一般法的适用效力问题。在行刑衔接案件中还存在行政法和刑法适用的效力冲突。

（三）虚假冲突与真实冲突

行政执法的法律冲突还可以分为真实的法律冲突和虚假的法律冲突。虚假的法律冲突是指可能适用于同一案件的法律规范可以平行并列地共同适用于案件，并不存在适用效力上的相互排斥的情况。而真实的法律冲突是指可能适用于同一案件的法律规范存在适用效力上的相互排斥，最终只能选择适用那个具有优先适用效力的法律规范，其他法律规范不予适用的情况。

如果城管执法机关在法律适用中遇到的是虚假的法律冲突，通常不需要予以特别处理，只要不违背一事不再罚原则，有关法律规范可以各自平行适用。

如果城管执法机关在法律适用中遇到的是真实的法律冲突，需要首先依据法律适用的一般原则，确定究竟适用哪一个具体的法律规范。

二、城管执法法律适用的一般规则

法律适用规则，也可以称为法律选择规则，解决法律冲突的规则，是指执法机关等法律适用主体在适用法律过程中发现法律冲突时，在冲突的法律规范中作出选择，从而解决法律冲突的基本方法和要求。一国法律体系内部出现法律冲突，究其根源是立法不完备。但立法的修改和完善需要经历一个耗时较长的过程。城管执法机关需要在法定期限内作出法律适用的决定，不能等待立法机关从根源上消除法律冲突后，再对案件作出处理决定。此时，就需要根据法律适用规则对应适用的法律规范作出选择。根据我国相关法律规定，城管执法机关和执法人员在法律适用时应当遵循以下原则。

(一) 行为地法原则

行为地法原则是解决法的空间效力冲突的一般原则。城管执法中的行为地是指行政相对人实施违法行为的地点。不论行政相对人在哪里注册或户籍地、居住地在哪里,也不论执法机关所在地在哪里,应当适用行政相对人实施违法行为地的法律规范作出处理。

(二) 新法优于旧法原则

新法优于旧法原则是解决法的时间效力冲突的一般原则。根据《立法法》第一百零三条规定,同一机关制定的法律、行政法规、地方性法规、自治条例和单行条例、规章,新的规定与旧的规定不一致的,适用新的规定。

适用新法优于旧法的规则解决法律的时间效力的冲突是有条件的:一是只适用于同一层级或位阶的法律规范。如果是不同位阶的上位法和下位法之间,不适用新法优于旧法的规则。二是只适用于同一机关制定的法律规范。如果是不同的立法主体制定的法律规范,如不同的地方立法主体制定的地方立法之间,也不适用这一规则。

(三) 从旧兼从轻原则

从旧兼从轻是指新法原则上不溯及既往,但新法对行为人的处理更轻的,适用新法。制定法的生效应以公布为前提。特别是在行政法领域,法无授权不可为,法无规定不处罚是依法行政的基本要求。因此,法不溯及既往是基本原则。有一种观点认为,实体法规范无溯及力,而程序法规范则可以溯及既往。行政违法行为发生在新法施行之前,执法行为的实施在新法施行之后的,实体问题适用旧法,程序问题则适用新法。实际上,程序问题适用新法并不是法不溯及既往原则的例外。新法中的程序规范直接调整的对象并不是发生在新法生效前的违法行为,而是行政机关的执法行为。程序规范适用于行政机关在新法施行后实施的执法行为,符合新法优于旧法原则,并不是说程序法当然地具有溯及效力。

《立法法》第一百零四条明确规定:"法律、行政法规、地方性法规、自治条例和单行条例、规章不溯及既往,但为了更好地保护公民、法人和其他组织的权利和利益而作的特别规定除外。"《立法法》第一百零四条是对法不溯及既往原则例外情形的规定。根据该条规定,法律规范要具有溯及力必须同时满足两个条件:一是可以溯及既往的法律规范是法律、法规、规章所作的特别规定;二是溯及适用特别规定更有利于保护公民、法人和其他组织的权利和利益。具体到行政执法领域,"更好地保护公民、法人和其他组织的权利和利益"通常被解释为对违法行为人的处罚或采取的措施相对较轻。《行政处罚法》第三十七条规定:"实施行政处罚,适用违法行为发生时的法律、法规、规章的规定。但是,作出行政处罚决定时,法律、法规、规章已被修改或者废止,且新的规定处罚较轻或者不认为是违法的,适用新的规定。"

（四）上位法优于下位法

上位法优于下位法是解决法的层级效力冲突的一般原则。在我国，根据《宪法》和《立法法》的相关规定，上位法优位原则具体内容包括：(1) 宪法具有最高的法律效力，一切法律、行政法规、部门规章、地方性法规、自治条例和单行条例、特区法规、地方政府规章和特别行政区法律都不得与宪法相抵触，否则无效。(2) 法律的效力高于行政法规、地方性法规、规章。行政法规的效力高于地方性法规、规章。(3) 地方性法规的效力高于本级和下级地方政府规章。省、自治区的人民政府制定的规章的效力高于本行政区域内的设区的市、自治州的人民政府制定的规章。

适用上位法优于下位法原则的前提是下位法与上位法相抵触，违背了上位法的规定或精神。因此，不能认为只要下位法规定和上位法规定不同，就应当适用上位法。必须具体分析下位法规定和上位法规定的不同是否构成对上位法的违背或抵触。根据《立法法》第一百零一条规定，自治条例、单行条例和经济特区法规对法律、行政法规、地方性法规作变通规定的，在特定范围内优先适用。此外，根据《行政许可法》《行政处罚法》和《行政强制法》等行政单行法的规定，在上位法规定的范围、种类和方式的范围内进一步作具体规定，或者对上位法尚未规定的事项，依法或依据授权作出补充规定的，应优先适用下位法的具体规定或补充规定。

（五）特别法优于一般法

特别法优于一般法原则是解决法的种类效力冲突的一般原则。所谓一般法，是指适用于一般的法律关系主体、通常的时间、国家管辖的所有地区的法律。特别法是对于特定的人群和事项，或者在特定的地区和时间内适用的法律。特别法优于一般法的原则的适用是有条件的：一是只适用于同一层级或位阶的法律规范，如果是不同位阶的上位法和下位法之间不适用特别法优于一般法的规则；二是只适用于同一机关制定的法律规范，如果是不同的立法主体制定的法律规范，如不同的地方立法主体制定的地方立法之间，也不适用这一规则。

此外，为了防止特别法架空一般法中规范和约束行政权力、保障公民合法权益的规定，对于扩大行政机关权力或者限缩当事人合法权益的特别规定，原则上以一般法明确授权其他法律规范作出特别规定为优先适用的前提。授权的形式通常是在一般法中明确法律另有规定"除外"或"从其规定"。如《行政处罚法》第二十二条规定："行政处罚由违法行为发生地的行政机关管辖。法律、行政法规、部门规章另有规定的，从其规定。"第二十三条规定："行政处罚由县级以上地方人民政府具有行政处罚权的行政机关管辖。法律、行政法规另有规定的，从其规定。"在一般法未明确授权时，其他法律规范另有规定能否被视为特别法，应当综合运用历史解释、目的解释和体系解释的方法审慎判断。

（六）呈请有权部门裁决原则

在城管执法实践中，经常遇到不同机关制定的法律规范之间的冲突，或者虽然是同一机关制定的法律规范发生冲突，但无法简单地根据上述各项原则确定相互之间优先关系的情况。根据《立法法》规定，分情况呈请有权部门裁决。如果城管执法机关对于新的一般规定和旧的特别规定如何适用不能确定时，可以先上报本级人民政府法治部门。

（七）一事不再罚原则

一事不再罚原则是行政处罚的基本原则。《行政处罚法》第二十九条规定："对当事人的同一个违法行为，不得给予两次以上罚款的行政处罚。同一个违法行为违反多个法律规范应当给予罚款处罚的，按照罚款数额高的规定处罚。"

此外，对于城管执法中的行刑衔接案件，其法律适用应遵循刑事优先原则和有限的一事不再罚原则等解决跨部门法律适用冲突的特别规则。

三、违法行为的数量形态及其法律适用具体规则

违法行为根据数量形态可以分为复合违法行为和同一违法行为。两者分别适用不同的法律适用规则。

（一）复合违法行为的法律适用规则

复合违法行为是指行为人在一定时期内实施的多个有内在联系但相互独立的违法行为。复合违法行为具有以下特征：（1）违法主体同一。复合违法行为是同一当事人实施的行为。（2）违法行为复数。复合违法行为由两个以上的违法行为构成。（3）行为相对独立。复合违法行为由同一行为人实施，行为间具有关联性，但在时间、空间和构成等方面相互独立，不存在彼此间互为条件或结果的情形。（4）法律责任独立。复合违法行为中的各个违法行为违反的法律规范，违法的经营数额和违法所得可以单独计算，应承担的法律责任也相互独立。

对于复合违法行为应根据个案的具体情况进行具体分析、甄别，对满足违法构成的多个行为分别援引不同的法律依据，分别定性，分别决定处罚方式和处罚幅度后根据情况分别单独立案查处或分别裁量，合并处罚。

1. 单独立案。当同一行为人的复合违法行为中的不同违法行为分别属于不同行政执法机关管辖时，由于单个行政机关仅对部分违法行为有查处权，而其他违法行为依法应归其他行政机关管辖。因此，各行政机关只能根据各自的管辖权限对有关违法行为各自单独立案查处。由于复合违法行为是相互独立的多个违法行为，而一事不再罚的原则中的"一事"是指同一当事人的同一个违法行为，对不同违法行为分别作出处罚并不违反一事不再

罚的原则。实践中,根据行政执法的适当性原则,同一行为人的复合违法行为的其他行为已经由其他行政执法机关依法处罚,可以作为城管执法机关自由裁量的一个酌定情节。

2. 数违并罚。数违并罚,即对同一主体的数个违法行为合并处罚,是指同一行政相对人存在两种以上应当受到行政处罚的违法行为,属于同一行政机关管辖,有管辖权的行政机关对其违法行为分别裁量后,按照法定的原则,决定应给予何种行政处罚的适用制度。城管执法的特点就是将原本分散于各个部门的执法权集中由综合执法部门管辖。数违并罚也就成为城管执法机关查处复合违法行为的常用方式。

对复合违法行为合并处罚是过罚相当原则的必然要求。一方面,复合违法行为相对于同一违法行为的社会危害性更大,如果只择一罚重处断,会导致漏罚,不能全面评价其社会危害。另一方面,如果简单地对数个违法行为分别处罚,也会导致不必要的重复处罚,出现对违法行为社会危害性的重复评价。

合并处罚的原则主要包括:(1)吸收原则,即将两种以上应当处罚的违法行为分别定性裁量,然后选择相同罚种中最重的罚项执行处罚,其余较轻的罚项被吸收而不予执行。采用吸收原则是因为重处罚的执行使得轻处罚没有必要或者无法实施。例如,警告、责令停产停业等较轻的处罚被吊销执照的处罚吸收。(2)限制加重原则,在对数种违法行为分别采取罚款的行政处罚时,其罚款金额应在各单项罚额中最高单项罚款额以上、各单项罚款额之和以下的幅度内确定。(3)并科原则,即在数种违法行为需给予不同罚种的行政处罚时,不同罚种间既不能吸收,又不能限制加重,应分别裁量后,分别给予行政处罚。(4)折中原则(混合原则),即存在数种违法行为,分别裁量后,根据具体情况在吸收原则、限制加重原则和并科原则中选择两种以上的原则进行处罚。

(二) 同一违法行为的法律适用规则

同一违法行为又可以分为实质的一个违法行为和处断的一个违法行为。实质的一个违法行为是指虽然在外观上具有数个违法行为的某些特征,但实质上构成一个违法行为的违法行为数量的形态。实质的一个违法行为又可以分为继续(持续)的违法行为、想象竞合违法行为和法条竞合违法行为。处断的一个违法行为是指本来是符合数个违法行为构成的不同违法行为,但因其固有的特征,在执法机关处理时将其处断为一个违法行为。处断的一个违法行为包括连续违法行为、牵连的违法行为和吸收的违法行为。

1. 继续的违法行为及其法律适用规则。继续的违法行为,也称持续的违法行为,是指行为人基于一个概括的过错,实施了一个违法行为,但违法行为及其引起的违法状态在一定的时间、空间处于持续或继续状态的情形。继续的违法行为实质上就是一个单独的违法行为,只符合一个违法行为的法定构成要件,只违反一个法条,只应受到一个法律规定的处罚。其法律适用并无特殊规则,依据其违反的法律规范进行处罚即可。

2. 想象竞合违法行为及其法律适用规则。想象竞合违法行为,也可以称为想象中的数个违法行为,是指行为人基于一个概括的过错,实施了一个违法行为,但违法行为符合数个违法构成要件，同时违反数个法条，且数法条之间不存在必然的重合或交叉关系的情形。想象竞合违法行为具有以下特征：（1）想象竞合的违法行为是想象中的数个违法行为，实质仍然是一个违法行为；（2）行为人只是实施了一个行为，但是因为该行为具有多重属性或者造成多种结果，符合数个违法行为构成；（3）违法行为违反的数个法条间不存在重合或交叉关系。

想象竞合违法行为法律适用通常采取"择一重罚处断"的原则，即按照该行为同时构成的违法行为中处罚较重的那一个违法行为处罚。

3. 法条竞合违法行为及其法律适用规则。法条竞合违法行为是指行为人基于一个概括的过错，实施了一个违法行为，但违法行为同时违反数个法条，且数个法条之间具有重合或交叉关系，依法适用其中一个法条对违法行为进行处罚的情形。法条竞合违法行为具有以下特征：（1）法条竞合的违法行为实质是一个违法行为；（2）行为人只是实施了一个行为，但是符合数个违法行为构成；（3）违法行为违反的数个法条间存在重合或交叉关系。

对于法条竞合违法行为应当根据相互竞合的法条间的效力先后关系确定应当适用的法律规范。即按照上位法优于下位法、新法优于旧法、特殊法优于一般法等原则进行处理。

实践中，想象竞合违法行为和法条竞合违法行为两种情况容易混淆。二者的区别在于违法行为违反的法条之间是否存在重合或交叉关系，存在重合或交叉关系的是"法条竞合"，不存在重合或交叉关系的就是"想象竞合"。存在重合或交叉关系的法条之间本身就存在适用效力的冲突，应当适用有优先效力的法条。

4. 连续的违法行为及其法律适用规则。连续的违法行为是指行为人基于同一的或者概括的过错，连续实施数个独立的违法行为，但数个违法行为符合同一个违法构成要件，适用同一罚则的情形。连续的违法行为具有以下特征：（1）主体的同一性，连续实施违法行为的是同一行为人。（2）时间的连续性和行为的多次性，同一行为人在一定时期内连续实施多次违法行为。（3）行为的同质性和责任的同一性。行为人实施的违法行为在主观客观方面均相同，违反同一法条，适用同一罚则。

连续的违法行为应视为一个行为，适用同一罚则进行处罚。连续违法行为的次数应作为执法机关的裁量情节。非法经营数额和违法所得累积计算，但每一次的行为并不分别单独予以处罚，而是应将当事人的多次行为视为一个行为，予以一次性的处罚。

5. 牵连的违法行为及其法律适用规则。牵连的违法行为是指同一行为人以实施特定违法行为为目的，而其实施该特定违法行为的方法行为或者结果行为又构成其他种类的违法行为的情形。牵连的违法行为具有以下特征：（1）牵连的违法行为必须有数个的违法行为组成，这是构成牵连的违法行为的前提条件。（2）牵连的数个违法行为之间具有牵连关系，所谓牵连关系是指行为人实施的数个行为之间具有手段与目的或者原因与结果的关系。（3）牵连的数个违法行为分别构成不同种类的违法行为，这是牵连违法行为的法律特征，也是确定牵连违法行为的标志。例如，在案例三中当事人实施露天烧烤食品出售的行为，露天烧烤食品必然会有油烟排放，又可能构成污染环境的违法行为。

牵连的违法行为适用择一重违处断的原则。也就是说，对牵连的违法行为应当按照数种行为所构成的违法行为中罚则最重的那种违法行为论处。

6. 吸收的违法行为及其法律适用规则。吸收的违法行为是指行为人实施的数个违法行为因具有吸收与被吸收的关系，仅以其中一个违法行为处罚的情形。吸收的违法行为具有以下特征：（1）行为人实施两个以上违法行为；（2）数个行为之间具有吸收与被吸收的关系。

一般情况下，行为间吸收关系的原则是重行为吸收轻行为，具体而言，实行行为吸收预备行为；实行行为吸收未遂行为；未遂行为吸收预备行为；较重的预备行为吸收中止行为；主犯行为吸收从犯行为或胁从犯行为。吸收的违法行为应按照吸收其他轻行为的重行为进行处罚，也即适用择一重违处断的原则。

需要注意的是，想象竞合的违法行为和牵连或吸收的违法行为的法律适用规则都是"从一重处断"。但两者具有细微却重要的区别。想象竞合的违法行为的从一重处断，是择一重"罚"处断。想象竞合的违法行为实际是一个违法行为，只是该违法行为同时符合多个违法行为的构成要件，可以适用多个不同的罚则。所谓择一重罚处断，是指选择最重的罚则定性处断。而牵连或吸收的违法行为的"择一重处断"，是择一重"违"处断。牵连或吸收的违法行为实际是多个违法行为，每个违法行为都符合某种违法行为的构成要件，适用相应的罚则。所谓择一重违处断，是指将多个行为按罚则最重的那个行为进行处罚。

一般情况下，无论是择一重"罚"处断，还是择一重"违"处断效果都是一样的。但择一重违处断针对的是事实上的多个违法行为，处断为一个违法行为是有条件的。实践中，如果选择其中最重的那个违法行为处断，不足以全面评价多个行为的社会危害性，不能达到过罚相当的要求，应当根据各项违法事实作出行政处罚，具体实施时可以对其中一个违法行为处罚为主，以其他各个违法行为的处罚为辅，弥补对其中一个违法行为给予处罚的不足。

此外，城管执法中也会遇到因客观条件所限，无法按罚则最重的行为作出处罚，或者按罚则最重的行为作出处罚执法成本过高，此时，如果有其他违法行为能够反映数个违法行为整体的主要违法性质，且对其进行处罚足以消除同一违法行为人同时实施的其他各项违法行为的社会危害，此时也可以据一主要违法事实作出行政处罚。

例如，在案例三中，行为人的多个违法行为中，罚则最重的是《中华人民共和国大气污染防治法》第一百一十八条规定的城市饮食服务业的经营者未采取有效污染防治措施，致使排放的油烟对附近居民的居住环境造成污染的行为，但该项行为的违法事实的认定需要专业人员和设备，实践中往往很难取证，或者取证的成本非常高，此时城管执法机关可以通过对其非法占道的违法行为进行处罚，同样可以起到取缔露天烧烤的执法效果。

第四节　法律解释方法

通过制定法确定适用的法律条文的规定往往比较概括和抽象，在很多时候存在模糊之处。执法机关需要进一步通过对其进行法律解释，以明确法律规范的意义。

一、法律解释的概念与特征

法律解释是解释主体对制定法文本的含义的理解和说明。广义的法律解释包括立法解释、司法解释、执法解释和学理解释。狭义的法律解释是指法官或行政执法人员等法律适用主体在法律适用中进行的法律解释。本节探讨的法律解释都是狭义的法律解释。

狭义的法律解释具有以下特征：（1）法律解释的主体是法律适用主体。（2）法律解释的对象是待适用的制定法文本。（3）法律解释的目的是确定处理具体案件的法律依据，不能脱离具体案件的法律适用，只具有个案效力。（4）法律解释的方法具有科学性。不同的法律适用主体在相同或类似的案件中，运用法律解释的方法对同一制定法规则可以得出相同的解释结论。解释方法的科学性是保证法律规范普遍、平等适用，做到相同案件相同处理的必要条件。（5）法律解释难免具有一定的价值取向。法律解释不可能完全排除法律适用主体自己的价值判断。但执法者确定法律解释的价值取向时，应当进行审慎的论证和权衡，不能背离立法目的。（6）法律解释具有个案的约束力。

二、法律解释的基本方法

（一）文义解释方法

文义解释方法，也称语义解释，是指根据制定法文本的字面含义对法律文本进行解释的方法。文义解释是法律解释中最常用、最基础的一种解释方法。法律解释始于文义，终于文义。其他解释方法都是为了确定文义的具体内涵。而所有解释方法的结论都不能超出法律文本使用语言文字的文义能够被社会公众普遍接受的最大射程。

文义解释方法具有以下特征：（1）文义解释是对法律文本字面含义的具体化。（2）文义解释应当按照对语义的通常理解进行解释。对法律文本语言文字意义的通常理解，最大限度地体现了立法者、执法者和广泛社会主体对社会规则的共识。但应注意一些法律术语有特定的含义，和日常生活用语是有区别的，应当按照法律术语的通常理解来进行解释。（3）文义解释排除法律文本字面含义以外的因素和方法。

文义解释方法具有局限性。语义是随着社会发展不断变化的，立法者使用的语言文字具有历史性，执法者根据变化后的语义所作的解释，并不能准确反映立法者的原意。语义具有多义性，在可能的文义射程之内，对法律文本存在多种不同的理解，无法仅仅根据语义作出选择。过于拘泥于法律条文语义的解释可能过于教条，导致法律适用的机械和僵化，无法实现法律的社会效果。

例如，《行政强制法》第四十三条第一款规定，行政机关不得在夜间和法定节假日实施行政强制执行。如果从语义的通常理解，特别是《中华人民共和国劳动法》对法定节假日的定义解释，法定节假日是指根据各国、各民族的风俗习惯或纪念要求，由国家法律统一规定的用以进行庆祝及度假的休息时间，不包括周六和周日等休息日，就会得出行政机关可以在周六周日实施行政强制执行的结论，从而侵害当事人和周边居民的休息权和生活安宁权等合法权益。因此，文义解释还需要其他解释方法验证和补充。

（二）体系解释方法

体系解释方法是指根据法律的外在体系对法律文本进行解释的方法。体系解释又称上下文解释，是指在解释法律文本时，应当将法律文本放到整个法律体系中，根据法律文本在法律体系中的地位和相互关系来确定法律文本的含义。

体系解释方法具有以下特征：（1）体系解释是整体性观点和系统论方法在法律解释中的运用。体系解释体现了将事物看作一个整体的科学的认识论和方法论，防止在理解适用具体法律条文时断章取义，出现盲人摸象式的错误。（2）体系解释以法律外在体系为基础。体系解释将法律体系视为一个内部无冲突的有序整体，通过法律整体的意义的稳定性来解决需要解释的个别法律文本具体含义的不确定。（3）体系解释排除体系以外的因素和方法，如果在解释中考虑了法律的外在体系以外的因素，或者使用了整体方法以外的方法，就不再是体系解释，而是其他的解释方法。

体系解释方法应当以推定法律的外在体系无冲突为前提。例如，对国务院颁布的《城市市容和环境卫生管理条例》第三十七条中的强制拆除行为的法律性质，有不少地方的城管执法部门将强制拆除解释为行政强制执行。但《行政强制法》明确规定行政强制执行只能由法律设定，而《城市市容和环境卫生管理条例》是国务院制定的行政法规。这就出现了《城市市容和环境卫生管理条例》第三十七条违反上位法《行政强制法》的结果。虽然《城市市容和环境卫生管理条例》出台于《行政强制法》之前，但在《行政强制法》2011年制定过程中以及2012年开始实施后，《城市市容和环境卫生管理条例》先后于2011年和2017年经过了两次修正，第三十七条都没有被废止或修订。因此，应当推定《城市市容和环境卫生管理条例》第三十七条没有违反《行政强制法》，其中强制拆除也就不应解释为行政强制执行，而应解释为行政强制措施。

体系解释方法的运用需要正确认识整体与部分的关系。两者关系中，整体而非部分居于主导地位，整体决定部分，而非部分决定整体。试举一例，《行政强制法》第四章"行政机关强制执行程序"中的第四十四条规定："对违法的建筑物、构筑物、设施等需要强制拆除的，应当由行政机关予以公告，限期当事人自行拆除。当事人在法定期限内不申请行政复议或者提起行政诉讼,又不拆除的,行政机关可以依法强制拆除。"有人据此认为只要是对违法的建筑物、构筑物、设施等需要强制拆除的,都属于行政强制执行,一律都适用《行政强制法》第四十四条规定的行政强制执行的特别程序。这一解释结论是错误的,因为它违背了体系解释方法中整体与部分的关系原理,不能仅因为《行政强制法》第四十四条规定了强制拆除的行政强制执行程序,就得出所有的强制拆除都属于行政强制执行。基于整体限制部分意义的原理,第四十四条规定在《行政强制法》第四章"行政机关强制执行程序"中也可以解释为第四十四条中的"强制拆除"仅限于属于行政强制执行的拆除,而不包括属于行政强制措施的"即时强制拆除"。

体系解释方式也存在局限。一方面,体系解释的基础是推定法律的外在体系不冲突,但这仅仅是一种推定。实践中,法律体系内部也可能存在并且经常实际存在冲突。一旦法律的外在体系存在冲突,就动摇了体系解释的基础,其结论就不再可靠。另一方面,体系解释所依据的法律的外在体系是指法律的形式理性,并不包含法律的实施内容和价值意义。即便法律体系的外在形式完备,并不意味着法律内在的价值意义就不存在冲突,也就无法保证解释结论的妥当性。因此,体系解释也需要通过历史解释、目的解释等其他解释方法进一步验证。

(三) 历史解释方法

历史解释方法,也称主观目的解释、法意解释、沿革解释,通过考察立法历史沿革,探求立法者在立法时的意旨,并以此确定法律规范意义的解释方法。历史解释是在文义解释和体系解释无法得出确定结论的情况下,借助立法过程中的材料,进一步确认立法者的原意。

历史解释方法具有以下特征:(1) 历史解释旨在探求立法者在立法时的原本意图和真实意图。(2) 历史解释探求立法者原意的方法是对立法的历史资料进行分析,以此作为文义解释和体系解释的补充。历史解释中依据的资料包括立法沿革的过程、立法机关对立法草案的说明、立法过程中的记录等相关资料以及立法时的社会环境。(3) 历史解释探求立法者原意的最终目的是为了确定法律文本的含义。

历史解释方法所依据的立法资料主要包括关于法案的说明,审议结果的报告,人大的审议意见或者有关部门的意见以及起草、审议、审查、讨论法案过程中各方面的意见。

实践中,历史解释方法的运用受制于立法资料的完备程度,立法资料不完备,法律适用主体就无法探求立法者的本意。而法律本身具有滞后性,立法者在立法时的立法目的和价值判断也有可能已经不再适应不断发展变化的社会环境。

(四) 目的解释方法

目的解释方法,又称客观目的解释,是指通过探求法律文本的目的来阐释法律规范含义的解释方法。

目的解释方法具有以下特征：(1) 目的解释旨在通过探求立法目的确定法律规范的含义。(2) 目的解释探求的是客观立法目的。不同于历史解释，目的解释探求的不是主观立法目的，即立法者在立法时追求的目的和价值，而是客观立法目的，即法律适用当时的立法目的和社会政策。(3) 目的解释探求立法目的主要依据是法律文本。相对于以语义的通常理解为基础的文义解释，目的解释在法律文本语义的射程的远近范围相对于语义的通常理解可能有扩大和缩小，前者称为扩大解释，后者称为缩小解释。但无论是扩大还是缩小都应当落在语义射程的范围之内。这是目的解释和目的论扩张的本质区别。目的论扩张超出了语义射程的范围，已经不属于狭义的法律解释，进入到法律漏洞填补或法律续造的领域。

（五）合宪性解释方法

合宪性解释是指法律适用主体在法律文本出现复数解释的情况下，应当以《宪法》的精神和条文为依据，确定法律规范的含义。城管综合行政机关在处理具体案件适用法律时，并不直接将宪法规范作为执法法源，但应当以符合宪法的方式解释法律规范，对于复数解释中与《宪法》精神或条文相抵触的解释应当排除，优先选择最符合《宪法》精神的解释。

（六）社会解释

社会解释方法是指法律适用主体运用文义解释、体系解释、历史解释、目的解释和合宪性解释对法律文本进行解释，仍然不能排除复数解释的情况下，将社会效果等因素的考量引入法律解释中，选择社会效果最佳的那种解释。

三、法律解释的基本原则和解释顺位

（一）法律解释的基本原则

1. 解释的必要性原则。解释的必要性原则，也称明晰性原则，是指如果法律文本本身的意义是清楚的，不存在任何歧义，执法者就应当按照人们对法律文本意义的共识确定法律规范的含义，不应另行根据自己的理解进行解释。遵守必要性原则的意义在于防止执法者对法律规范过度解释。超出必要限制的解释会破坏社会已经形成的基本共识，导致行政执法机关的决定与法律文本的通常理解所体现的常识、常情和常理相冲突，容易遭受当事人和社会公众的不理解和质疑。

2. 严格遵循文本原则。我国是制定法国家，法律的主要渊源是成文的制定法。法律文本是法律解释活动的起点和归宿。脱离文本的法律解释本质上并非解释活动，而是具有立法性质的活动。现代国家行政权的行使应当受到立法权的约束，严格遵循法律文本是有法必依和依法行政的法治原则的要求。

3. 尊重立法目的原则。尊重立法目的原则要求执法者在进行法律解释时，应当尊重立法目的和体现在法律文本中的立法者的价值判断，尽可能约束执法部门自身的价值判断。立法目的和立法者的价值立场首先就体现在法律文本中，严格遵循文本和尊重立法目的本质上是同一的。但在法律文本的文义出现复数解释的情况下，执法者就需要进一步探求立法目的和立法者的价值立场，选择更符合立法目的和立法者价值判断的那种解释。特别是立法者往往会在立法总则部分的条款中明确规定的立法目的和基本原则。执法者在对立法的具体条文进行解释时，应当充分重视立法目的条款和基本原则条款的指示功能。

4. 价值立场谦抑原则。法律解释的过程就是发现立法价值判断的过程。严格来讲，执法者在解释法律时不应有自己的价值立场，应当完全以立法者的价值判断为自己的立场。但在具体案件的法律适用过程中，很多时候立法者的价值立场并不十分明确，或者面对变化发展、复杂多元的利益格局，执法者需要依法作出衡量和取舍，完全摒除执法者自身的价值立场几乎是不可能的。在无法通过法律文本发现立法者的价值立场时，应遵循法律的立法目的和基本原则，尽最大可能从立法者立场出发作出符合立法精神和原则的价值选择。在立法者没有明确的价值立场的情况下，执法者也应当避免基于自己的价值立场作出判断，应当尽可能遵循社会主流的价值判断作出妥当的解释。

5. 法安定性优位原则。法的安定性是指法律具有的稳定和可预期的属性。法的安定性追求相同案件相同处理，实现普遍和稳定的法律秩序。和法的安定性相对称的是法的妥当性，即法律具有的实现具体的个案正义的属性。法律解释当然需要兼顾法的安定性和妥当性，但在法的普遍秩序和具体的个案正义发生冲突时，行政执法机关在解释法律时应当优先追求法的安定性。

6. 说明解释理由原则。说明解释理由原则是指执法者在法律解释过程中，有义务说明和论证其得出解释结论的理由。充分说明解释的理由是全程说理式执法的重要内容。执法者通过公开法律解释的方法和理由，可以检验法律解释结论是否可以重复，从而有利于保证法律解释方法的科学性。

（二）解释方法的顺位关系

对于法律解释方法的适用有无先后顺位，存在着不同观点。有观点认为应当综合运用文义解释、体系解释、历史解释、目的解释等解释方法，才能得出对法律规范最妥当的解释。但通说认为，不同的法律解释方法之间存在逻辑上的顺位关系，首先适用文义解释，在出现复数解释的情况下才适用其他解释方法。具体而言，法律解释方法的运用应当依照以下顺位关系：

1. 文义解释是最为优先的解释方法，法律解释始于文义；
2. 在运用文义解释方法无法排除复数解释的情况下，应运用体系解释方法；
3. 在运用体系解释方法无法排除复数解释的情况下，可以运用历史解释方法，但在立法资料缺乏或者立法时间较为久远的情况下，应慎用历史解释方法；

4. 运用历史解释方法也无法排除复数解释，或者立法者的原意已经不适应变化了的社会环境，案件无法得到妥当结果的情况下，可以适用目的解释的方法；

5. 运用合宪性解释的方法对解释结论进行检验，排除违反宪法精神和规定的解释方案；

6. 在综合运用上述解释方法仍然存在复数解释的情况下，可以运用社会解释方法，选择社会效果最佳的那个解释方案。

第五节　法律推理技术

通过运用法律解释方法，城管执法机关确定了待适用于具体案件的法律规范的含义，得到了法律适用三段论中的大前提。结合认定案件事实作为法律适用三段论的小前提，接下来的任务就是运用法律推理的技术将作为大前提的法律规范中的规范要件和作为小前提的案件事实中的事实要件结合起来，从而得出最后的处理结论。

一、法律推理的概念

法律推理中的推理具有两种不同的含义。狭义的推理是指从一个或几个已知判断（前提）推导出另一个未知判断（结论）的逻辑思维过程。广义的推理还包括论证，即通过论证的方式支持自己的主张、证明论题真实性的逻辑思维过程。

法律推理是推理这种逻辑思维活动在法律适用过程中的运用，是将普遍的逻辑推理技术适用于法律命题。法律推理的结论事关主体行为的选择，目的在于选择法律上正确的行为，其判断以行为人的权利、义务和责任为中心。

法律推理在理论上可以分为形式推理和实质推理。形式推理是指基于法律形式理性，依据法律规范的逻辑性质或者逻辑关系进行的逻辑推理。实质推理是指基于法律实践理性或目的理性以及价值理性进行的逻辑推理。法律的实质推理就是法律论证，狭义的法律推理专指法律的形式推理。

二、法律形式推理的主要方式

实践中常用的法律形式推理方式主要包括演绎推理、归纳推理、类比推理和设证推理。

1. 演绎推理。演绎推理是从一般到特殊的推理。演绎推理的结构就是标准的三段论推理：大前提—小前提—结论。法律三段论的大前提是适用于案件的法律规范，小前提是案件事实，结论就是对案件的处理决定。演绎推理适用的前提是大前提和小前提均为真，且大前提和小前提可以相互涵摄和归入。三段论是法律推理的标准形式，是城管执法机关法律适用的基本逻辑思维方式。在较为复杂的案件的法律适用过程中，执法人员可能需要通过多个法律三段论的推理才能得出最终的处理结论。

2. 归纳推理。归纳推理是从个别到一般的推论，一类事物的部分对象具有某种性质，推出这类事物的所有对象也（可能）具有这种性质的推理。完全归纳推理是必然推理。不完全归纳推理是或然推理，不能保证大前提的判断为真。归纳是综合的，从特殊和具体案件中总结出一般规则，拓展人们的认识。

归纳推理在法律适用中的主要功能是通过对个案具体处理结果的归纳，总结出具有普遍适用效力的一般规则，是通过小前提（案件事实）和结论（处理结果），推导大前提（普遍性规范）的法律推理过程。其逻辑结构是小前提—结论—大前提。

归纳推理在判例法国家是从具体案例中总结归纳出具有普遍约束力的法律规则的有效方式。但我国是制定法国家，一般规则并不能通过归纳个别的普通案件判决推导得出。因此，归纳推理在城管执法中的运用具有很大的局限性。实践中，执法人员可以运用归纳推理总结不同类型案件法律适用的规律和经验，在将来在执法中遇到疑难案件时，可以利用之前总结的经验辅助进行法律适用。

3. 类比推理。类比推理是根据两个或两类事物在某些属性上是相似的，从而推导出它们在另一个或另一些属性上也是相似的逻辑推理方式。类比推理是从个别到个别的推论。其逻辑结构为，小前提（A具有a、b、c、d属性）—大前提（具有a、b、c属性的事物很可能具有d属性）—小前提（B具有a、b、c属性）—结论（B很可能具有d属性）。类比推理属于或然推理，不能保证大前提为真，也就无法保证结论一定为真。

类比推理在法律适用中的主要功能是将法律规范扩张适用到全新的案件事实类型。通常是在案件事实超出了法律规范的文义射程的情况下，基于规则背后的政策和立法目的考量，用法律规范涵摄新的案件事实。法律的类推适用已经超出了狭义的法律解释范畴，属于目的论扩张，常用于填补法律漏洞。类推的适用在很多法律领域受到限制。刑法领域严格禁止类推适用。行政法上基于法律适用的平等原则，要求相同情况相同处理，并不完全禁止法律类推适用。城管执法部门在行政执法中适用类推必须具备前提条件，即行政法上无相同或类似规定、待决案件与类推对象之间具有高度的相似性。同时，在法律适用中运用类比推理时应当坚持法律解释优先于类推适用的原则，并特别注意要严格限制对行政相对人不利的类推适用。

4. 设证推理。设证推理是从处断性结论经由大前提推导出作出处断性结论的事实依据的推理。设证推理的逻辑结构是结论—大前提—小前提。设证只是一种假设或推测，具有高度不确定性。

设证推理在法律适用中的主要功能是用来发现可以涵摄最终推论的前提。城管执法部门在查处案件时，往往会首先对违法行为的性质作出一个初步的判断，根据初步判断寻找和发现可以适用的法律规范，再通过法律规范规定的违法行为的构成要件，确认符合构成要件应当具备的案件事实，以此为调查取证和事实认定的方向。如果通过事实调查不能认定，就说明初步判断不能成立，或者作为大前提的法律规范不适用于具体案件，需要重新调整办案思路。

城管执法机关在进行设证推理时，可以大胆假设，但更须小心求证，切忌犯先入为主的错误。

三、行政执法案件法律适用方法——归入法

（一）归入法简介

归入法是源自德国行政法理论和实践的一种法律适用方法。从 2000 年开始被引入我国的法院系统，是一种十分实用且非常严谨的法律适用方法❶。归入法将法律适用的过程分解为一系列可操作的步骤，只要一步一步严格遵循这些步骤，就可以得出正确的法律结论。

（二）归入法的基本原则

归入法的基本原则和本章介绍的法律适用和法律解释的相关原则是一致的。主要包括：(1) 法律是每一次归入的起点和终点；(2) 立法者的意图是归入的指导原则；(3) 法条的文字是归入法的限制；(4) 不能遗漏归入法的任何一个步骤。

（三）归入法的主要框架

归入法由四个步骤构成，其框架如下。

前提：

1. 找到准确的法律规定。
2. 确定该规定的各个要件。

归入：

1. 第一步，总起句：需要审查什么问题/什么要件。
2. 第二步，定义：给出指向的要件的定义。
(1) 法律规定的定义。
(2) 有约束力其他执法法源中的定义。
(3) 如果针对定义存在分歧。
    ● 说明第一种观点。
    ● 说明第二种观点。
    ● 对所有不同观点进行讨论，说明你将采用哪种观点并详细论证理由。
    ● 如果定义仍然含有不确定的内容，启动一个新的嵌入的归入过程。

---

❶ 参见国家法官学院、德国国际合作机构著：《法律适用方法　行政法案例分析方法》，第 18—37 页。

- 第一步。
- 第二步。
- 第三步。
- 第四步。
- 根据嵌入的归入结论,返回并继续进行原先的归入过程。

3. 第三步,涵摄/归入:将案件事实与规范要件的定义进行比较。
4. 第四步,结论:说明比较的结果,应当和总起句相互呼应。

如果法律规定的构成要件不止一个,应当继续对所有要件使用归入法进行归入。

(四)示例:案例一李某砍伐树木案法律适用的归入过程

前提:

1. 找到准确的法律规定:《上海市绿化条例》第二十九条和第四十四条第二款。
2. 确定该规定的各个要件:擅自砍伐树木的,由市或者区绿化管理部门处绿化补偿标准五至十倍的罚款。

要件1:擅自;要件2:砍伐树木。

归入:

要件1:擅自

1. 第一步,总起句:李某行为是否为擅自作出。
2. 第二步,定义:给出指向的要件的定义。

(1) 法律规定的定义:《上海市绿化条例》第二十九条规定,确需砍伐树木的,养护单位应当向市或者区绿化管理部门提出申请,换言之未向市或者区绿化管理部门提出申请即构成擅自。

(2) 有约束力其他执法法源中的定义。

(3) 定义存在分歧:李某是否是养护单位。

- 说明第一种观点:该条只规定养护单位应提出申请,并未规定个人要提出申请,李某没有申请义务,因此不构成擅自。
- 说明第二种观点:个人也是绿化养护的责任和义务主体,对养护单位应作扩大解释,也包含个人。
- 对所有不同观点进行讨论,说明你将采用哪种观点并详细论证理由。采用第二种观点。
- 如果定义仍然含有不确定的内容,启动一个新的嵌入的归入过程
  - 第一步。
  - 第二步。
  - 第三步。
  - 第四步。

- 根据嵌入的归入结论，返回并继续进行原先的归入过程。

3. 第三步，涵摄/归入：将案件事实与规范要件的定义进行比较。李某未经申请，自行对树木进行修剪或砍伐，符合擅自的定义。

4. 第四步，结论：说明比较的结果。李某行为是擅自作出。

要件2：砍伐树木

1. 第一步，总起句：李某行为是否构成砍伐树木。
2. 第二步，定义：给出指向的要件的定义。
（1）法律规定的定义：法律法规中没有明确规定。
（2）有约束力其他执法法源中的定义：《上海市居住区绿化调整技术规范》第4.3.4条规定，过度修剪导致一个生长周期内未能恢复树木冠形的，认定为砍伐。
（3）定义存在分歧：李某的行为是过度修剪还是砍伐。
- 说明第一种观点：对普通公众来说树木仍然存活，不应构成砍伐，只构成过度修剪。
- 说明第二种观点：虽然树木保留了部分主干，但一个生长周期内未能恢复树木冠形的，应认定为砍伐。
- 对所有不同观点进行讨论，说明你将采用哪种观点并详细论证理由。采用第二种观点。
- 如果定义仍然含有不确定的内容，启动一个新的嵌入的归入过程。定义源自《上海市居住区绿化调整技术规范》，对技术规范的法律地位和适用效力存在争议。
  - 第一步，总起句：《上海市居住区绿化调整技术规范》中对砍伐的定义能否适用。
  - 第二步，略。
  - 第三步，略。
  - 第四步，结论：可以适用《上海市居住区绿化调整技术规范》中对砍伐的定义。
  - 根据嵌入的归入结论，返回并继续进行原先的归入过程。

3. 第三步，涵摄/归入：将案件事实与规范要件的定义进行比较。李某行为导致过度修剪的树木在一个生长周期内未能恢复树木冠形，符合砍伐的定义。

4. 第四步，结论：说明比较的结果。李某行为构成砍伐树木。

综合要件1和要件2的归入结论，李某的行为构成擅自砍伐树木。（小前提）

《上海市绿化条例》第四十四条第二款规定，擅自砍伐树木的，由市或者区绿化管理部门处绿化补偿标准五至十倍的罚款。（大前提）

李某擅自砍伐树木应处以绿化补偿标准五至十倍的罚款。（处断结论）

第六节 行刑衔接问题

城管执法机关在执法过程中，发现违法行为涉嫌犯罪的，应当及时将案件移送司法机关，依法追究刑事责任。这就产生了行政执法与刑事司法的衔接问题。移送案件的法律适用跨越行政法和刑法两大部门。城管执法机关应当依照法律规定的原则，处理好行刑两法适用的衔接问题。

一、行刑衔接的概念与案件移送程序

（一）行刑衔接的概念

行刑衔接是指行政执法机关办理行政违法案件的过程中，发现行为人的行政违法行为涉嫌犯罪，或者司法机关在办理刑事案件的过程中，发现行为人的违法行为依法不需要追究刑事责任或者应免予刑事处罚，但应当给予行政处罚，将相关案件移交给有管辖权的机关处理的制度。《行政处罚法》第二十七条规定："违法行为涉嫌犯罪的，行政机关应当及时将案件移送司法机关，依法追究刑事责任。对依法不需要追究刑事责任或者免予刑事处罚，但应当给予行政处罚的，司法机关应当及时将案件移送有关行政执法机关。

行政处罚实施机关与司法机关之间应当加强协调配合，建立健全案件移送制度，加强证据材料移交、接收衔接，完善案件处理信息通报机制。"行刑衔接是双向衔接，既包括行政执法机关向司法机关移送案件，也包括司法机关向行政执法机关移送案件。

（二）行政执法机关移送涉嫌犯罪案件的程序和要求

根据《行政处罚法》《行政执法机关移送涉嫌犯罪案件的规定》等法律法规规定，行政执法机关发现违法行为涉嫌犯罪的，行政机关应当及时将案件移送司法机关，依法追究刑事责任。行政执法机关向司法机关移送涉嫌犯罪案件应遵循以下程序。

1. 案件的移送主体。案件移送应遵照同级移送和同级接收的原则。案件移送主体是依照法律、法规或者规章的规定，对破坏社会主义市场经济秩序、妨害社会管理秩序以及其他违法行为具有行政处罚权的行政机关，以及法律、法规授权的具有管理公共事务职能、在法定授权范围内实施行政处罚的组织。

2. 案件移送前的审查和批准程序。行政执法机关对应当向公安机关移送的涉嫌犯罪案件，应当立即指定2名或者2名以上行政执法人员组成专案组专门负责，核实情况后提出移送涉嫌犯罪案件的书面报告，报经本机关正职负责人或者主持工作的负责人审批。行政执法机关正职负责人或者主持工作的负责人应当自接到报告之日起3日内作出批准移送或者不批准移送的决定。决定批准的，应当在24小时内向同级公安机关移送；决定不批准的，应当将不予批准的理由记录在案。

行政执法人员应当对违法事实涉及的金额、违法事实的情节、违法事实造成的后果等进行审查。移送前审查的法律依据包括：（1）刑法关于破坏社会主义市场经济秩序罪、妨害社会管理秩序罪等罪的规定；（2）最高人民法院、最高人民检察院关于破坏社会主义市场经济秩序罪、妨害社会管理秩序罪等罪的司法解释；（3）最高人民检察院、公安部关于经济犯罪案件的追诉标准等规定。

经审查符合条件的案件应当依法及时批准移送司法机关。一般违法案件的移送条件是涉嫌构成犯罪，依法需要追究刑事责任。涉及知识产权领域的违法案件的移送条件是存在犯罪的合理嫌疑，需要公安机关采取措施进一步获取证据以判断是否达到刑事案件立案追诉标准。

3. 案件移送前的证据保存和处理。实践中，刑事司法程序对案件证据的要求相对行政执法案件的证据要求往往更为严格。为了避免移送案件因为证据质量问题而不能依法定罪，行政执法机关在查处违法行为过程中，必须妥善保存所收集的与违法行为有关的证据。行政执法机关对查获的涉案物品，应当如实填写涉案物品清单，并按照国家有关规定予以处理。对易腐烂、变质等不宜或者不易保管的涉案物品，应当采取必要措施，留取证据；对需要进行检验、鉴定的涉案物品，应当由法定检验、鉴定机构进行检验、鉴定，并出具检验报告或者鉴定结论。

4. 案件移送需要的材料。行政执法机关向公安机关移送涉嫌犯罪案件，应当附有下列材料：（1）涉嫌犯罪案件移送书；（2）涉嫌犯罪案件情况的调查报告；（3）涉案物品清单；（4）有关检验报告或者鉴定结论；（5）其他有关涉嫌犯罪的材料。

5. 司法机关对移送案件的立案审查程序。公安机关对行政执法机关移送的涉嫌犯罪案件，应当在涉嫌犯罪案件移送书的回执上签字；其中，不属于本机关管辖的，应当在24小时内转送有管辖权的机关，并书面告知移送案件的行政执法机关。

公安机关应当自接受行政执法机关移送的涉嫌犯罪案件之日起3日内，依照《刑法》《刑事诉讼法》以及最高人民法院、最高人民检察院关于立案标准和公安部关于公安机关办理刑事案件程序的规定，对所移送的案件进行审查。认为有犯罪事实，需要追究刑事责任，依法决定立案的，应当书面通知移送案件的行政执法机关；认为没有犯罪事实，或者犯罪事实显著轻微，不需要追究刑事责任，依法不予立案的，应当说明理由，并书面通知移送案件的行政执法机关，相应退回案卷材料。

6. 对不予立案决定的复议和立案监督程序。行政执法机关接到公安机关不予立案的通知书后，认为依法应当由公安机关决定立案的，可以自接到不予立案通知书之日起3日内，提请作出不予立案决定的公安机关复议，也可以建议人民检察院依法进行立案监督。

作出不予立案决定的公安机关应当自收到行政执法机关提请复议的文件之日起3日内作出立案或者不予立案的决定，并书面通知移送案件的行政执法机关。移送案件的行政执法机关对公安机关不予立案的复议决定仍有异议的，应当自收到复议决定通知书之日起3日内建议人民检察院依法进行立案监督。公安机关应当接受人民检察院依法进行的立案监督。

7. 立案后涉案物品及其他材料的移交。行政执法机关对公安机关决定立案的案件，应当自接到立案通知书之日起3日内将涉案物品以及与案件有关的其他材料移交公安机关，并办结交接手续；法律、行政法规另有规定的，依照其规定。行政执法机关违反规定，隐匿、私分、销毁涉案物品的，由本级或者上级人民政府，或者实行垂直管理的上级行政执法机关，对其正职负责人根据情节轻重，给予降级以上的处分；构成犯罪的，依法追究刑事责任。对直接负责的主管人员和其他直接责任人员，比照正职负责人的处分给予处分；构成犯罪的，依法追究刑事责任。

8. 行政执法机关未按规定移送涉嫌犯罪案件的监督和责任追究。行政执法机关移送涉嫌犯罪案件，应当接受人民检察院和监察机关依法实施的监督。任何单位和个人对行政执法机关违反规定，应当向公安机关移送涉嫌犯罪案件而不移送的，有权向人民检察院、监察机关或者上级行政执法机关举报。

行政执法机关违反规定，逾期不将案件移送公安机关的，由本级或者上级人民政府，或者实行垂直管理的上级行政执法机关，责令限期移送，并对其正职负责人或者主持工作的负责人根据情节轻重，给予记过以上的处分；构成犯罪的，依法追究刑事责任。行政执法机关违反规定，对应当向公安机关移送的案件不移送，或者以行政处罚代替移送的，由本级或者上级人民政府，或者实行垂直管理的上级行政执法机关，责令改正，给予通报；拒不改正的，对其正职负责人或者主持工作的负责人给予记过以上的处分；构成犯罪的，依法追究刑事责任。对直接负责的主管人员和其他直接责任人员，比照负责人的规定给予处分；构成犯罪的，依法追究刑事责任。

（三）司法机关反向移送案件的规定

《行政处罚法》第二十七条第一款规定，对依法不需要追究刑事责任或者免予刑事处罚，但应当给予行政处罚的，司法机关应当及时将案件移送有关行政执法机关。该条是对司法机关反向移送案件的规定。具体而言，司法机关反向移送案件有两种情况：

1. 司法机关将本机关发现的行政违法案件移送行政执法机关。

《行政执法机关移送涉嫌犯罪案件的规定》第十三条规定，公安机关对发现的违法行为，经审查，没有犯罪事实，或者立案侦查后认为犯罪事实显著轻微，不需要追究刑事责任，但依法应当追究行政责任的，应当及时将案件移送同级行政执法机关，有关行政执法机关应当依法作出处理。

2. 司法机关将行政执法机关移送的案件送回行政执法机关。

《行政执法机关移送涉嫌犯罪案件的规定》第八条规定，公安机关对于行政执法机关移送的涉嫌犯罪案件，认为没有犯罪事实，或者犯罪事实显著轻微，不需要追究刑事责任，依法不予立案的，应当说明理由，并书面通知移送案件的行政执法机关，相应退回案卷材料。第十条进一步规定："行政执法机关对公安机关决定不予立案的案件，应当依法作出处理；其中，依照有关法律、法规或者规章的规定应当给予行政处罚的，应当依法实施行政处罚。"

二、行刑衔接法律适用的基本原则

刑事优先原则和有限的一事不再罚原则是行政执法和刑事司法衔接中法律适用的两个基本原则。

（一）刑事优先原则

刑事优先原则是指行为人的行为同时违反行政法和刑法的规定，同时构成行政违法行为和犯罪行为竞合的，应当优先由司法机关适用刑事司法程序和刑事法律对其进行处罚的原则。这一原则既是处理行政执法和刑事司法衔接的管辖权问题的基本原则，也是处理行政法和刑法跨部门法律适用问题的基本原则。刑事优先原则的理论基础是刑事责任比行政责任更加严格，优先适用刑事责任才能对违法行为的社会危害性作出全面的评价，如果只适用行政责任，则不足以体现过罚相当的原则，不能实现国家对特定法益的特别保护。

刑事优先原则要求防止以罚代刑，避免刑法的规制目的落空。《行政处罚法》第二十七条规定，违法行为涉嫌犯罪的，行政机关应当及时将案件移送司法机关，依法追究刑事责任。《行政执法机关移送涉嫌犯罪案件的规定》第十一条第一款规定："行政执法机关对应当向公安机关移送的涉嫌犯罪案件，不得以行政处罚代替移送。"移送制度确立了刑事案件管辖和程序的优先地位，也就同时在事实上确立了刑法优先于行政法适用的地位。

城管执法机关在处理行政违法案件时，既要适用行政执法法源对违法行为是否构成行政违法作出认定，同时还要适用刑事法律规范对违法行为是否涉嫌犯罪、应当追究刑事责任进行审查，如果违法行为同时触犯行政法和刑法规范，应优先适用刑法规范，将案件移送司法机关。但在移送前行政执法机关已经适用行政法规范作出行政处罚的，行政处罚继续有效，其中行政拘留和罚款可以分别折抵相同性质的刑罚。

（二）有限的一事不再罚原则

通说认为行政处罚和刑事处罚的性质不同，行政犯罪具有双重违法性，故应承担法律上的双重责任，因此对行政犯罪同时适用行政处罚和刑事处罚不违反一事不再罚的原则。但通说的前提是行政处罚和刑事处罚的目的不同、性质有异，如果两者具有同质性，处罚目的也相同，则构成对同一违法行为的重复处罚，就应当适用一事不再罚的原则。《行政处罚法》《行政执法机关移送涉嫌犯罪案件的规定》等法律法规对于行刑衔接的移送案件事实上确立了有限的一事不再罚原则，即对于性质和目的相同的处罚应当遵循一事不再罚原则，而对于不同性质的处罚则适用并罚原则。

（1）一事不再罚原则。对同一违法行为的行政处罚和刑事处罚构成重复评价时，法律法规规定对自由罚和金钱罚适用折抵规则，不能重复处罚。《行政处罚法》第三十五条规定，违法行为构成犯罪，人民法院判处拘役或者有期徒刑时，行政机关已经给予当事人行政拘留的，应当依法折抵相应刑期。违法行为构成犯罪，人民法院判处罚金时，行政机关已经给予当事人罚款的，应当折抵相应罚金；行政机关尚未给予当事人罚款的，不再给予罚款。《行政执法机关移送涉嫌犯罪案件的规定》第十一条第三款规定："依照《行政处罚法》的规定，行政执法机关向公安机关移送涉嫌犯罪案件前，已经依法给予当事人罚款的，人民法院判处罚金时，依法折抵相应罚金。"

（2）并罚原则。对同一违法行为的行政处罚和刑事处罚性质不同，法律法规规定对申诫罚和资格罚等处罚适用并罚原则。特别是在刑事处罚不能实现行政管理目的时，应当同时适用那些具有行政管理性质的行政处罚。例如，对于单位犯罪在追究刑事责任后，行政执法机关仍然应当依照法律规定作出责令停产停业，暂扣或者吊销许可证、暂扣或者吊销执照的行政处罚。《行政执法机关移送涉嫌犯罪案件的规定》第十一条第二款规定："行政执法机关向公安机关移送涉嫌犯罪案件前已经作出的警告，责令停产停业，暂扣或者吊销许可证、暂扣或者吊销执照的行政处罚决定，不停止执行。"

根据上述规定，在向司法机关移送涉嫌犯罪的行政违法案件前，对于具有行政管理性质的行政处罚，如果适用刑法予以刑事处罚并不能完全实现行政管理目的，城管执法机关应当及时作出行政处罚后再移送司法机关追究刑事责任。而司法机关对犯罪行为处以刑罚后，如果发现刑罚不能达到行政管理的目的，也应当将案件移送行政执法机关，依法作出行政处罚。

第四章　城市市容市貌执法实务

第一节　城市市容市貌违法行为的概念、种类和特征

一、城市市容市貌违法行为的概念

（一）城市市容市貌基本概念

城市市容市貌，是指城市的建（构）筑物、道路、桥梁、市政设施、公共场所、贸易市场、车辆、园林绿地、施工现场、广告、霓虹灯等的容貌。人们生活在城市，目之所及，每一处建（构）筑物、街道每一处角落……都能与城市市容市貌存在或多或少的联系。

城市市容市貌管理，是地方政府管理职能之一，地方政府为了实现整洁、有序、安全、优美的城市人居环境，按照城市市容市貌干净整洁、有序安全等标准，依法对城市的建（构）筑物、道路、桥梁、市政设施、公共场所、贸易市场、车辆、园林绿地、施工现场、广告、霓虹灯等容貌进行管理的活动。城市市容市貌管理水平不仅展现着一座城市的外在形象，更透露着城市市容管理部门的管理理念、管理水平与工作态度，体现了城市精神文化底蕴和市民素质。

（二）城市市容市貌违法行为概念

城市市容市貌违法行为，是指公民、法人或者其他组织未遵守城市市容市貌干净整洁、有序安全等标准规范，实施了影响城市市容市貌行政管理秩序，对城市市容环境美化、洁化、绿化、亮化、安全等造成不良影响的行为。

二、城市市容市貌违法行为的种类

根据《城市市容和环境卫生管理条例》《城市容貌标准》等相关规定，综合当事人实施城市市容市貌违法行为所指向的行为对象，违反的城市市容市貌标准内容等，主要有以下几类。

(一) 城市建（构）筑物、公共设施方面的违法行为

主要包括：1. 乱堆放（未经城市人民政府市容环境卫生行政主管部门批准，擅自在街道两侧和公共场地堆放物料，影响市容的）；2. 私搭乱建（擅自在街道两侧和公共场地搭建临时性建（构）筑物或者其他设施，影响市容的）；3. 乱涂乱画（在城市建筑物、设施以及树木上涂写、刻画的）；4. 乱张贴宣传条幅等（未经城市人民政府市容环境卫生行政主管部门或者其他有关部门批准张挂、张贴宣传品等的）；5. 临街工地围挡不规范（临街工地不设置护栏或者不作遮挡、停工场地不及时整理并作必要覆盖或者竣工后不及时清理和平整场地，影响市容和环境卫生的）。

(二) 城市道路方面的违法行为

主要包括：1. 占道经营影响市容（擅自占用道路、公共广场、人行过街桥、人行地下通道以及其他公共场地摆摊设点的）；2. 出店经营影响市容（擅自超出门窗、外墙进行店外占道经营、作业或者展示商品的）；3. 货运车辆遗撒（运输液体、散装货物不作密封、包扎、覆盖，造成泄漏、遗撒的）。

(三) 城市居住区方面的违法行为

主要包括：1. 临街住户（商户、居民）乱吊挂（在城市人民政府规定的街道的临街建筑物的阳台和窗外，堆放、吊挂有碍市容的物品的）；2. 单车乱投放（互联网租赁车辆运营企业未按照规定有序投放车辆、实施跟踪管理和日常养护，或者未及时回收故障、破损、废弃车辆，影响市容环卫的）。

(四) 城市户外广告和招牌设施方面的违法行为

主要包括：1. 擅自设置大型户外广告牌（塔）（未经城市人民政府市容环境卫生行政主管部门同意，擅自设置大型户外广告，影响市容的）；2. 广告破损影响市容（户外广告和招牌设施出现损毁、污染，未及时修复、更换、清洗或者拆除的）。

三、市容市貌违法行为的特征

1. 多发易发，易反复。城市市容市貌管理每天都会按下"重启键"，是一项体力和脑力要求强度大的高负荷工作。城市道路、标语牌、画廊、沿街绿篱、草坪等作为城市公共产品，这类资源是公有的，具有向任何人开放的非排他性，但资源总量有限，如果在使用消费过程中不加限制，就会出现过度消费现象，导致"公用地悲剧"，这也就是城市占道经营、乱堆放、乱涂乱画、乱张贴多发易发的重要原因之一。

2. 个体行为时社会危害性小，群体行为时社会影响大。公交场站、人流量大的路段，摊贩收摊后，往往瓜果皮核、垃圾遍地，一片狼藉。极易造成城市脏乱差，导致城市形象受损，引发媒体、社会关注，导致负面舆情。

3. 行政相对人流动性强，执法查处难度较大。如乱堆放、乱涂乱画、乱张贴等违法行为发生往往持续时间短，执法人员发现时，当事人行为已"终了"并隐匿于市，其对城市市容市貌造成的不良影响仍暴露于公众视野之内。

4. 城市公共服务设施配套存在缺口，违法行为发生存在一定的必然性。如：有的市民因生活需要盲目添加附属物（如防盗窗、晾衣架、空调外挂机、雨篷等），导致临街建筑物外观"难堪"，形式不一、材质不一、新旧不一。城市本应配套规划建设的停车位、摊贩疏导区、便民餐点等公共服务设施缺失，而市民群众存在生活便利需求的"刚需"，进一步加剧了行政相对人对城市公共空间的挤压，增大了城市市容市貌治理难度。"城市，让生活更美好""要留住城市烟火气"，这些都反映出广大民众的需求，需要政府部门"大兴调查研究之风"，关注和关心民情民生。

5. 违法行为表现形式多样，往往在违反城市市容市貌管理秩序的同时，会影响环境保护、市场监管等方面公共利益，如占道摊贩（食品经营类）存在食品安全监管空白；占道经营，无成本直接占用城市道路、公共场所等公共空间资源，打破了店铺经营者的公平竞争环境，没有税收、店面成本，存在不公平竞争，进一步挤压线下实体店铺生存空间；乱堆放、占道经营、车辆遗撒等，易引发交通事故，加剧城市交通拥堵；门头招牌形状、规格随意，一店多招、多门头、破损、陈旧及存在安全隐患、假围挡真广告、超高广告等，导致视觉污染；LED闪烁字牌、商场出入口大屏幕电子屏高亮高闪，存在较大的光污染；楼顶广告设置五花八门，影响城市天际线。

第二节 查处城市市容市貌违法行为程序及注意的问题

城市市容市貌违法行为侵害了城市市容环境社会公共利益，违反了城市市容市貌的行政管理秩序，但多数情况下情节较为轻微，此类违法行为与市民群众的社会公德意识关系较为密切，也是城市管理执法矛盾冲突多发易发领域，规范执法程序作用十分明显、意义十分重大。

城市管理执法机关要贯彻服务型行政执法理念，探索"说理式执法"，将"释法明理、法理相融"的执法理念贯穿城市市容市貌执法的各环节、全流程，在执法过程中讲清认定违法事实的事理、阐明适用法律的法理、解释处罚裁量的情理，提高行政相对人的守法意识和对处理结果的认可度。对涉及城市市容市貌违法行为案件，且需要通过执法处罚手段处理的，根据《行政处罚法》《住房和城乡建设行政处罚程序规定》相关规定，依法适用行政处罚简易程序和普通程序。

一、简易程序

简易程序，即当场处罚程序，是指城市管理执法机关根据《行政处罚法》的规定，对符合法定条件的城市市容市貌违法行为当场作出处罚决定所应遵循的行政处罚程序。彰显行政效率原则，符合繁简分离的程序法治精神，体现了处罚程序的简化、便捷、高效，目的在于及时惩治违法行为，提高执法效能。

根据《行政处罚法》第五十一条、《住房和城乡建设行政处罚程序规定》第十二条的规定，城管执法机关对当事人违法事实确凿，现场即可查明，《城市市容和环境卫生管理条例》及相关法律法规规章有明确具体的规定，处罚较为轻微的违反城市市容市貌行政管理秩序的案件，可以适用简易程序。实施简易程序时，应做到亮证执法，先出示执法证件、表明身份，再开始执法。着重突出查明违法事实、及时固定证据，如果没有证据证明当事人存在城市市容市貌违法，当场处罚便无法实施。实施过程中应当注意以下问题：

1. 亮证执法，表明身份环节不能省略，否则，无法使当事人相信城管执法人员代表国家，无法维护法律权威，影响城市管理执法正当性。

2. 简易程序是对必要程序的适当简化，而非省略不要，调查取证应当进行，否则无法证明当事人违法事实。现场可通过执法记录仪等设备拍照、录像、制作现场检查（勘查）笔录、调查询问笔录等形式进行取证，这几种取证手段可单独使用，也可合并使用，目的是形成证明当事人存在违反城市市容市貌违法行为证据链条。现场笔录要注意交当事人签字确认，如当事人拒绝签字确认的，可让通过见证人签字、拍照录像、注明当事人拒绝签字等情形予以证实，并在相关笔录文书上予以注明。

3. 告知、陈述和申辩要切实保障。告知是当事人最基础的程序权利，也有利于城市管理执法人员查明当事人违法事实，口头告知当事人拟作出行政处罚决定的事实、理由和依据，当事人现场可以口头进行陈述和申辩，这些执法经过均需要在现场检查（勘查）笔录、调查询问笔录等形式中记载清楚。对当事人享有的陈述、申辩权利可以在处罚决定作出前全程保障。当事人提出的事实、理由或者证据成立的，应当采纳；不采纳的，应当说明理由。

4. 当场处罚决定书必须采用书面形式，不能采用口头形式。文书送达与文书制作发生在同一时空条件下，宜按照《行政处罚法》《民事诉讼法》规定采取直接送达（当场交付）方式，同时履行文书"宣告"程序，如果当事人拒绝签收的，城管执法人员应当在行政处罚决定书上注明，并采取执法记录仪等全记录方式记录送达过程，不会影响文书送达的法律效力。

二、普通程序

普通程序，是实施城市市容市貌行政处罚的基本程序，不同于简易程序，一般应当经过立案、调查取证、事先告知（听证）、重大执法案件法制审核（集体讨论）、作出处罚决定、送达、执行、结案归档等流程。

（一）立案

根据《行政处罚法》第五十四条、《住房和城乡建设行政处罚程序规定》第十五条的规定，立案是行政处罚普通程序启动的标志。城市管理执法机关对上级交办、举报投诉（12345、12319等平台转办）以及日常检查等渠道发现的城市市容市貌类违法违规行为线索，应当在十五日内予以核查。经核查，有初步证据证明存在违反城市市容市貌管理秩序的违法行为，属于本机关管辖，未超过行政处罚时效的，认定符合立案条件，应当及时填写立案审批表，逐级报请城市管理执法机关负责人审批立案。

应当注意的事项：立案前核查或者监督检查过程中依法取得的证据材料，城市管理执法机关可以作为案件的证据使用，按要求附卷。

（二）调查取证

城市管理执法机关通过全面、客观、公正地询问当事人、证人，提取物证、书证等证据，进行现场检查并就专门问题进行鉴定，进而掌握相关证据，查明违法事实。调查取证主要包括调查询问、现场检查（勘验）、检测、检验、鉴定以及抽样取证等。城市管理执法机关调查取证不论是对当事人有利的还是不利的，都必须全面收集，而非仅收集证明当事人构成违法、对当事人不利的证据。

应当注意的事项：

1. 现场检查（勘验）要坚持合法、真实、准确、全面，多处现场不能仅制作一份现场检查（勘验）笔录。如：当事人为进行店庆宣传，未经批准在城市内多个路段、多处临街建筑物上，张挂、张贴宣传条幅，城市管理执法机关在查处时，就应当针对存在不同路段不同建筑物不同案发现场，制作多份现场检查（勘验）笔录文书，而不适宜于合为一份现场检查（勘验）笔录，也不适宜将在当事人住所地进行调查取证、调取现场材料视为现场检查过程，或者认为到当事人住所地进行了检查即可替代对该案件多个案发现场的现场检查程序。进行检查时，应当通知当事人在场，制作现场检查（勘验）笔录，要准确记录勘查的发生时间（持续时间），地点记载要具体、明确。在拍摄现场照片、制作勘查图示时，要选择固定、明显的参照物。制作完毕，进行检查时，应当通知当事人在场，并制作现场笔录，载明时间、地点、事件等内容，由执法人员、当事人签名或者盖章。无法找到当事人，或者当事人在场确有困难、拒绝到场、拒绝签字的，应当通过执法记录仪采用录音录像等方式记录检查过程，并在现场笔录中注明。

2. 调查询问时，城管执法人员应当注意方式方法，应当事先列出询问提纲，抓住询问内容重点；对当事人、相关人、知情人等分别制作，对某特定对象制作多份调查询问笔录时，应当分开制作；对已取得的证据材料，有针对性地通过调查询问进行核实、印证；

制作调查询问笔录文书应当记录调查询问完整过程，包括何人、何时、何地、何事、何情节、何因、何果等要素。

3. 城市管理执法机关查处在建（构）筑物或者其他公共设施乱涂写、乱刻画类案件时，造成损害需要修复的，应当按照《住房和城乡建设行政处罚程序规定》第十八条的规定，需要进行检测、检验、鉴定的，应当委托具备相应条件的机构进行，并将检测、检验、鉴定结果告知当事人，以便当事人了解违法行为造成的危害后果、明确应承担修复责任大小，同时为执法机关更好地对当事人违法行为进行自由裁量判断提供依据。

4. 注意发挥执法协助的作用。如：西安莲湖区、郑州金水区等地探索推行设置公安警务室等方式，加强城管执法保障力度，便捷了执法协助程序。各地城市管理执法人员在执法巡查发现流动摊贩占道经营，已通过执法记录仪等录音录像记录了当事人体貌特征，当事人在之后的执法过程中不配合执法调查，或因流动性大等原因，城市管理执法机关无法查清当事人身份信息的，可以根据《住房和城乡建设行政处罚程序规定》第十八条的规定，通过向公安部门出具协助函等方式，调取违法当事人身份信息等，补充案件证据材料；或受理运输建筑垃圾车辆，未采取密闭措施造成遗撒，举报线索无法锁定涉案车辆、确定当事人时，也可以运用协助函等方式向公安部门调取监控资料，以进一步推进执法进程。

5. 先行登记保存证据程序不规范比较突出。在城市管理执法机关实施城市市容市貌执法监管依据中，《城市市容和环境卫生管理条例》赋予城市管理执法机关可以采取的调查取证手段不多，执法人员往往依据《行政处罚法》第五十六条的规定实施先行登记保存证据。城市市容市貌执法过程中对占道经营的物品、乱张贴的宣传品等，执法人员也经常采用先行登记保存，通常还误称为"查封、扣押"。先行登记保存证据目的是进行证据收集固定，不得滥用。应当当场清点，开具清单，标注物品的名称、数量、规格、型号、保存地点等信息，清单由城市管理执法人员和当事人签名或者盖章，各执一份。当事人拒绝签字的，执法人员在执法文书中注明，并通过录音录像等方式保留相应证据。先行登记保存期间，当事人或者有关人员不得销毁或者转移证据。城市管理执法机关若采取其他调查取证手段已完成证据收集，形成证据链条的，先行登记保存证据措施已无必要时，也应及时解除；若逾期未作出处理决定的，先行登记保存措施自动解除。根据《行政强制法》第十八条、第十九条和《住房和城乡建设行政处罚程序规定》第十九条的规定，对先行登记保存的证据，城市管理执法机关应当在七日内作出处理决定。因为逾期不作出处理决定的，视为自动解除。

城市管理执法机关查处城市市容市貌类案件过程中，运用该项制度时应注意以下问题：一是先行保存证据适用的条件，不能乱用，只有在证据可能灭失或者以后难以取得的情况下才能使用；二是避免实施的目的不合法，以先行登记保存证据为名，而行查封、扣押之实；三是应当向行政相对人出具先行登记保存证据的法律文书，并经其签字确认，如证据物品清单、物品处理文书等；四是实施时要经城市管理执法机关负责人批准，不得在七日内迟迟不予处理、或未作出处理决定,不得作为保证行政相对人处罚决定履行的"砝码",超期后迟迟不返还。

6. 调取书证材料。根据《住房和城乡建设行政处罚程序规定》第十七条的规定,城市管理执法人员调取当事人身份证明材料、有关部门保管的书证资料等证据材料时,不能仅查看、留存复印件,却未核对原件。如:要确定不符合城市容貌标准建筑物原始建设信息,需要到自然资源和规划局、城市建设档案馆等调取该建筑物建设信息,属于此类职能部门保管原件的复制件、影印件或者抄录件,城市管理执法人员调取时,相关书证材料上应注明出处,并经该保管部门核对无异并加盖保管部门的印章,完善证据核对程序。

7. 案件调查终结报告。执法人员在制作案件调查终结报告涉及证据部分宜采取列举式,宜将涉及证明当事人是否违法、违法行为情节轻重等完整的证据材料,逐一列明,并阐述清楚每一项证据能够证明的案件事实情况,对是否形成完整证据链条进行论证,使执法文书清晰明了、说理清楚。

(三)行政处罚告知

根据《行政处罚法》第四十四条、《住房和城乡建设行政处罚程序规定》第二十一条等规定,听证并非普遍告知。城市管理执法机关在正式作出城市市容市貌案件行政处罚决定之前,应当告知当事人拟作出的行政处罚内容及事实、理由、依据,城市市容市貌案件大多处罚种类并不严重,执法人员还需要判断是否符合需要告知听证的范围,其中拟作出的行政处罚属于听证范围的,应当在制作行政处罚意见告知文书中告知当事人有要求听证的权利;不属于听证范围的,仅告知当事人依法享有的陈述、申辩权利即可。

应当注意的事项:告知听证的权利,不需要单独制作听证告知书,可以与陈述、申辩权利一并告知。未依法告知当事人陈述、申辩、要求听证的,会导致重大的程序违法。

(四)陈述和申辩

根据《行政处罚法》第四十五条、《住房和城乡建设行政处罚程序规定》第二十二条等规定,当事人提出的事实、理由或者证据成立的,城市管理执法机关应当予以采纳,不得因当事人正当地行使陈述、申辩权利,而认为属于当事人态度不好、不配合执法的表现,进而给予其更重的处罚。

应当注意的事项:

1. 为增加对当事人的权利保障力度,可以将当事人行使陈述、申辩的权利扩展至案件调查之初,这样实施也有助于执法机关更快地查明案情,全面收集案件证据材料。

2. 城市管理执法机关及其执法人员在送达行政处罚意见告知文书后,若拒绝听取当事人的陈述、申辩,不得继续作出行政处罚决定;行政处罚意见告知文书送达之日起五日内,当事人明确放弃陈述或者申辩权利的,执法机关可以作出行政处罚决定;为保障当事人行使陈述或者申辩权利的期限利益,也可以待五日期满后再作出行政处罚决定。

(五) 听证程序

听证程序是一种事先、事中监督程序,《行政处罚法》《住房和城乡建设行政处罚程序规定》均已将听证程序列为独立一节,彰显该程序的独立价值和重要程度,因为城市市容案件相对轻微,进入听证程序的不具备普遍性,在此暂将其列"普通程序"进行叙述。实践中城市管理执法机关依据《行政强制法》第四十四条、《城市市容和环境卫生管理条例》第三十七条的规定,对不符合城市容貌标准的建筑物或者设施作出"责令限期拆除"决定,认为该决定对当事人的权利影响较大,而依据《行政处罚法》的规定告知当事人有要求听证的权利;或者对不构成"较大数额罚款"不符合听证条件的拟处罚决定,但在行政处罚事先告知文书中告知当事人有权要求听证的,之后却以不符合听证条件未举行听证的,则会构成程序违法。

应当注意的事项:

1. 听证实施公开为原则,不公开为例外。除涉及国家秘密、商业秘密或者个人隐私依法予以保密外,听证公开举行。

2. 不得要求当事人承担执法机关组织听证产生的费用。听证结束后,执法机关应当及时制作听证笔录,报请执法机关负责人或行政机关集体讨论研究,根据听证笔录,依法作出决定。因为当事人在听证程序中有更充分的意见表达,经质证后的证据有更强的客观真实性,《行政处罚法》已采纳了听证笔录案卷排他原则,明确经过听证的案件,听证笔录是唯一依据,未经质证的证据不得作为定案依据。城市管理执法机关应认识到听证笔录不是咨询意见,不是可有可无的会议记录。

(六) 重大执法决定法制审核(集体讨论)

《国务院办公厅关于全面推行行政执法公示制度执法全过程记录制度重大执法决定法制审核制度的指导意见》(国办发〔2018〕118号)明确的行政执法三项制度内容,已被《行政处罚法》吸收和细化成具体规定,城管执法机关查处城市市容貌案件需作出重大执法决定前,要严格进行法制审核,未经法制审核或者审核未通过的,不得作出处罚决定。

应当注意的事项:

1. 城市管理执法机关务必要加强法制审核队伍建设,保证法制审核人员具备政治素质高、业务能力强、法律专业背景的条件要求,满足2018年1月1日以来初次从事法制审核的人员均具备取得法律职业资格的前提条件,人员配置原则上不少于本单位执法人员总数5%的数量要求。

2. 根据《行政处罚法》第五十七条、《住房和城乡建设行政处罚程序规定》第二十六条等规定,城市管理执法机关对查办的城市市容市貌案件属于情节复杂或者重大违法行为的,还应当经过机关负责人集体讨论决定作出行政处罚。涉及要具体判断重大执法决定法制审核、集体讨论事项范围时,《行政处罚法》《住房和城乡建设行政处罚程序规定》均是抽象概括式规定,各地可以参考本地区本系统内已发布重大执法决定法制审核、情节复杂或者重大违法行为等目录清单。

(七) 决定与送达

应当注意的事项:

1. 根据《行政处罚法》第六十一条的规定,城市管理执法机关送达行政处罚决定书应当进行宣告后,当场交付。实践中,城管执法机关应当将直接送达作为首选的送达方式。

2. 城市管理执法机关直接送达有困难的,可以委托当事人当前所在地执法机关代为送达。委托送达的,受委托执法机关应当自收到委托函及相关法律文书之日起十日内代为送达。如:当事人违法占道经营被A地城市管理执法机关查处,在案件办理过程中,当事人已迁居另一城市B地,A地城市管理执法机关可以实施委托送达,委托B地送达相关文书。

3. 城市管理执法机关采取邮寄送达方式的,邮寄送达应按照《邮政法》的要求实施,使用邮政快递。不得交由快递企业寄递法律文书。

4. 受送达人下落不明,或者采用以上方式无法送达的,城市管理执法机关才能选择公告送达,执法机关可以通过本机关或者本级人民政府网站公告送达,也可以根据需要在当地主要新闻媒体公告或者在受送达人住所地、经营场所公告送达。

5. 送达地址确认书作用未重视、使用不规范。城市市容市貌类案件中,特别涉及流动摊贩占道经营者等违法行为当事人,流动性非常强,若叠加当事人不配合情形,城市管理执法机关送达难现象比较普遍。运用送达地址确认书,有利于提高城市管理执法效率,同时解决送达难问题。实践中需要注意事先应当经当事人同意,将送达地址确认书的法律效力书面告知受送达人。当事人签署送达地址(包括电子邮件地址)确认书时,提交经其本人或者经特别授权的代理人签字或者盖章的送达地址。送达地址确认书载明的送达地址可以是受送达人的住所地、单位所在地代收人地址、电子邮件地址或者其他可以接收送达的地址。当事人变更送达地址的,应当及时以书面方式告知城市管理执法机关。执法机关以直接送达、邮寄或者电子邮件方式向送达地址确认书载明的送达地址送达行政执法文书,如行政执法文书实际送达、被电子邮件系统退回、邮政企业确认无法送达时,视为送达。

三、城市市容市貌执法需要注意的问题

(一) 委托执法问题

各地依照《中共中央 国务院关于深入推进城市执法体制改革改进城市管理工作的指

导意见》（中发〔2015〕37号）进行城市执法体制改革后，在推进市县两级政府城市管理领域大部门制改革时，并未像2018年以来在市场监管、生态环境、文化市场、交通运输、应急管理、农业等领域推行综合行政执法改革时规定"局队合一"制度，因此，各地城市管理执法机构和所属执法队伍之间有许多采取委托执法模式。在进行委托执法时，应严格按照《行政处罚法》第二十条、第二十一条的规定实施。

应注意以下情形：

1. 城市管理执法队伍（受委托组织）不符合《行政处罚法》第二十一条等法定条件的情形。

2. 城市管理执法队伍未以所属的城市管理执法机构（委托机关）名义实施行政处罚，这是错误的。在具体开展市容市貌等城市管理执法业务工作时，应当以城市管理执法机构（委托机关）名义实施。

3. 城市管理执法队伍超越委托执法范围实施行政处罚，这是错误的。行政执法委托书中一般应明确具体的执法事项内容，若仅显示委托市政公用、市容环卫、园林绿化等城市管理执法领域，未明确具体执法事项，可以参考所属的城市管理执法机构已公布的城市管理领域执法事项目录清单。

4. 各地具体实施市容市貌等城市管理执法领域委托执法工作时，还应制定相应的地方性法规、地方政府规章作为具体依据，不得仅以《行政处罚法》第二十条、第二十一条作为委托执法的依据。否则，会导致实施委托执法无依据的情形。

（二）城管执法人员执法资格问题

《中共中央 国务院关于深入推进城市执法体制改革改进城市管理工作的指导意见》（中发〔2015〕37号）规定："各地应当根据执法工作特点合理设置岗位，科学确定城市管理执法人员配备比例标准，统筹解决好执法人员身份编制问题，在核定的行政编制数额内，具备条件的应当使用行政编制。执法力量要向基层倾斜，适度提高一线人员的比例，通过调整结构优化执法力量，确保一线执法工作需要。区域面积大、流动人口多、管理执法任务重的地区，可以适度调高执法人员配备比例。"但有较大一部分城市或多或少仍存在执法人员配置不足、力量薄弱等问题，为了应对城市管理执法领域繁重的工作量，不同程度地存在允许或默认协管人员超越"从事执法辅助事务"范围现象，这在城市市容市貌执法领域表现尤为突出，协管人员从事执法业务，违反了《行政处罚法》第四十二条、《住房和城乡建设行政处罚程序规定》第十一条和《城市管理执法办法》第十七条等相关规定，应当坚决禁止。

（三）城管执法内部程序不规范问题

按照《住房和城乡建设行政处罚程序规定》第二十五条的规定，城市管理执法机关法制审核机构在收到案件审核材料进行法制审核时，针对执法案件调查情况，应当有针对性地提出明确处理意见,如同意处罚、建议补充调查、建议改正、建议移送管辖等。这对城市管理执法人员在办理城市市容市貌类案件的立案、先行登记保存证据、行政强制措施、审查决定、结案每一个内部审批环节,都具有参考意义。案件承办人、承办机构不同层级审核意见、行政机关负责人审批意见都应当做到明确、具体,具有可操作性。

应注意以下情形:

1. 案件承办人意见填写不明确,在案件的每一个环节都应当提出明确的初步处理建议,如:在填立案、处罚决定审批等审批表时,将"建议立案""建议处以×××元罚款处罚"等建议,填写为"建议上报""建议上报案件集体讨论研究"等模糊意见情形。

2. 案件审核、行政机关负责人审批意见不明确,如将"同意立案""同意处以×××元罚款处罚"等建议,仅填写成"同意"二字,或仅有签名但未明确填写意见等情形。

3. 在城市管理执法机关立案、处理、结案等内部审批环节,确定行政机关负责人存在分歧。各地城市管理执法机构可以参考《最高人民法院关于行政机关负责人出庭应诉若干问题的规定》第二条列举的行政机关负责人范围,认定本单位进行审批签字时的行政机关负责人具体领导人员,根据本单位领导人员分工安排,不限于必须是正职一把手。对于承担了本单位内部城市管理执法分管业务副职级别的领导同志,也可以作为本单位的行政机关负责人进行审批。

(四)法律法规引用不规范问题

按照《住房和城乡建设行政处罚程序规定》第二十四条第四项的规定,城市管理执法机关在进行法制审核时,对执法人员"适用法律、法规、规章是否准确"的情况应当予以登记、审核,要做到适用法律、法规、规章准确,引用法律、法规、规章做到规范、完整、具体是首要前提。法制审核不仅会关注到即将制作的决定文书适用法律、法规、规章的准确性,也会关注到在整个执法过程中执法人员已经制作的文书引用法律、法规、规章的准确性,如:责令改正或者限期改正违法行为时制作的责令停止(改正)违法行为通知文书,或现场检查(勘验)过程中制作的文书,其中引用法律、法规、规章名称是否规范、条文规定是否完整、是否对应到具体的条款项都要严格审核。

应注意以下情形:

1. 引用法律、法规、规章名称书写使用不规范,或使用简(缩)写,如将《城市市容和环境卫生管理条例》表述为国务院《市容条例》;或认为住房和城乡建设部制定的部门规章效力及于全国范围内,将《住房和城乡建设行政处罚程序规定》表述为国家《住房和城乡建设行政处罚程序规定》等情形。

2. 城市市容市貌类违法行为多具备纠正的可能性。城市管理执法机关实施行政处罚时,应当按照《行政处罚法》第二十八条第一款的规定,首先责令当事人改正或者限期改正违法行为,制作责令停止(改正)违法行为通知书,但有的执法人员或为了图方便,或因为格式设置不够宽余,填写责令停止(改正)违法行为通知书时会仅引用法律、法规、规章具体的条款项，而未引用原文内容，或者仅引用了该条文中部分与案件处理相关的内容。如：对擅自在街道两侧和公共场地堆放物料违法行为，执法人员应完整引用《城市市容和环境卫生管理条例》第三十六条第二项"有下列行为之一者，由城市人民政府市容环境卫生行政主管部门或者其委托的单位责令其停止违法行为，限期清理、拆除或者采取其他补救措施，并可处以罚款。未经城市人民政府市容环境卫生行政主管部门批准，擅自在街道两侧和公共场地堆放物料，搭建建筑物、构筑物或者其他设施，影响市容的"，但是实践中有时出现省略掉"搭建建筑物、构筑物或者其他设施"文字内容。

（五）执法程序不规范问题

实践中，有的城市管理执法人员认为，城市市容市貌街面执法与公安部门交通警察执法有相似性，而且前者违法行为性质轻微，特别是适用简易程序查处城市市容市貌类案件时，可以参考交通警察的经验，实施一人执法，但实际上这种观点是错误的。根据《行政处罚法》第四十二条的规定，城市管理执法机关实施行政处罚（含简易程序）时，执法人员不得少于两人，两人是人数的底线，实践中可以两人或两人以上。

第三节　城市市容市貌各类违法行为取证重点、事实认定与行政处罚

一、取证重点

1. 执法人员到现场进行检查，对违法现象进行现场勘验、检查、测量、绘图、拍照，留取相关证据材料。现场照片用以证明案发现场地点、现场违法情形和取证情况等。

2. 制作现场检查（勘验）笔录。执法人员进行勘验检查取证的，应当通知当事人到场，当事人拒不到场的，可以请在场无利害关系的第三方作为见证人。现场检查笔录是行政执法人员将现场检查勘验情况和结果如实记录而制作的笔录，内容包括：执法人员表明执法身份，告知执法相关权利和义务；记录检查时间、地点，当事人的基本情况，如当事人在街道两侧和公共场地堆放物料经城市人民政府市容环境卫生行政主管部门批准情况，若批准的，调取允许占用的时间、面积等内容，实测占用面积、乱涂乱画、乱张贴发生位置，可以画示意图、勘验图示等；执法人员依法开展检查的主要过程；有无与案件有关的其他事实。执法人员做好记录，由现场被检查人员或者见证人签字确认。

3. 要求该当事人提供其身份证明资料，如：身份证（社保证明等），法人或其他组织应提供营业执照、法定代表人授权委托书及委托人、委托代理人的身份证复印件各一份，证明违法主体身份，获取当事人基本信息。

4. 制发责令改正通知书，并核查当事人是否在规定期限内改正违法行为。

5. 制作调查询问笔录。对本人或其委托代理人进行进一步调查询问，主要内容包括：执法人员表明执法身份，告知相关权利和义务；被询问人的身份，违法行为是否为当事人实施，实施违法行为的时间、地点、手段、后果、动机等；并告知、提示当事人按正常程序如何办理批准手续，指出当事人行为的违法性等；执法人员责令当事人改正后，当事人是否及时纠正，是否采取补救措施；以及有无法定从重、从轻、减轻或者不予处罚的情形或者与案件有关的其他事实。提示被询问人注明"经核对无误，情况属实"类似字样，并签名或捺指印确认，将违法行为人违法证据进一步固定。

6. 所有复印件需当事人注明"与原件核对无误"。并加盖单位公章或者由单位法定代表人、委托代理人签字确认。

二、违法事实认定

证明违法事实的证据主要有：

1. 当事人身份证明材料的复印件，用以证明当事人身份情况。

2. 行政主管部门所作出的批准文，以及协助查询函件等，用以证明当事人实施的行为是否经过批准情况。

3. 违法现场（面积、位置、参照物）等的照片、现场检查（勘验）笔录、调查笔录等，用以证明违法行为发生的经过、造成的城市市容市貌损害等违法事实。

4. 从本地城市管理执法系统调取的涉及当事人违法行为查处的记录情况（一般以本次案发时间向前推一定期间，如1年或2年等），证明当事人一定时间内违法行为发生次数。

5. 是否采取相应的补救措施，是否及时纠正，证明当事人违法行为纠正情况。

三、城市市容市貌各类违法行为行政处罚事项与行政处罚依据

（一）城市建（构）筑物、公共设施市容市貌违法行为的行政处罚事项与行政处罚依据

城市建（构）筑物、公共设施是城市基础设施、公共服务设施的重要组成部分，是改善城市人居生态环境，促进经济社会持续健康发展的重要组成部分。对建（构）筑物、公共设施城市容貌标准的违反，会对城市市容市貌造成极大影响，影响到城市生活成员的直观感受。

1. 行政处罚事项，乱堆放案件。规范案由：×××未经城市人民政府市容环境卫生行政主管部门批准，擅自在街道两侧和公共场地堆放物料，影响市容案。

行政处罚依据：《城市市容和环境卫生管理条例》第十四条、第三十六条第二项。

2. 行政处罚事项，私搭乱建案件。规范案由：×××擅自在街道两侧和公共场地搭

建临时性建（构）筑物或者其他设施，影响市容案。

行政处罚依据：《城市市容和环境卫生管理条例》第十四条、第三十六条第二项、第三十七条。

3. 行政处罚事项，乱涂乱画案件。规范案由：×××在城市建筑物、设施以及树木上涂写、刻画案。

行政处罚依据：《城市市容和环境卫生管理条例》第十七条第一款、第三十四条第二项。

4. 行政处罚事项，乱张贴宣传条幅等案件。规范案由：×××未经城市人民政府市容环境卫生行政主管部门或者其他有关部门批准张挂、张贴宣传品等案。

行政处罚依据：《城市市容和环境卫生管理条例》第十七条第二款、第三十四条第二项。

5. 行政处罚事项，临街工地围挡不规范案件。规范案由：×××临街工地不设置护栏或者不作遮挡、停工场地不及时整理并作必要覆盖或者竣工后不及时清理和平整场地，影响市容和环境卫生案。

行政处罚依据：《城市市容和环境卫生管理条例》第十六条、第三十四条第七项。

（二）对城市道路市容市貌造成不良影响的违法行为的行政处罚事项与行政处罚依据

城市道路是城市重要的市政工程基础设施，是改善城市人居生态环境，连接市民群众日常生活工作场所的纽带。违反城市道路城市容貌标准的，会对城市市容市貌造成极大影响，影响到城市道路交通秩序管理和市民群众的正常出行安全。

1. 行政处罚事项，货运车辆遗撒案件。规范案由：×××运输液体、散装货物不作密封、包扎、覆盖，造成泄漏、遗撒案。

行政处罚依据：《城市市容和环境卫生管理条例》第十五条、第三十四条第六项。

2. 行政处罚事项，占道经营影响市容案件。规范案由：×××擅自占用道路、公共广场、人行过街桥、人行地下通道以及其他公共场地摆摊设点案。

行政处罚依据：由于《城市市容和环境卫生管理条例》对本项违法行为没有罚则，所以，实践中各地大多是以相关地方性法规、规章作为行政处罚依据。例如，《江苏省城市市容和环境卫生管理条例》第六十三条第六项"违反本条例规定，有下列行为之一，影响市容的，由设区的市、县（市、区）城市管理主管部门按照以下规定处理：（六）擅自占用道路、公共广场、人行过街桥、人行地下通道以及其他公共场地摆摊设点的，责令停止违法行为；继续违法经营的，可以依法扣押涉案的物品及其装盛器具，处二十元以上二百元以下罚款；擅自占用道路在货运车辆上兜售物品的，处五百元以上五千元以下罚款。依法决定实施扣押的，应当履行法定程序，制作并当场交付扣押决定书和清单。"

同时，地方立法时会将此类案件进一步衍生出店经营等不同情形。例如，《江苏省城市市容和环境卫生管理条例》第二十条、第六十三条第七项。

(三)对城市居住区市容市貌造成不良影响违法行为的行政处罚事项与行政处罚依据

城市居住区是市民群众日常生活工作的场地,违反城市居住区城市容貌标准的,会对城市市容市貌造成极大影响,直接影响到市民群众的居住环境,影响到日常生活品质。

1. 行政处罚事项,临街住户(商户、居民)乱吊挂案件。规范案由:×××在城市人民政府规定的街道的临街建筑物的阳台和窗外,堆放、吊挂有碍市容的物品案。

行政处罚依据:《城市市容和环境卫生管理条例》第十条、第三十四条第三项。

2. 行政处罚事项,单车乱投放案件。规范案由:×××互联网租赁车辆运营企业未按照规定有序投放车辆、实施跟踪管理和日常养护,或者未及时回收故障、破损、废弃车辆,影响市容案。

行政处罚依据:共享单车作为新生事物,《城市市容和环境卫生管理条例》缺少具体明确的规定,但因为共享单车乱投放引起的城市市容秩序管理问题却十分突出,有的地方立法时已作出明确规定,如《江苏省城市市容和环境卫生管理条例》第二十二条第二款、第六十三条第九项。

(四)对广告设施与标识市容市貌造成不良影响违法行为的行政处罚事项与行政处罚依据

广告设施与标识是对外宣传、展示的窗口,违反广告设施与标识城市容貌标准的,会对城市市容市貌造成影响,若设置不规范会造成严重的视觉污染,影响到城市形象。

1. 行政处罚事项,擅自设置大型户外广告牌(塔)案件。规范案由:×××未经城市人民政府市容环境卫生行政主管部门同意,擅自设置大型户外广告,影响市容案。

行政处罚依据:《城市市容和环境卫生管理条例》第十一条第二款、第三十六条第一项、第三十七条。

2. 行政处罚事项,广告破损影响市容案件。规范案由:×××户外广告设施、户外招牌设施出现损毁、污染,未及时修复、更换、清洗或者拆除案。

行政处罚依据:《城市市容和环境卫生管理条例》第十一条第一款、第三十七条。

第四节 城市市容市貌违法行为的法律适用与执行

一、城市市容市貌违法行为的法律适用

(一)关于从轻、减轻、不予行政处罚适用问题

《行政处罚法》第三十条至第三十三条规定了从轻、减轻、不予行政处罚(法定、酌定情形)等,需要行政机关在实施行政处罚过程中加以裁量和判断,如:城市管理执法人

员在进行城市市容市貌巡查检查过程中，发现有人在路灯杆上涂写、刻画，经现场检查（勘验）、询问调查等，当场固定了相关证据材料，经查验其身份证明材料（户口本）后，发现是不满十四周岁的未成年人，收集确认该项证据材料后，即可终止进一步的调查取证程序，依法不予行政处罚、责令监护人加以管教即可。但若发现行政相对人为已满十四周岁不满十八周岁的未成年人，则需要对行政相对人在路灯杆上涂写、刻画违法事实全部的证据材料进行固定后，根据相关法律法规，参照行政处罚裁量标准得出通常情形下的相应结论，再按照《行政处罚法》第三十条规定的"应当从轻或者减轻"得出最终的行政处理结果。

（二）关于不同法律法规规章依据设定的法律责任如何适用问题

1. 对临街住户（商户、居民）乱吊挂、乱堆放、私搭乱建、擅自设置大型户外广告牌（塔）、乱涂乱画、乱张贴、临街工地围挡不规范等违反城市市容市貌的案件，城市管理执法机关既要依照《城市市容和环境卫生管理条例》对照相应的法律责任条款，又要考虑适用于本地区的地方性法规、规章相应的法律责任条款。按照《立法法》第八十二条第一款第二项、《行政处罚法》第十二条第二款、第十四条第一款的规定，《城市市容和环境卫生管理条例》作为规范城市市容和环境卫生管理方面的行政法规，对上述违法行为已经作出行政处罚规定，明确了警告、罚款两种行政处罚，地方性法规、地方政府规章需要作出具体规定的，必须在行政法规规定给予行政处罚的行为、种类和幅度的范围内作出具体规定，只能对《城市市容和环境卫生管理条例》规定的前述行政处罚行为，在警告、罚款两种行政处罚种类和幅度内进行具体细化规定。因为《城市市容和环境卫生管理条例》规定罚款种类时，并未明确罚款幅度的上限、下限，地方性法规、地方政府规章可以设定罚款处罚的幅度、区间、数值。

实践中，城市管理执法机关发现本地区生效实施的地方性法规、规章已对《城市市容和环境卫生管理条例》作出具体细化规定的，直接适用地方性法规、规章即可。

2. 对广告破损影响市容等违反城市市容市貌的案件，城市管理执法机关能从《城市市容和环境卫生管理条例》第十一条发现对应的违法行为条款，但该条例却无法律责任条款，因此，要研究适用于本地区的地方性法规，从中找到相应的法律责任条款进行处罚。地方性法规作出相应的法律责任规定，也符合《城市市容和环境卫生管理条例》加强城市市容和环境卫生管理的立法目的，与《行政处罚法》第十二条第三款"补充设定行政处罚"规定相吻合。

实践中，在本地区生效实施的地方性法规已对《城市市容和环境卫生管理条例》规定的违法行为设定相应具体法律责任的，"补充设定行政处罚"，符合《城市市容和环境卫生管理条例》立法目的，城市管理执法机关宜优先适用地方性法规。

3. 对占道经营影响市容、出店经营影响市容等违反城市市容市貌的案件，城市管理执法机关能从城市市容、城市道路、市场监管等多个领域查找到法律法规规范，存在竞问题。

（1）城市市容市貌管理相关法律规范，多见于各地的地方性法规、规章。《城市市容和环境卫生管理条例》中无直接法律规范，比较接近的是第二十六条第二款从城市环境卫生管理角度规定"各种摊点，由从业者负责清扫保洁"，《城市容貌标准》（GB 50449—2008）规定，"4.0.6 不得擅自占用城市道路用于加工、经营、堆放及搭建等。非机动车辆应有序停放，不得随意占用道路。""9.0.1 公共场所及其周边环境应保持整洁，无违章设摊、无人员露宿。经营摊点应规范经营，无跨门营业，保持整洁卫生，不影响周围环境。"将其明确为城市市容容貌标准规范范畴，各地进行地方性法规立法时，也多对占道经营影响市容、出店经营影响市容进行明确规范，如《重庆市市容环境卫生管理条例》将其作为"道路容貌管理"内容列在"市容管理"章节之中，在第十八条、第十九条、第二十二条、第二十五条、第二十六条等条款中，对占道经营、出店经营进行规范，并根据情形设置了罚款处罚、暂扣占道经营物品、强制拆除等法律责任。实践中，城市管理执法机关适用地方性法规并不违法。

（2）城市道路管理相关法律规范，主要为《城市道路管理条例》。《城市道路管理条例》主要为保障城市道路完好，充分发挥城市道路功能，进而加强城市道路管理。有的地方实践中认为，占道经营、出店经营占用了城市道路空间，影响了城市道路通行功能正常发挥，危害后果与《城市道路管理条例》第二十七条第一项规定的"擅自占用"城市道路情形相当，可以列为第二十七条第七项规定"其他损害、侵占城市道路的行为"范畴，按照《城市道路管理条例》第四十二条规定，"可以处以2万元以下的罚款；造成损失的，应当依法承担赔偿责任"，如梧州发布，2017年7月15日《市区七家商铺违规占道经营被罚款两万元，看看都有哪家》，通报了7起城管执法机关以《城市道路管理条例》为依据罚款处罚2万元的案例。商户或因堆放水果等物品占道经营，或因违规占道（出店）经营行为，城管执法机关认定属于"未征得市容和环境卫生行政主管部门同意，未取得城市道路临时占用许可证的情况下""擅自占用"城市道路情形。占道经营、出店经营主要违反了城市市容市貌标准，影响了城市市容和环境卫生。尽管也不利于发挥城市道路功能，但其对"城市道路完好"并不造成直接影响，因此相对来说我们更倾向于适用《城市市容和环境卫生管理条例》等方面的法律法规；如果当事人占道经营、出店经营时采取的措施对"城市道路完好"造成了直接危害（如：安装地钉之类固定遮阳棚，以便于实施占道经营、出店经营），按照《行政处罚法》第二十九条的规定，认定当事人实施占道经营、出店经营同一个违法行为，按照罚款数额高的规定处罚，此种情形下宜适用《城市道路管理条例》。

4. 对临街工地围挡不规范违反城市市容市貌的案件，具体指临街工地不设置护栏或者不作遮挡、停工场地不及时整理并作必要覆盖或者竣工后不及时清理和平整场地，影响市容和环境卫生的违法行为，这一违法行为类型中部分情形存在法条重合情形。

如临街工地中有部分工地属于挖掘城市道路施工现场，违反城市道路管理秩序的部分情形表现为：经批准挖掘城市道路的施工现场未设置明显、安全的防围设施或竣工后不及时清理现场的。这种情形包含于城市市容市貌秩序情形之中，对此，城市管理执法机关既能从《城市市容和环境卫生管理条例》第十六条、第三十四条第七项发现对应的法律责任条款，又能从《城市道路管理条例》第三十五条、第四十二条发现相应的法律责任条款，根据《立法法》第一百零三条的规定，《城市市容和环境卫生管理条例》《城市道路管理条例》为同一机关国务院制定的行政法规，从立法制定日期、最后修订日期判断，较之于《城市市容和环境卫生管理条例》，《城市道路管理条例》属于新的规定，新的规定《城市道路管理条例》与旧的规定《城市市容和环境卫生管理条例》不一致的，城市管理执法机关应当适用《城市道路管理条例》。

5. 对货运车辆遗撒违反城市市容市貌的案件，具体指运输液体、散装货物不作密封、包扎、覆盖，造成泄漏、遗撒，影响市容的违法行为，《城市市容和环境卫生管理条例》第十五条、第三十四条第六项仅从保护城市市容市貌管理秩序的公共利益角度进行了规定，但该行为也同时违反了《大气污染防治法》第七十条、第一百一十六条，而《大气污染防治法》主要为保护和改善环境，防治大气污染，保障公众健康，推进生态文明建设。两者均保护公共利益，缺乏大小衡量标准，但因为后者立法所保护的公共利益关涉公众健康，与城市市容市貌管理秩序相比较，法益保护具有优先性；加之，法律的效力高于行政法规、地方性法规、规章，《大气污染防治法》效力高于《城市市容和环境卫生管理条例》。所以，依据《大气污染防治法》第一百一十六条规定，对运输煤炭、垃圾、渣土、砂石、土方、灰浆等散装、流体物料的车辆，未采取密闭或者其他措施防止物料遗撒的，由县级以上地方人民政府确定的监督管理部门依法采取罚款、禁止车辆上道路行驶的行政措施。实践中，如城市管理执法机关执法检查过程发现当事人运输垃圾、渣土以外的散装、流体物料，需要其他相关职能部门进行监管处罚时，应当根据《行政处罚法》第二十五条、《住房和城乡建设行政处罚程序规定》第六条的规定，及时将不属于本机关管辖的案件移送至有管辖权的行政机关。

二、违反城市市容市貌各类违法行为行政处罚的执行

根据《城市市容和环境卫生管理条例》的规定，违反城市市容市貌违法行为所导致的法律责任主要为警告、罚款，而各地出台的城市市容和环境卫生管理方面地方性法规、规章，也是在此基础上进行细化规定，主要为警告、罚款。但也有例外，如《江苏省城市市容和环境卫生管理条例》对"擅自占用道路、公共广场、人行过街桥、人行地下通道以及其他公共场地摆摊设点的，责令停止违法行为后，继续违法经营的"，增加规定了可以依法"扣押涉案的物品及其装盛器具"的行政强制措施，可能会对之后执行产生一定影响。

（一）警告的执行

城市管理执法机关一经作出警告类声誉罚，完成行政处罚文书送达后就会即时对当事

人产生法律效力，通过在行政处罚文书中体现对当事人违反城市市容市貌违法行为的描述，指陈其所违反的《城市市容和环境卫生管理条例》等法律法规规章依据，并在决定作出的行政处罚种类中列明"警告"，警示教育的作用即已经能发挥出来，意味着城市管理执法机关已经完成了此类声誉罚的行政处罚执行工作，并不需要实施其他的执行行为。

（二）罚款的执行

罚缴分离是《行政处罚法》执行的基本规定，既是为了避免执法人员寻租，也是为了避免将罚款与单位的预算、人员的收入等挂钩。

1. 当事人自觉履行。自觉履行是指当事人主动、自觉、如期、完全地履行行政处罚决定书上所确定的义务，具体包括：

（1）作为方式履行，是指需要当事人通过积极缴纳罚款等作为方式来履行处罚决定的履行方式。

一是案件符合《行政处罚法》当场收缴罚款情形的，当事人积极缴纳罚款、履行罚款处罚决定，根据《行政处罚法》第七十一条的规定，城市管理执法人员当场收缴的罚款，应当自收缴罚款之日起2日内交至城市管理执法机关；城市管理执法机关应当在2日内将罚款交付指定的银行。此时，罚款处罚完全执行到位。

因为违反城市市容市貌类的案件或情节轻微，或当事人流动性大，城市管理执法机关注意发挥简易程序的执行优势，提高执法效率。根据《行政处罚法》第六十八条、第六十九条的规定，流动摊贩占道经营，经营地点经常变换，不当场收缴罚款，事后很难找到当事人，当事人也可能不主动缴纳罚款，行政处罚决定可能变成一纸空文，难以执行到位。城市管理执法机关应当注意：法律规定表述中，均在当场收缴罚款前使用"可以"一词，即出现上述情形，是否实施当场收缴罚款，城市管理执法机关裁量决定，但基于提高执法效率和便捷当事人考虑，符合条件的，宜优先考虑选择当场收缴罚款方式。

二是如果符合《行政处罚法》当场收缴罚款情形的，但是当事人未当场缴纳，提出之后到指定的银行缴纳罚款或者通过电子支付系统缴纳罚款的；或不符合《行政处罚法》当场收缴罚款情形的，当事人自收到行政处罚决定书、缴款专用票据之日起15日内自觉到指定的银行缴纳罚款或者通过电子支付系统缴纳罚款。城管执法机关收到当事人交回的银行加盖收款印章的缴款凭证，入卷可以证明款处罚已经执行到位。

（2）不作为方式履行，是指由当事人通过停止违法活动来履行行政处罚决定相关内容的一种履行方式，如：城市管理执法机关查处占道经营、乱堆放物料案件，在实施行政处罚过程中作出"责令停止违法行为"类纠正违法行为的行政命令后，当事人应当自觉"停止"，即可以履行城市管理执法机关所作出的决定。注意：此种行政处为并非城市管理执法机关查处城市市容市貌案件作出的最终行政处罚决定，只是实施行政处罚过程中作出的一种过程性行政行为，此类行政命令与案件的执行无关，多与当事人违法行为纠正与否相关，有的地方将其作为结案的条件之一，当事人是否履行到位可能会影响案件结案程序。

2. 强制执行。行政强制执行，是指城市管理执法机关依照城市市容市貌类案件查处程序作出相关行政决定后，作为案件当事人的公民、法人或者其他组织不自觉履行，城市管理执法机关或者城市管理执法机关申请人民法院，依法强制其履行义务的行为。根据《行政处罚法》《行政强制法》的规定，城市市容市貌类案件强制执行方式有以下情形：

（1）加处罚款。即当事人不按照处罚决定书规定的时间缴纳罚款，按延迟时间加处罚款，根据《行政处罚法》第七十二条、《行政强制法》第四十五条的规定，到期不缴纳罚款的，每日按罚款数额的3％加处罚款，加处罚款为间接行政强制执行，属于普遍授权，城市管理执法机关可以依据本条规定直接实施执行罚，但是注意加处罚款的数额不得超出罚款的数额。城市管理执法机关实施加处罚款的标准应当告知当事人，并按照《行政强制法》规定完善相关执法文书。若城市管理执法机关在之前送达的行政处罚决定书中已经明确告知当事人并显示"逾期不缴纳罚款的，本机关将根据《行政处罚法》第七十二条第一款第一项的规定，每日按罚款数额的3％加处罚款"类似内容的，可以不用另行制作加处罚款的法律文书。

（2）将查封、扣押的财物拍卖、依法处理抵缴罚款。根据《行政强制法》第二十七条、第四十六条第三款规定，城市管理执法机关采取查封、扣押措施后，应当及时查清事实，在本法第二十五条规定的期限内（若存在依法延长期限情形，最长不超过60日）作出处理决定。对违法事实清楚，依法应当没收的非法财物予以没收；法律、行政法规规定应当销毁的，依法销毁；应当解除查封、扣押的，作出解除查封、扣押的决定。当事人在法定期限内不申请行政复议或者提起行政诉讼经催告仍不履行的，在实施行政管理过程中城市管理执法机关已经采取查封、扣押措施的，可以将查封、扣押的财物依法拍卖抵缴罚款。如根据《江苏省城市市容和环境卫生管理条例》第六十三条第六项的规定，城市管理执法机关在查处占道经营案件过程中，依法扣押涉案的物品及其装盛器具后，之后依法解除扣押决定通知当事人领取，当事人未领回，当事人在法定期限内不申请行政复议或者提起行政诉讼经催告仍不履行罚款处罚决定的，满足《行政强制法》第四十六条第三款规定情形的，城市管理执法机关可以依法实施该项措施。

但是在执法实践中，因为查封扣押最长期限短于当事人复议、诉讼权利行使期限，条件难以满足，城市管理执法机关需要严格按照《行政强制法》《行政处罚法》规定，不可强行实施。

（3）申请人民法院强制执行。申请人民法院强制执行属于行政非诉执行，《行政强制法》第五章对申请人民法院强制执行作了系统规定。当事人在法定期限内不申请行政复议或者提起行政诉讼，又不履行行政决定的，城市管理执法机关自期限届满之日起三个月内，向人民法院提出强制执行申请。根据《行政处罚法》第七十二条第二款的规定，如果城市管理执法机关依据当事人延期、分期缴纳罚款的申请，作出批准决定的，申请人民法院强制执行的期限（三个月），自暂缓或者分期缴纳罚款期限结束之日起计算。占道经营、乱张贴、共享单车影响市容等城市市容市貌违法案件中，不排除当事人存在"确有经济困难，需要延期或者分期缴纳罚款"的可能性，城市管理执法机关批准延期、分期缴纳的期限长短不同，可能会遇到是否等待当事人起诉期限（六个月）届满，抑或只要暂缓、分期缴纳罚款的期限结束就可以申请人民法院强制执行的问题。暂缓和分期执行的原因是当事人经济困难，从充分保障其救济权的角度来看，应当自暂缓或分期缴纳罚款的期限结束之日起，同时满足不申请行政复议或者提起行政诉讼（六个月）的法定期限，又不履行行政决定的，城市管理执法机关才可以申请人民法院强制执行。

（三）可能存在代履行

如果出现当事人在公共场所私搭乱建、或垃圾遗撒影响道路安全等案件，城市管理执法机关按照《行政处罚法》规定，作出责令当事人改正或者限期改正违法行为，此类文书所作出的要求则是"排除妨碍、恢复原状"性质，若满足《行政强制法》关于代履行、立即代履行的条件时，城管执法机关可以依法实施代履行。

第五章 城市环境卫生执法实务

第一节 城市环境卫生违法行为概念和种类

城市环境卫生泛指城市空间环境的卫生，主要包括城市街巷、道路、公共场所、水域等区域的环境整洁，城市垃圾、粪便等生活废弃物的收集、清除、运输、中转、处理、处置和综合利用，城市环境卫生设施的规划和建设等。广义的城市环境卫生违法行为应当包括各类违反环境卫生法律法规的破坏城市环境卫生的行为。本章主要讨论由城管部门集中行使处罚权的各类城市环境卫生违法行为。

一、城市生活垃圾违法行为

城市生活垃圾是指在城市日常生活中或者为城市日常生活提供服务的活动中产生的固体废物以及法律、行政法规规定视为城市生活垃圾的固体废物，主要包括居民生活垃圾，商业垃圾，集贸市场垃圾，街道垃圾，公共场所垃圾以及机关、学校、厂矿等单位的垃圾（工业废渣及特种垃圾等危险固体废物除外）。随着城市发展和人民生活水平的不断提高，我国城市生活垃圾产生量逐年增加，引起的环境污染问题越来越严重。

城市生活垃圾从产生到投放、清扫、收集、运输以及处置的全过程中，都存在生活垃圾违法行为，具体如下：

（一）随意倾倒、抛撒、堆放或者焚烧生活垃圾；
（二）未经批准从事城市生活垃圾经营性清扫、收集、运输、处置活动；
（三）在运输过程中沿途丢弃、遗撒生活垃圾；
（四）从事城市生活垃圾经营性企业未履行相关义务的；
（五）从事城市生活垃圾经营性清扫、收集、运输、处置的企业，未经批准擅自停业、歇业的；
（六）未按照城市生活垃圾治理规划和环境卫生设施标准配套建设城市生活垃圾收集设施的；
（七）擅自关闭、闲置或者拆除城市生活垃圾处置设施、场所；
（八）单位和个人未按规定缴纳城镇垃圾处理费。

实践中对城市生活垃圾违法行为查处的难点在于投放环节的监管难，尤其是对个人的监管难，证据固化难等。

二、城市环境卫生常见违法行为

目前，城市环境卫生常见违法行为主要有：
（一）市容环卫责任人不履行市容环卫责任的；
（二）随地吐痰、便溺，乱扔果皮、纸屑和烟头等废弃物的；
（三）乱倒垃圾、粪便的；
（四）在公厕内乱丢垃圾、污物，随地吐痰，乱涂乱画的；
（五）破坏公厕设施、设备的；
（六）未经批准擅自占用或者改变公厕使用性质的。
城市环境卫生常见违法行为是环境卫生执法过程中的难点，应当坚持教育与处罚相结合的原则。

三、建筑施工工地环境卫生违法行为

建筑施工工地环境卫生具体违法行为主要有：
（一）施工单位未及时清运工程施工中产生的建筑垃圾的；
（二）工程施工单位不按照环境卫生行政主管部门的规定对施工过程中产生的固体废物进行利用或者处置的；
（三）施工单位将工地建筑垃圾交给个人或者未经核准从事建筑垃圾运输的单位处置的。

四、城市建筑垃圾违法行为

城市建筑垃圾是人们在从事拆迁、建设、装修、修缮等建筑业的生产活动中产生的渣土、废旧混凝土、废旧砖石及其他废弃物以及建筑废料的统称。按产生源分类，建筑垃圾可分为工程渣土、装修垃圾、拆迁垃圾、工程泥浆等；按组成成分分类，建筑垃圾可分为渣土、混凝土块、碎石块、砖瓦碎块、废砂浆、泥浆、沥青块、废塑料、废金属、废竹木等。建筑垃圾的随意堆放对水资源、空气以及土壤都造成了巨大污染，所以，规范建筑垃圾产生单位、运输单位、处置单位行为，查处建筑垃圾违法行为，对于打造良好的城市环境卫生十分重要。

城市建筑垃圾具体违法行为主要有：
（一）随意倾倒、抛撒或者堆放建筑垃圾的；
（二）擅自设立弃置场受纳建筑垃圾的；

（三）运输工程渣土、砂石、泥浆及流体废弃物的车辆，沿途泄漏、抛撒污染道路的；

（四）处置建筑垃圾的单位在运输建筑垃圾过程中沿途丢弃、遗撒建筑垃圾的；

（五）未经许可处置建筑垃圾的；

（六）处置超出核准范围的建筑垃圾的；

（七）施工单位将建筑垃圾交给个人或者未经核准从事建筑垃圾运输的单位处置的；

（八）工程施工单位不按照环境卫生行政主管部门的规定对施工过程中产生的固体废物进行利用或者处置的；

（九）未及时清运施工过程中产生的建筑垃圾的；

（十）将建筑垃圾混入生活垃圾、将危险废物混入建筑垃圾的；

（十一）涂改、倒卖、出租、出借或者以其他形式非法转让城市建筑垃圾处置核准文件的；

（十二）建筑垃圾储运消纳场受纳工业垃圾、生活垃圾或有毒有害垃圾的。

在建筑垃圾的违法行为的查处中，会有很多相关违法行为相继出现，在执法中需注意对所有违法行为进行依法查处。例如，在对建筑垃圾运输环节的查处时，如发现该运输单位或者个人是未经许可处置建筑垃圾的，那么还需要追踪施工单位，因为施工单位可能存在将建筑垃圾交给个人或者未经核准从事建筑垃圾运输单位处置的违法行为，此外，建筑垃圾受纳场是否属于擅自设立的情况等都需要一并进行调查，如存在违法行为，要立案查处。

第二节 环境卫生违法行为查处程序及注意的问题

对于城市环境卫生违法行为的查处，作出的处理决定主要包括警告、罚款、责令限期改正等种类。根据《行政处罚法》，罚款、没收属于行政处罚，必须依据《行政处罚法》规定的立案、调查、事先告知、处理决定等法定程序进行查处。作出责令限期改正决定的，依据国务院法制办的相关答复，不属于行政处罚。但是，根据程序正当原则，作出责令限期改正决定仍然需要参照行政处罚的规定履行必要的查处程序，保障当事人的各项权利。

一、简易程序

根据《行政处罚法》《住房和城乡建设行政处罚程序规定》，依照简易程序查处城市环境卫生违法行为案件必备要素、步骤及制作要求如下：

（一）违法事实确凿，经过现场检查，简易询问等能够确定违法主体、锁定违法事实。

（二）有法定依据，法律法规明确规定，对公民处以二百元以下、对法人或者其他组织处以三千元以下罚款或者警告的行政处罚的城市环境卫生违法行为。

（三）满足以上两点要求的，当场作出行政处罚决定的，执法人员应当向当事人出示执法证件，填写预定格式、编有号码的行政处罚决定书，并当场交付当事人。当事人拒绝签收的，应当在行政处罚决定书上注明。当事人提出陈述、申辩的，执法人员应当听取当事人的意见，并复核事实、理由和证据。

（四）当场作出的行政处罚决定书应当载明当事人的违法行为，行政处罚的种类和依据、罚款数额、时间、地点，申请行政复议、提起行政诉讼的途径和期限以及执法机关名称，并由执法人员签名或者盖章。执法人员当场作出的行政处罚决定，应当在三日内报所属执法机关备案。

值得注意的是简易程序当场做出处罚决定的，并不意味着都可以当场收缴罚款，只有符合《行政处罚法》第六十八条规定情形的才能当场收缴罚款，其他情形均应该按照当场处罚书上约定的缴款方式按时间缴纳罚款，逾期不缴纳罚款的可加处罚款。另外，虽然简易程序的案件违法行为确凿，案件相对简单，但是依然需要在查处过程中做好取证，例如：现场照片、现场笔录、当事人身份证明等。

二、普通程序

根据《行政处罚法》《住房和城乡建设行政处罚程序规定》，依照普通程序查处城市环境卫生违法行为主要有以下几个步骤：

（一）线索登记核查

根据《住房和城乡建设行政处罚程序规定》，执法机关对依据监督检查职权或者通过投诉、举报等途径发现的违法行为线索，应当在十五日内予以核查，情况复杂确实无法按期完成的，经本机关负责人批准，可以延长十日。经核查，符合下列条件的，应当予以立案：（一）有初步证据证明存在违法行为；（二）违法行为属于本机关管辖；（三）违法行为未超过行政处罚时效。相应地，不符合立案条件的，在核查后可以不予立案。由于城市生活垃圾违法行为存在现场容易破坏，当事人事后难找等取证难的特点，在线索核查登记时，最好做好现场取证的工作，依据《住房和城乡建设行政处罚程序规定》，立案前核查或者监督检查过程中依法取得的证据材料，可以作为案件的证据使用。

一般的行政处罚案件追诉时效为二年，涉及公民生命健康安全、金融安全且有危害后果的，上述期限延长至五年。但是，违法行为有连续或者继续状态的，从行为终了之日起计算。一般来说，城市环境卫生违法行为是一种及时发现、及时查处的情形，一般不存在时效延长的情况。

（二）立案

符合立案条件的，执法人员应当填写立案审批表，附上相关材料，报机关负责人批准。立案前核查或者监督检查过程中依法取得的证据材料，可以作为案件的证据使用。但是，先调查再立案必须有一定的理由，不得故意延迟立案的时间。

（三）调查

立案后执法人员应当及时依法开展调查取证工作。通常的调查方法有：听取当事人陈述、询问证人，调取当事人身份证明、各类许可证明等书证，进行检测、检验、鉴定等。

在证据可能灭失或者以后难以取得的情况下，经本机关负责人批准，可以对证据先行登记保存。对于先行登记保存的证据，应当在七日内作出处理决定。

（四）告知

经过详细的调查取证，能够确定案件事实，需要对当事人下达行政处罚决定或者责令限期改正决定的，应当填写告知审批表，附上相关材料和告知书草稿，报机关负责人审批。经过审批后向当事人下达事先告知书，告知当事人拟作出的决定内容及事实、理由、依据以及当事人依法享有的陈述权、申辩权。

值得注意的是对当事人处较大数额罚款、没收较大数额违法所得、没收较大价值非法财物等行政处罚，还应当告知当事人享有申请听证的权利。此外，对于重大复杂疑难的案件，还应当履行重大执法决定法制审核、领导干部集体讨论等程序。

（五）下达处理决定

送达告知书之后，当事人五日内未进行陈述、申辩，申请听证或者是听取了陈述、申辩，组织了听证之后经复核不需要变更原处理决定的，可以正式下达行政处罚决定书。关于办案的时限问题，《行政处罚法》第六十条规定："行政机关应当自行政处罚案件立案之日起九十日内作出行政处罚决定。法律、法规、规章另有规定的，从其规定。"

另外，《住房和城乡建设行政处罚程序规定》第二十九条规定："执法机关应当自立案之日起九十日内作出行政处罚决定。因案情复杂或者其他原因，不能在规定期限内作出行政处罚决定的，经本机关负责人批准，可以延长三十日。案情特别复杂或者有其他特殊情况，经延期仍不能作出行政处罚决定的，应当由本机关负责人集体讨论决定是否再次延期，决定再次延期的，再次延长的期限不得超过六十日。

案件处理过程中，听证、检测、检验、鉴定等时间不计入前款规定的期限。"

（六）执行

对城市环境卫生案件作出罚款处理决定的，处罚金额满足当场收缴情形的简易程序，可当场收缴。行政处罚决定依法作出后，当事人应当在行政处罚决定书载明的期限内，予以履行。当事人确有经济困难，需要延期或者分期缴纳罚款的，经当事人申请和行政机关批准，可以暂缓或者分期缴纳。

未按照处罚决定书约定的时间缴款的，可按要求加处罚款或者按照《行政处罚法》第五章的规定申请人民法院强制执行。

第三节 城市环境卫生违法行为取证重点、事实认定与行政处罚

一、城市生活垃圾违法行为取证重点、事实认定与行政处罚

城市生活垃圾违法行为案件主要来源是日常巡查发现或者接到群众举报。

（一）取证重点

1. 执法人员到现场进行检查，对违法现象进行现场勘验、检查、测量、拍照，留取相关证据材料。现场照片用以证明案发现场地点、现场违法情形和取证情况等；照片需要反映出现场具体情况（生活垃圾的种类、运输车辆的现场状态等）。

2. 制作现场检查（勘验）笔录。执法人员进行勘验检查取证的，应当通知当事人到场，当事人拒不到场的，可以请在场的无利害关系的第三方作为见证人。现场检查笔录是行政执法人员将现场检查勘验情况和结果如实记录而制作的笔录，内容包括：执法人员表明执法身份，告知执法相关权利和义务；记录检查时间、地点，当事人的基本情况。

3. 要求个人提供身份证复印件，单位提供营业执照、法定代表人授权委托书及委托人、委托代理人的身份证复印件各一份，涉及运输车辆的，还应该提供车辆的行驶证、生活垃圾运输证明等证明违法主体身份，获取当事人基本信息。

4. 制发责令改正通知书，并核查当事人是否在规定期限内改正违法行为。

5. 制作调查询问笔录。对个人或者单位委托代理人或者法定代表人进行进一步调查询问，主要内容包括：执法人员表明执法身份，告知执法相关权利和义务；被询问人的身份，违法行为是否为当事人实施，实施违法行为的时间、地点、手段、后果、动机等；执法人员责令当事人改正后，当事人是否及时纠正，是否采取补救措施；以及有无法定从重、从轻、减轻或者不予处罚的情形或者与案件有关的其他事实。要求被询问人写明"以上笔录记录属实"并签名确认，将违法行为人违法证据进一步固定。

6. 所有复印件需当事人注明"与原件核对无误"，并加盖单位公章或者由单位法定代表人、委托代理人签字确认。

（二）违法事实认定

1. 违法行为：城市生活垃圾违法行为。

2. 认定违法事实的证据：（1）现场照片、现场笔录、询问笔录证明违法行为发生的

现场情况；（2）复查记录证明当事人是否在限期内完成整改或是否立即停止了违法行为，这是后面作出处罚决定自由裁量的重要依据；（3）个人提供身份证复印件，单位提供其营业执照、法定代表人授权委托书及委托人、委托代理人的身份证复印件各一份，车辆的行驶证、生活垃圾运输证明等，证明违法主体身份。

（三）行政处罚事项和处罚依据

1. 随意倾倒、抛撒、堆放或者焚烧生活垃圾的。

处罚依据：《城市生活垃圾管理办法》（2015年修订版）第十六条、第四十二条；《中华人民共和国固体废物污染环境防治法》（以下简称《固体废物污染环境防治法》）第四十九条第二款、第一百一十一条。

2. 未经批准从事城市生活垃圾经营性清扫、收集、运输、处置活动的。

处罚依据：《城市生活垃圾管理办法》（2015年修订版）第十七条、第二十五条、第四十三条。

3. 在运输过程中沿途丢弃、遗撒生活垃圾的。

处罚依据：《城市生活垃圾管理办法》（2015年修订版）第二十一条、第四十四条。

4. 从事城市生活垃圾经营性企业未履行相关义务的。

处罚依据：《城市生活垃圾管理办法》（2015年修订版）第二十条、第四十五条。

5. 从事城市生活垃圾经营性清扫、收集、运输、处置的企业，未经批准擅自停业、歇业的。

处罚依据：《城市生活垃圾管理办法》（2015年修订版）第十三条、第四十一条；《固体废物污染环境防治法》第五十五条第三款、第一百一十一条。

6. 未按照城市生活垃圾治理规划和环境卫生设施标准配套建设城市生活垃圾收集设施的。

处罚依据：《城市生活垃圾管理办法》（2015年修订版）第十条、第三十九条。

7. 单位和个人未按规定缴纳城镇垃圾处理费。

处罚依据：《城市生活垃圾管理办法》（2015年修订版）第四条、第三十八条。

（四）法律适用

在查处城市各类生活垃圾违法行为实践中，对于同时违反《城市生活垃圾管理办法》和《固体废物污染环境防治法》的，应该选择适用处罚金额更高的《固体废物污染环境防治法》。另外，根据《行政处罚法》第二十九条规定："对当事人的同一个违法行为，不得给予两次以上罚款的行政处罚。同一个违法行为违反多个法律规范应当给予罚款处罚的，按照罚款数额高的规定处罚。"

二、城市环境卫生常见违法行为的取证重点、事实认定与行政处罚

城市环境卫生常见违法行为案件的主要来源是日常巡查发现或者接到群众举报。

(一) 取证重点

1. 执法人员到现场进行检查，对违法现象进行现场勘验、检查、测量、拍照，留取相关证据材料。现场照片用以证明案发现场地点、现场违法情形和取证情况等；照片需要反映出现场具体情况。

2. 制作现场检查（勘验）笔录。执法人员进行勘验检查取证的，应当通知当事人到场，当事人拒不到场的，可以请在场的无利害关系的第三方作为见证人。现场检查笔录是行政执法人员将现场检查勘验情况和结果如实记录而制作的笔录，内容包括：执法人员表明执法身份，告知执法相关权利和义务；记录检查时间、地点，当事人的基本情况。

3. 要求个人提供身份证复印件，单位提供营业执照、法定代表人授权委托书及委托人、委托代理人的身份证复印件各一份，获取当事人基本信息。

4. 制发责令改正通知书，并核查当事人是否在规定期限内改正违法行为。

5. 制作调查询问笔录。对个人或者单位委托代理人或者法定代表人进行进一步调查询问，主要内容包括：执法人员表明执法身份，告知执法相关权利和义务；被询问人的身份，违法行为是否为当事人实施，实施违法行为的时间、地点、手段、后果、动机等；执法人员责令当事人改正后，当事人是否及时纠正，是否采取补救措施；以及有无法定从重、从轻、减轻或者不予处罚的情形或者与案件有关的其他事实。要求被询问人写明"以上笔录记录属实"并签名确认，将违法行为人违法证据进一步固定。

6. 所有复印件需当事人注明"与原件核对无误"，并加盖单位公章或者由单位法定代表人、委托代理人签字确认。

(二) 违法事实认定

1. 城市环境卫生常见违法行为。

2. 认定违法事实的证据：（1）现场照片、现场笔录、询问笔录证明违法行为发生的现场情况；（2）复查记录证明当事人是否在限期内完成整改或是否立即停止了违法行为，这是后面做出处罚决定自由裁量的重要依据；（3）个人提供身份证复印件，单位提供其营业执照、法定代表人授权委托书及委托人、委托代理人的身份证复印件各一份，证明违法主体身份。

(三) 行政处罚事项和处罚依据

1. 市容环卫责任人不履行市容环卫责任的。

处罚依据：《城市市容和环境卫生管理条例》第二十三条、第二十四条、第二十五条、第二十六条、第二十七条、第三十四条。

2. 随地吐痰、便溺，乱扔果皮、纸屑和烟头等废弃物的。

处罚依据：《城市市容和环境卫生管理条例》第三十二条、第三十四条第一项。

3. 乱倒垃圾、粪便的。

处罚依据：《城市市容和环境卫生管理条例》第二十八条、第三十四条第四项。

4. 在公厕内乱丢垃圾、污物，随地吐痰，乱涂乱画的。

处罚依据：《城市公厕管理办法》第四条、第二十四条第一项。

5. 破坏公厕设施、设备的。

处罚依据：《城市公厕管理办法》第二十四条第二项。

6. 未经批准擅自占用或者改变公厕使用性质的。

处罚依据：《城市公厕管理办法》第二十四条第三项。

（四）法律适用

由于《城市市容和环境卫生管理条例》以及《城市公厕管理办法》对环境卫生常见各项违法行为的处罚内容规定得不够详细、具体，适用起来比较困难。因此，城管执法实践中各地城管执法部门大多选择适用市容环境卫生方面的地方性法规查处这类案件，以达到惩戒效果。

三、建筑工地环境卫生与城市建筑垃圾违法行为取证重点、事实认定与行政处罚

建筑工地环境卫生与城市建筑垃圾违法行为案件主要来源是日常巡查发现或者接到群众举报。

（一）取证重点

1. 执法人员到现场进行检查，对违法现象进行现场勘验、检查、测量、拍照，留取相关证据材料。现场照片用以证明案发现场地点和现场违法情形和取证情况等；照片需要反映出现场具体情况。

2. 制作现场检查（勘验）笔录。执法人员进行勘验检查取证的，应当通知当事人到场，当事人拒不到场的，可以请在场的无利害关系的第三方作为见证人。现场检查笔录是行政执法人员将现场检查勘验情况和结果如实记录而制作的笔录，内容包括：执法人员表明执法身份，告知执法相关权利和义务；记录检查时间、地点，当事人的基本情况。

3. 要求个人提供身份证复印件，单位提供其营业执照、法定代表人授权委托书及委托人、委托代理人的身份证复印件各一份，获取当事人基本信息。涉及到运输车辆运输单

位的,还需要收集车辆行驶证、建筑垃圾处置许可证明等。

4. 制发责令改正通知书,并核查当事人是否在规定期限内改正违法行为。

5. 制作调查询问笔录。对个人或者单位委托代理人或者法定代表人进行进一步调查询问,主要内容包括:执法人员表明执法身份,告知执法相关权利和义务;被询问人的身份,违法行为是否为当事人实施,实施违法行为的时间、地点、手段、后果、动机等;执法人员责令当事人改正后,当事人是否及时纠正,是否采取补救措施,以及有无法定从重、从轻、减轻或者不予处罚的情形或者与案件有关的其他事实。要求被询问人写明"以上笔录记录属实"并签名确认,将违法行为人违法证据进一步固定。

6. 所有复印件需当事人注明"与原件核对无误",并加盖单位公章或者由单位法定代表人、委托代理人签字确认。

(二) 违法事实认定

1. 违法行为:建筑工地环境卫生与城市建筑垃圾违法行为。

2. 认定违法事实的证据:(1)现场照片、现场笔录、询问笔录证明违法行为发生的现场情况;(2)复查记录证明当事人是否在限期内完成整改或是否立即停止了违法行为,这是后面作出处罚决定自由裁量的重要依据;(3)个人提供身份证复印件,单位提供其营业执照、法定代表人授权委托书及委托人、委托代理人的身份证复印件各一份,证明违法主体身份。

(三) 行政处罚事项和处罚依据

1. 施工单位未及时清运工程施工中产生的建筑垃圾的。

处罚依据:《固体废物污染环境防治法》第四十六条、第七十四条第一款第三项、第二款、《城市建筑垃圾管理规定》第十二条、第二十二条第一款。

2. 工程施工单位不按照环境卫生行政主管部门的规定对施工过程中产生的固体废物进行利用或者处置的。

处罚依据:《固体废物污染环境防治法》第四十六条、第七十四条第一款第四项、第二款。

3. 施工单位将建筑垃圾交给个人或者未经核准从事建筑垃圾运输的单位处置的。

处罚依据:《城市建筑垃圾管理规定》第十三条、第二十二条第二款。

4. 随意倾倒、抛撒或者堆放建筑垃圾的。

处罚依据:《城市建筑垃圾管理规定》第十五条、第二十六条。

5. 处置建筑垃圾的单位在运输建筑垃圾过程中沿途丢弃、遗撒建筑垃圾的。

处罚依据:《城市建筑垃圾管理规定》第十四条、第二十三条。

6. 未经许可处置建筑垃圾的。

处罚依据:《城市建筑垃圾管理规定》第七条、第二十五条。

7. 处置超出核准范围的建筑垃圾的。

处罚依据:《城市建筑垃圾管理规定》第七条、第二十五条。

8. 将建筑垃圾混入生活垃圾、将危险废物混入建筑垃圾的。

处罚依据:《城市建筑垃圾管理规定》第九条、第二十条。

9. 涂改、倒卖、出租、出借或者以其他形式非法转让城市建筑垃圾处置核准文件的。

处罚依据:《城市建筑垃圾管理规定》第八条、第二十四条。

10. 建筑垃圾储运消纳场受纳工业垃圾、生活垃圾或有毒有害垃圾的。

处罚依据:《城市建筑垃圾管理规定》第十条、第二十一条。

第六章 城市园林绿化执法实务

第一节 城市园林绿化违法行为概念、种类

城市园林绿化是指充分利用城市自然条件、地貌特点和基础种植，将城市按国家标准规划设计的各级、各类园林绿地用具有地方特色和特性的园林植物最大限度地覆盖起来，并以一定的科学规律加以组织和联系，使其构成有机的系统。广义的城市绿化是要通过种植和养护树木花草等活动，使城市绿地系统同城市以外的自然环境和大片林地相沟通，形成健全的城市生态，并使其具有自身的风貌特点。

城市园林绿化管理的范围是在城市规划区内。规划区是指城市、镇和村庄的建成区以及因城乡建设和发展需要，必须实行规划控制的区域。规划区的具体范围由有关人民政府在组织编制的城市总体规划、镇总体规划、乡规划和村庄规划中，根据城乡经济社会发展水平和统筹城乡发展的需要划定。

城市园林绿化管理工作包括规划、建设、保护和管理四个重要环节。城市园林绿化规划包括两个方面的内容：一是城市园林绿化的实体规划，即列入城市总体规划的绿地系统总体布局和发展目标，以及各类、各级城市绿地的发展标准和规划等；二是城市园林绿化的工作规划，即实现实体规划目标的组织、资金、物质条件、技术准备、保障措施、实施步骤等规划。城市园林绿化建设同其他工程项目建设一样，也有立项、设计、审批、施工、验收、交付使用等程序，不同的是园林绿化工程项目还有绿化种植成活、生长达到设计要求，需要一个更长的过程，其中的问题更复杂一些。城市园林绿化的保护，包括对城市生态环境、自然地貌、植被、物种的保护，其中最为直接的是对城市绿地和绿化成果的保护。城市园林绿化管理是指城市园林绿化行政主管部门依法对城市园林绿化活动的全过程和各个方面所实施的管理，以及园林绿地管理单位对园林绿化种植的日常维护管理。

城市园林绿化违法行为，是指单位、个人违反城市园林绿化方面法律法规规章的规定的行为。

城市园林绿化违法行为种类主要有：（一）城市绿化工程建设违法行为；（二）城市绿化保护违法行为；（三）城市公园违法行为。

城市园林绿化具体违法行为主要包括以下几种：（1）未经批准或者未按照批准的绿化工程设计方案施工的行为；（2）损害城市树木花草的行为；（3）擅自砍伐城市树木的行为；（4）砍伐、擅自迁移古树名木或者养护不善致使古树名木受到损伤死亡的行为；（5）损害城

市绿化设施的行为；（6）未经同意擅自占用城市绿化用地的行为；（7）商业、服务摊点不服从公共绿地管理单位管理的行为；（8）在城市绿地范围内进行拦河截溪、取土采石、设置垃圾堆场、排放污水以及其他对城市生态环境造成破坏活动的行为；（9）在已经划定的城市绿线范围内违反规定审批建设项目的行为。

第二节　城市园林绿化违法行为查处程序及注意的问题

对于城市园林绿化违法行为案件的查处，作出的处理决定有警告、罚款和责令停止侵害、责令限期退还、恢复原状等不同形式。根据《行政处罚法》的规定，实施警告、罚款等，应当依法履行立案、调查、告知、决定等程序进行查处。而对责令停止侵害、责令限期退还、恢复原状等决定，一般认为不属于行政处罚。但是，根据程序正当原则，作出责令停止侵害、责令限期退还、恢复原状等决定，需要履行告知、送达等必要的程序，以保障当事人的知情权、陈述申辩等权利。

当场查处城市园林绿化违法行为的，适用简易程序，参见本书第一章，此处不再赘述。

查处城市园林绿化违法行为的法律程序，除了少数情形适用简易程序之外，多数适用普通程序，主要有以下几个步骤。

一、案件线索登记核查

根据《住房和城乡建设行政处罚程序规定》，执法机关对依据监督检查职权或者通过投诉、举报等途径发现的违法行为线索，应当在十五日内予以核查，情况复杂确实无法按期完成的，经本机关负责人批准，可以延长十日。经核查，符合下列条件的，应当予以立案：（一）有初步证据证明存在违法行为；（二）违法行为属于本机关管辖；（三）违法行为未超过行政处罚时效。反之，不符合立案条件的，核查后不予立案。

值得注意的是，一般的行政处罚案件追诉时效为二年。但是，违法行为有连续或者继续状态的，从行为终了之日起计算。比如，擅自占用城市绿化用地的，公共绿地的商业、服务摊点不服从管理单位管理的等城市园林绿化违法行为，在违法行为纠正之前，呈继续状态，行政处罚时效应当自行为终了之日起计算，即执法机关查处这些城市园林绿化违法行为没有超过追诉时效。

二、立案

符合立案条件的，执法人员应当填写立案审批表，附上相关材料，报机关负责人批准。立案前核查或者监督检查过程中依法取得的证据材料，可以作为案件的证据使用。符合立案标准不及时立案的将承担法律责任。

三、调查

立案后,执法人员应当及时依法开展调查取证工作。常用的调查方法有:询问当事人、证人,制作笔录;查阅当事人有无相关许可证件,进行现场检查、勘验,实施证据先行登记保存,进行检测、检验、鉴定等。在证据可能灭失或者以后难以取得的情况下,经本机关负责人批准,可以对证据先行登记保存。对于先行登记保存的证据,应当在七日内作出处理决定。造成损失的,应当委托权威部门或者聘请第三方机构确定具体损失数额。调查终结,执法人员应当制作书面的案件调查终结报告。

四、告知

经过全面客观的调查取证,在获取的证据足以证明当事人的违法行为应当受到行政处罚的情况下,执法人员应当制作行政处罚告知审批表,附上拟作出的行政处罚事先告知书草稿和相关材料,报机关负责人审批。经过审批后,执法人员向当事人依法送达行政处罚事先告知书,告知当事人拟作出的行政处罚内容及事实、理由、依据,并告知当事人依法享有的陈述、申辩权利。当事人陈述、申辩的时间为五个工作日。对当事人拟作出较大数额罚款、没收较大数额违法所得、没收较大价值非法财物行政处罚决定的,还应当告知当事人享有要求听证的权利。

对情节复杂或者重大城市园林绿化违法行为给予行政处罚,执法机关负责人应当集体讨论决定。有《行政处罚法》第五十八条第一款规定情形之一的,应当进行法制审核;未经法制审核或者审核未通过的,不得作出行政处罚决定。

对城市园林绿化违法行为,如果不作出行政处罚决定,而是责令当事人停止侵害、限期退还、恢复原状的,一般不必履行完整的行政处罚程序,不需要告知听证权。但是至少要有告知、送达的环节。

有的案件,执法机关在处罚当事人(如施工方)的同时,可以对有关联责任的建设方开出行政建议书,发工作函给业务主管部门,提醒其加强监管。

五、决定

陈述、申辩的期限或者申请听证的期限届满,如果当事人放弃陈述、申辩或者申请听证的,执法机关根据不同情况,分别作出如下决定:(一)确有应受行政处罚的违法行为的,根据情节轻重及具体情况,作出行政处罚决定;(二)违法行为轻微,依法可以不予行政处罚的,不予行政处罚;(三)违法事实不能成立的,不予行政处罚;(四)违法行为涉嫌犯罪的，移送司法机关。

如果当事人进行陈述和申辩的，执法机关必须充分听取当事人的意见，应当对当事人提出的事实、理由和证据进行复核；当事人提出的事实、理由或者证据成立的，执法机关应当采纳。

拟作出责令当事人停止侵害、限期退还、恢复原状等决定的，参照上述规定。但是，一般不经过听证程序。

经过听证程序的，执法机关应当根据听证笔录，分别作出决定。

根据《行政处罚法》和《住房和城乡建设行政处罚程序规定》的规定，执法机关应当自立案之日起九十日内作出行政处罚决定。因案情复杂或者其他原因，不能在规定期限内作出行政处罚决定的，经本机关负责人批准，可以延长三十日。案情特别复杂或者有其他特殊情况，经延期仍不能作出行政处罚决定的，应当由本机关负责人集体讨论决定是否再次延期，决定再次延期的，再次延长的期限不得超过六十日。案件处理过程中，听证、检测、检验、鉴定等时间不计入前款规定的期限。执法机关查处城市园林绿化违法行为案件，照此办理。

六、执行

行政处罚决定或者责令当事人停止侵害、限期退还、恢复原状等决定依法作出后，当事人应当在规定期限内履行。当事人不履行的，执法机关可以申请人民法院强制执行。

第三节　园林绿化各类违法行为取证重点、事实认定与行政处罚

一、城市绿化工程建设违法行为的取证重点、事实认定与行政处罚

城市绿化建设是城市基础设施建设的重要组成部分，是改善城市人居生态环境，促进经济社会持续健康发展的重要组成部分。《城市绿化条例》第十一条规定，工程建设项目的附属绿化工程设计方案，按照基本建设程序审批时，必须有城市人民政府城市绿化行政主管部门参加审查。建设单位必须按照批准的设计方案进行施工。设计方案确需改变时，须经原批准机关审批。在日常执法检查中，城市绿化工程的建设单位未按照批准的设计方案施工的违法行为较为常见，其实质是占用规划绿地。案件来源主要是日常巡查发现或者接到群众举报。

（一）取证重点

1. 调取与该建设项目绿化工程有关的用地、规划、绿化工程设计方案等审批手续，以及相关施工合同等，用以确定批准的绿地面积，工程项目的建设单位、施工单位及开工时间。

2. 执法人员到该建设项目绿化工程现场进行检查，对违法现象进行现场勘验、检查、测量、绘图、拍照，留取相关证据材料。现场照片用以证明案发现场地点、现场违法情形和取证情况等；复制或收集该项目绿化工程设计方案的图纸及相关文件资料等。

3. 制作现场检查（勘验）笔录。执法人员进行勘验检查取证的，应当通知当事人到场，当事人拒不到场的，可以请在场的无利害关系的第三方作为见证人。现场检查笔录是行政执法人员将现场检查勘验情况和结果如实记录而制作的笔录，内容包括：执法人员表明执法身份，告知执法相关权利和义务；记录检查时间、地点，当事人的基本情况；批准的绿地面积、绿化植物等内容，实测建成的实际绿地面积、绿地所在位置，可以画示意图表明实际建成绿地的大小、形状、位置等；执法人员依法开展检查的主要过程；有无与案件有关的其他事实。执法人员做好记录，由现场被检查人员或者见证人签字确认。

4. 要求该建设单位提供营业执照、法定代表人授权委托书及委托人、委托代理人的身份证复印件各一份，证明违法主体身份，获取当事人基本信息。

5. 制发责令改正通知书，并核查当事人是否在规定期限内改正违法行为。

6. 制作调查询问笔录。对建设单位法定代表人或其委托代理人进行进一步调查询问，主要内容包括：执法人员表明执法身份，告知执法相关权利和义务，被询问人的身份，违法行为是否为当事人实施，实施违法行为的时间、地点、手段、后果、动机等；要问明城市绿化工程建设单位、施工单位名称，绿化工程建设起始时间；按照批准的绿地率要求应该建设绿地面积是多少，实际建成的绿地面积是多少，违反已批准的绿化规划缩小了多少绿地面积，绿化种类等；执法人员责令改正后，当事人是否及时纠正，是否采取补救措施，以及有无法定从重、从轻、减轻或者不予处罚的情形或者与案件有关的其他事实。要求被询问人写明"经核对无误，情况属实"并签名确认，将违法行为人违法证据进一步固定。

7. 所有复印件需当事人注明"与原件核对无误"，并加盖单位公章或者由单位法定代表人、委托代理人签字确认。

（二）违法事实认定

1. 违法行为：工程建设项目的附属绿化工程设计方案未按照批准的设计方案施工的。

2. 认定违法事实的证据：（1）该工程建设项目附属绿化工程设计方案的审批文件，用以确定规划批准的绿地面积、绿化内容工程项目的建设单位；（2）证明建成的实际绿地面积、绿地所在位置、绿化植物种类等的照片、现场检查（勘验）笔录、调查笔录等，用以确定与已批准的绿化工程设计方案相比，存在缩小绿地面积或者变更绿化植物种类的违法事实；（3）是否采取相应的补救措施，是否及时纠正。

（三）行政处罚事项和执法依据

1. 处罚事项。工程建设项目的附属绿化工程设计方案未按照批准的设计方案施工的。

2. 执法依据。《城市绿化条例》第十一条、第二十五条。

《城市绿化条例》第十一条第二款、第三款规定："工程建设项目的附属绿化工程设计方案，按照基本建设程序审批时，必须有城市人民政府城市绿化行政主管部门参加审查。建设单位必须按照批准的设计方案进行施工。设计方案确需改变时，须经原批准机关审批。"第二十五条规定："工程建设项目的附属绿化工程设计方案，未经批准或者未按照批准的设计方案施工的，由城市人民政府城市绿化行政主管部门责令停止施工、限期改正或者采取其他补救措施。"

3. 处罚原则。按照行政合法性与合理性原则，应当依据《城市绿化条例》第十一条、第二十五条和《行政处罚法》第三十二条的规定，结合地方性法规、规章，并根据当事人违法行为的性质、情形、后果以及行为主体的主观状态等因素依法对罚款金额作出裁量，决定行政处罚。处罚裁量需要考虑以下因素：对违反已批准的绿化工程设计方案，减少绿地面积的数量，绿化植物变更情形，是否实施了减轻危害后果的补救措施；是否及时纠正等情形。

二、城市绿化违法行为的取证重点、事实认定与行政处罚

国家明确规定了城市绿化保护制度，《城市绿化条例》规定，任何单位和个人都不得擅自改变城市绿化规划用地性质或者破坏绿化规划用地的地形、地貌、水体和植被。任何单位和个人都不得擅自占用城市绿化用地；占用的城市绿化用地，应当限期归还。因建设或者其他特殊需要临时占用城市绿化用地，须经城市人民政府城市绿化行政主管部门同意，并按照有关规定办理临时用地手续。任何单位和个人都不得损坏城市树木花草和绿化设施。砍伐城市树木，必须经城市人民政府城市绿化行政主管部门批准，并按照国家有关规定补植树木或者采取其他补救措施。在城市的公共绿地内开设商业、服务摊点的，应当持工商行政管理部门批准的营业执照，在公共绿地管理单位指定的地点从事经营活动，并遵守公共绿地和工商行政管理的规定。为保证管线的安全使用需要修剪树木时，应当按照兼顾管线安全使用和树木正常生长的原则进行修剪。因不可抗力致使树木倾斜危及管线安全时，管线管理单位可以先行扶正或者砍伐树木，但是，应当及时报告城市人民政府城市绿化行政主管部门和绿地管理单位。在日常执法检查中，损坏城市树木花草的违法行为较为常见。案件来源主要是日常巡查发现或者接到群众举报。

(一) 取证重点

1. 调取或者现场检查是否有迁移或者砍伐城市树木的相关审批手续，用以确定是否是损坏城市树木花草的违法行为；复制或收集原该处绿化工程竣工图纸及相关文件资料。

2. 执法人员到损坏城市树木花草的现场进行检查，对违法现象进行现场勘验、检查、测量、绘图、拍照，留取相关证据材料。现场照片用以证明案发现场地点、现场违法情形和取证情况等；复制或收集与案件有关的图纸及相关文件资料等。

3. 制作现场检查（勘验）笔录。执法人员进行勘验检查取证的，应当通知当事人到场，当事人拒不到场的，可以请在场的无利害关系第三方作为见证人。现场检查笔录是行政执法人员将现场检查勘验情况和结果如实记录而制作的笔录。内容包括：执法人员表明执法身份，告知执法相关权利和义务；记录检查时间、地点，当事人的基本情况；实测损坏草坪占地面积、损坏树木品种、数量、树干直径等，可以画示意图表明实际建成绿地的大小、形状、位置等；执法人员依法开展检查的主要过程；有无法从重、从轻、减轻或者不予处罚的情形、与案件有关的其他事实。执法人员做好记录，由现场被检查人员或者见证人签字确认。

4. 违法行为人是单位的，要求该单位提供营业执照、授权委托书及法定代表人、委托代理人的身份证复印件各一份；对违法行为人是个人的，要求提供身份证复印件一份，证明违法主体身份，获取当事人基本信息。

5. 制作调查询问笔录。违法行为人是单位的，对单位法定代表人或其委托代理人进行进一步调查询问；违法行为人是个人的，对当事人本人进行进一步调查询问。调查询问的主要内容包括：执法人员表明执法身份，告知执法相关权利和义务；被询问人的身份，违法行为是否为当事人实施，实施违法行为的时间、地点、手段、后果、动机等；要问明损坏城市树木花草的行为是否为当事人实施，对当事人损坏城市树木花草的数量进行核实（如：损坏草坪占地面积、损坏树木品种、数量、树干直径等）；对照本地区制定的城市绿化损坏赔偿标准，确定已造成的损失费用；执法人员责令当事人停止侵害后，当事人是否停止侵害，有无采取补救措施；以及有无法定从重、从轻、减轻或者不予处罚的情形或者与案件有关的其他事实。要求被询问人写明"经核对无误，情况属实"并签名确认，将违法行为人违法证据进一步固定。

6. 所有复印件需当事人注明"与原件核对无误"，当事人是单位的，要加盖单位公章或者法定代表人、委托代理人签字确认；当事人是个人的，由个体工商户负责人或者本人签字确认。

(二) 违法事实认定

1. 违法事项：损坏城市树木花草。
2. 认定违法事实的证据：①反映当事人实际损坏城市树木花草的面积、损坏树木种类、规格、数量等的照片、现场检查（勘验）笔录、调查笔录，原该处城市绿化工程竣工图纸等资料，得出损坏的苗木清单，证明当事人损坏树木花草行为所造成城市绿化的损失情况；②由城市绿化行政主管部门根据本地区制定的绿化损坏赔偿标准，根据损坏的苗木计算当事人损坏城市树木花草的损失费金额，并盖章予以确认；③当事人是否立即停止侵害行为，是否采取补救措施，是否补交了损坏绿化赔偿费等情形。

（三）行政处罚事项和执法依据

1. 处罚事项：损坏城市树木花草。

执法依据：《城市绿化条例》第二十条第一款、第二十六条第一项。

2. 处罚事项：擅自砍伐城市树木。

执法依据：《城市绿化条例》第二十条第二款、第二十六条第二项。

3. 处罚事项：砍伐、擅自迁移古树名木或者因养护不善致使古树名木受到损伤或者死亡。

执法依据：《城市绿化条例》第二十四条第三款、第二十六条第三项。

4. 处罚事项：损坏城市绿化设施。

执法依据：《城市绿化条例》第二十条第一款、第二十六条第四项。

5. 处罚事项：擅自占用城市绿化用地。

执法依据：《城市绿化条例》第十九条、第二十七条。

6. 处罚事项：不服从公共绿地管理单位管理的商业、服务摊点。

执法依据：《城市绿化条例》第二十一条、第二十八条。

7. 处罚事项：在城市绿地范围内进行拦河截溪、取土采石、设置垃圾堆场、排放污水，以及其他对城市生态环境造成破坏的活动。

执法依据：《城市绿线管理办法》第十二条第一款、第十七条。

（四）行政处罚

《城市绿化条例》第二十六条规定，违反本条例损坏城市树木花草的，由城市人民政府城市绿化行政主管部门或者其授权的单位责令停止侵害，可以并处罚款；造成损失的，应当负赔偿责任；应当给予治安管理处罚的，依照《中华人民共和国治安管理处罚法》的有关规定处罚；构成犯罪的，依法追究刑事责任。实践中，对于损坏城市树木花草的行为，一般有三种情况：

1. 擅自砍伐、移植树木，或者擅自采摘城市树木花草的花朵、果实的；

2. 个人在城市绿地性质的草坪上停车、践踏草坪的；

3. 改变树木生长环境，或者给树木浇废水、开水甚至药水等，直接影响树木正常生长的，损害城市树木花草的。

《城市绿线管理办法》规定了城市绿线内的用地，不得改作他用，不得违反法律法规、强制性标准以及批准的规划进行开发建设。

按照行政合法性、合理性原则，应当依据《城市绿化条例》《城市绿线管理办法》和《行政处罚法》第三十二条的规定，并根据当事人违法行为的性质、情形、后果以及行为主体的主观状态等因素依法对罚款金额作出裁量。处罚裁量需要考虑以下因素：损坏城市树木花草的行为所造成的危害后果的大小；是否多次或长期从事违法行为；是否实施了补植等减轻危害后果的措施；是否立即停止侵害，是否补交了损坏绿化赔偿费，是否及时纠正等情形。

三、城市公园违法行为的取证重点、事实认定与行政处罚

根据《城市绿地分类标准》（CJJ/T 85—2017）规定，公园绿地是指向公众开放，以游憩为主要功能，兼具生态、景观、文教和应急避险等功能，有一定游憩和服务设施的绿地。它是城市建设用地、城市绿地系统和城市市政公用设施的重要组成部分。"公园绿地"又细分为综合公园、社区公园、专类公园、游园4个大种类及9个小类。其中：综合公园包括全市性公园和区域性公园；社区公园包括居住区公园和小区游园；专类公园包括动物园、植物园、历史名园、遗址公园、游乐公园和其他专类公园。《城市绿地分类标准》（CJJ/T 85—2017）增设"游乐公园"，规定其绿化占地比例应大于等于65%，旨在提高游乐场所的环境质量和整体水平。对于已经建成的游乐场所，如达不到该项要求的，不能按"公园绿地"计算。

目前，我国出台的查处城市公园内违法行为的规章只有建设部发布的《城市动物园管理规定》，有的地方出台了关于公园管理的地方性法规、政府规章。适用《城市动物园管理规定》的动物园包括综合性动物园（水族馆）、专类性动物园、野生动物园、城市公园的动物展区、珍稀濒危动物饲养繁殖研究场所。发生在公园绿地内违反城市绿化管理的违法行为按照城市绿化方面的法律法规规定执行（详见城市绿化管理一节）。实践中擅自在动物园内摆摊设点的问题，主要是管理人员日常巡查发现。

（一）取证重点

1. 调取动物园内的摊点类服务设施的设置是否符合动物园规划设计方案，是否有相关手续、协议等，用以确定是否属于擅自在动物园内摆摊设点的行为。

2. 执法人员到动物园内摆摊设点的现场进行检查，对违法现象进行现场勘验、检查、测量、绘图、拍照，留取相关证据材料。现场照片用以证明案发现场地点和现场违法情形和取证情况等，拍照取证时要尽可能包含违法行为人和摊点，以及违法行为发生地点等情况。复制或收集能反映该处原貌的照片及相关文件资料。

3. 制作现场检查（勘验）笔录。现场检查笔录是行政执法人员将现场检查勘验情况和结果如实记录而制作的笔录。内容包括：执法人员表明执法身份，告知执法相关权利和

义务；记录检查时间、地点，当事人的基本情况；要查明被检查人所摆卖物品是否已经销售，出售的价格，只要当事人回答了商品的价格，则可定为经营行为；实测摆摊设点占地面积，记录经营种类、销售价格等内容。

4. 核实当事人身份。违法行为人是个人的，将个人的身份证正反面拍照；违法行为人是个体工商户的，将个体工商户营业执照、负责人身份证正反面拍照；违法行为人是单位的，收集营业执照、授权委托书及法定代表人、委托代理人的身份证复印件各一份，证明违法主体身份，获取当事人基本信息。

5. 制作调查询问笔录。根据情况选择适用简易程序，违法行为人是单位的，还需对单位法定代表人或其委托代理人做进一步调查询问；违法行为人是个体工商户的，还需对其负责人做进一步调查询问。调查询问的主要内容包括：执法人员表明执法身份，告知执法相关权利和义务；被询问人的身份，违法行为是否为当事人实施，实施违法行为的时间、地点、手段、后果、动机等；问明现场查实在动物园内擅自摆摊设点的经营行为是不是当事人实施的；核实实测摆摊设点占地面积、经营种类，摊点上所销售的物品、出售的价格等内容；以及有无法定从重、从轻、减轻或者不予处罚的情形或者与案件有关的其他事实。要求写明"经核对无误，情况属实"并签名确认，将违法行为人违法证据进一步固定。适用简易程序的，还要告知拟作出行政处罚的理由、依据，询问是否要求陈述、申辩，无异议的，要求被询问人写明"经核对无误，情况属实，无异议"并签名确认。

（二）违法事实认定

1. 违法事项：擅自在动物园内摆摊设点。

2. 认定违法事实的证据：（1）将违法行为人和其在动物园内摆设的摊点拍在一起的现场照片，记录实测摆摊设点占地面积、经营种类、销售价格等内容，要求违法行为人签字确认现场（助验）检查笔录、调查笔录等，证实违法行为人从事了在动物园内摆摊设点的行为；（2）如违法行为人自行纠正，则附自行纠正后的照片，以证明违法行为人改正情况。

3. 案件移送。在动物园内有下列行为之一的要进行案件移送：（1）未取得设计、施工资质证书或者超越资质证书许可的范围承担动物园设计或施工的；（2）违反批准的规划设计方案进行动物园建设的；（3）未经批准擅自改变动物园规划设计方案的；（4）擅自侵占动物园及其规划用地的。一旦发现上述违法行为，应当移送住建、自然资源等有处罚权的行政管理部门依法查处。

（三）行政处罚事项和执法依据

处罚事项：擅自在动物园内摆摊设点。

执法依据：《城市动物园管理规定》第二十四条第二款、第三十条。

(四) 行政处罚

按照行政合法性、合理性原则，并根据当事人违法行为的性质、情形、后果以及行为主体的主观状态等因素依法对罚款额度进行裁量。依据《城市动物园管理规定》第三十条，可以并处 1000 元以下的罚款。《行政处罚法》第五十一条规定，对个人处二百元以下罚款的，对单位处三千元以下罚款或者警告的，可以适用行政处罚的简易程序。在实施行政处罚前，通常情况下，园林行政主管部门执法人员一旦发现此违法行为，即应当责令当事人限期改正。然后制作证据材料。对当事人违法行为轻微并及时纠正，且没有造成危害后果的，可以根据《行政处罚法》第三十三条的规定不予行政处罚。对当事人违法行为已经造成危害后果的，应当作出行政处罚决定。此外，造成损失的，应当按照民事法律的规定，承担一定形式的民事赔偿责任。

第七章 城市市政公用执法实务

第一节 城市市政公用违法行为概念、种类

城市市政公用包括城市道路、城市供水节水、城市排水和污水处理、城市燃气、城市照明、城市供热等内容,是城市经济和社会发展的载体,直接关系到社会公共利益,关系到人民群众的生活质量,关系到城市经济和社会的可持续发展。

城市市政公用违法行为是指单位、个人违反城市市政公用方面法律法规规章的规定的行为。

城市市政公用违法行为包括以下种类:

（一）城市道路管理方面的违法行为；
（二）城市供水节水管理方面的违法行为；
（三）城市排水和污水处理方面的违法行为；
（四）城市燃气管理方面的违法行为；
（五）城市照明管理方面的违法行为；
（六）城市供热管理方面的违法行为。

执法人员应当依据相关法律规范,查处城市市政公用违法行为。查处市政公用违法行为的程序一般为普通程序,具体内容见第一章,此处不再赘述。

第二节 城市市政公用违法行为查处程序及注意的问题

对于城市市政公用违法行为案件的查处,处罚种类比较多,包括警告、罚款、没收违法所得、没收非法财物、责令停业整顿、吊销许可证件、封闭取水工程或者设施等,还有责令停止违法行为、限期恢复原状、责令限期拆除、责令限期补缴应当缴纳的水资源费等不同形式的处理决定。根据《行政处罚法》的规定,实施警告、罚款、没收违法所得、没收非法财物、责令停业整顿、吊销许可证件等行政处罚,应当依法履行立案、调查、告知、决定等程序进行查处。而对限期恢复原状、责令限期拆除、责令限期补缴应当缴纳的水资源费等决定,一般认为不属于行政处罚。但是,根据程序正当原则,作出限期恢复原状、责令限期拆除、责令其限期补缴应当缴纳的水资源费等决定,需要履行告知、送达等必要的程序,以保障当事人的知情权、陈述申辩等权利。

当场查处城市市政公用违法行为的，适用简易程序，参见第一章，此处不再赘述。

查处城市市政公用违法行为的法律程序，除了少数情形适用简易程序之外，多数情况下适用普通程序，主要有以下几个步骤。

一、案件线索登记核查

根据《住房和城乡建设行政处罚程序规定》，执法机关对依据监督检查职权或者通过投诉、举报等途径发现的违法行为线索，应当在十五日内予以核查，情况复杂确实无法按期完成的，经本机关负责人批准，可以延长十日。经核查，符合下列条件的，应当予以立案：（一）有初步证据证明存在违法行为；（二）违法行为属于本机关管辖；（三）违法行为未超过行政处罚时效。反之，不符合立案条件的，核查后不予立案。

值得注意的是，一般的行政处罚案件追诉时效为二年，涉及公民生命健康安全、金融安全且有危害后果的，追溯时效为五年。但是，违法行为有连续或者继续状态的，从行为终了之日起计算。比如，燃气管理方面有些违法行为（在不具备安全条件的场所使用、储存燃气的，在燃气设施保护范围内放置易燃易爆物品的等），供水方面有些违法行为（产生或者使用有毒有害物质的单位将其生产用水管网系统与城市公共供水管网系统直接连接的等）涉及公民生命健康安全，如果还有危害后果，这类违法行为的行政处罚追诉时效就为五年；在燃气设施保护范围内种植深根植物的等城市市政公用违法行为，在违法行为纠正之前，呈继续状态，行政处罚时效应当自行为终了之日起计算，即执法机关查处这些城市市政公用违法行为没有超过追责时效。

二、立案

符合立案条件的，执法人员应当填写立案审批表，附上相关材料，报机关负责人批准。立案前核查或者监督检查过程中依法取得的证据材料，可以作为案件的证据使用。符合立案标准但不及时立案的，将承担法律后果。

三、调查

立案后，执法人员应当及时依法开展调查取证工作。常用的调查方法有：询问当事人、证人，制作笔录；查阅当事人有无相关许可证件，进行现场检查、勘验，实施证据先行登记保存，进行检测、检验、鉴定等。查处城市供水等违法行为案件，常常用到抽样取证的手段。查处燃气管理方面违法行为案件，会用到扣押取证的手段。确定违法所得或者损失数额的，应当委托行业主管部门或者聘请第三方机构。调查终结，执法人员应当制作书面的案件调查终结报告。

四、告知

经过全面客观的调查取证,在获取的证据足以证明当事人的违法行为应当受到行政处罚的情况下,执法人员应当制作行政处罚告知审批表,附上作出的行政处罚事先告知书草稿和相关材料,报机关负责人审批。经过审批后,执法人员向当事人依法送达行政处罚事先告知书,告知当事人拟作出的行政处罚内容及事实、理由、依据,并告知当事人依法享有的陈述、申辩权利。当事人陈述、申辩的时间为五个工作日。对当事人拟作出较大数额罚款、没收较大数额违法所得、没收较大价值非法财物行政处罚决定的,还应当告知当事人享有要求听证的权利。

对情节复杂或者重大城市市政公用违法行为给予行政处罚,执法机关负责人应当集体讨论决定。有《行政处罚法》第五十八条第一款规定情形之一的,应当进行法制审核;未经法制审核或者审核未通过的,不得作出行政处罚决定。

对城市市政公用违法行为,如果不作出行政处罚决定,而是责令当事人限期恢复原状、责令限期拆除、责令限期补缴应当缴纳的水资源费的,一般不必照搬行政处罚程序,不需要告知听证权。但是至少要有告知、送达的环节。

有的案件,执法机关在处罚当事人(如施工方)的同时,可以对有关联责任的建设方开出行政建议书,发工作函给业务主管部门(如住房城乡建设部门),提醒其加强监管。

五、决定

陈述、申辩的期限或者申请听证的期限届满,如果当事人放弃陈述、申辩或者申请听证的,执法机关根据不同情况,分别作出如下决定:1.确有应受行政处罚的违法行为的,根据情节轻重及具体情况,作出行政处罚决定;2.违法行为轻微,依法可以不予行政处罚的,不予行政处罚;3.违法事实不能成立的,不予行政处罚;4.违法行为涉嫌犯罪的,移送司法机关。

如果当事人进行陈述和申辩的,执法机关必须充分听取当事人的意见,应当对当事人提出的事实、理由和证据进行复核;当事人提出的事实、理由或者证据成立的,执法机关应当采纳。

需要注意的是,城市市政公用方面有些法规如《城镇燃气管理条例》第四十五条、第四十六条规定,在罚款的同时,有违法所得的,没收违法所得;情节严重的,吊销燃气经营许可证。

拟作出责令当事人限期恢复原状、责令限期拆除、责令限期补缴应当缴纳的水资源费的,参照上述规定。但是,一般不经过听证程序。

经过听证程序的,执法机关应当根据听证笔录分别作出决定。

根据《行政处罚法》和《住房和城乡建设行政处罚程序规定》的规定，执法机关应当自立案之日起九十日内作出行政处罚决定。因案情复杂或者其他原因，不能在规定期限内作出行政处罚决定的，经本机关负责人批准，可以延长三十日。案情特别复杂或者有其他特殊情况，经延期仍不能作出行政处罚决定的，应当由本机关负责人集体讨论决定是否再次延期，决定再次延期的，再次延长的期限不得超过六十日。案件处理过程中，听证、检测、检验、鉴定等时间不计入前款规定的期限。执法机关查处城市市政公用违法行为案件，照此办理。

六、执行

行政处罚决定或者责令当事人限期恢复原状、责令限期拆除、责令限期补缴应当缴纳的水资源费等决定依法作出后，当事人应当在规定期限内履行。当事人不履行的，执法机关可以申请人民法院强制执行。有的案件涉及代履行，如《城镇排水与污水处理条例》第五十三条规定，在警告、罚款之外，当事人逾期不采取治理措施的，城镇排水主管部门可以指定有治理能力的单位代为治理，所需费用由当事人承担。具体操作按照《行政强制法》的有关规定执行。

第三节　市政公用各类违法行为取证重点、事实认定与行政处罚

一、城市道路养护、维修违法行为取证重点、事实认定与行政处罚

在日常监督检查时，单位和个人擅自在城市桥梁施工控制范围内从事河道疏浚、挖掘、打桩、地下管道顶进、爆破等作业的行为较为常见。案件来源主要是日常巡查发现或者接到事故、报修电话。

（一）取证重点

1. 当事人是单位的，应核查当事人的企业法人营业执照；当事人是个体工商户的，核查当事人的个体工商户营业执照；当事人是个人的，应核查当事人的身份证。同时取得相关证件复印件，用以证明违法主体身份，获得当事人的基本信息。

2. 当事人是法定代表人的，还应取得当事人的法定代表人证明及其身份证明复印件，证明当事人法定代表人的资格，获取法定代表人的基本信息；如委托代理人接受调查的，应当取得授权委托书及委托代理人身份证明，证明委托代理人受托的资格、事项和权限，获取委托代理人的基本信息。

3. 核查当事人在城市桥梁施工控制范围内从事河道疏浚、挖掘、打桩、地下管道顶

进、爆破等作业是否取得许可的相关证明材料（最好取得办理该行政许可事项的主管机关出具的书面证明），证明当事人上述行为是否得到相关行政主管部门的许可；如当事人出具许可证明材料，要核查得到的是何种许可，该许可是否是有权主管部门作出的，是否符合许可的范围和内容要求。

4. 对当事人的违法行为进行检查、对现场的检查情况拍照，制作现场检查（勘验）笔录。照片和检查笔录要有能反映施工规模、施工类型、与桥梁的距离等内容的具体数据，要能反映是否采取相应的保护措施、是否对桥梁造成损害，作为定性和裁量的证据。拍照时，最好能有一张将当事人及现场执法人员及违法现场、见证人等含在内的照片，证明调查取证的程序规范性。

5. 对当事人进行询问，制作调查询问笔录。除满足询问笔录的基本要求外，还应核实：实施行为取得许可情况，核实有没有和城市桥梁的产权人签订保护协议，有没有采取相应的保护措施，违法行为实施主体，实施违法行为的时间、地点、手段、后果、目的等。

（二）违法事实认定

《城市桥梁检测和养护维修管理办法》第十四条第二款规定："在城市桥梁施工控制范围内从事河道疏浚、挖掘、打桩、地下管道顶进、爆破等作业的单位和个人，在取得施工许可证前应当先经城市人民政府市政工程设施行政主管部门同意，并与城市桥梁的产权人签订保护协议，采取保护措施后，方可施工。"由此可见，在城市桥梁施工控制范围内从事河道疏浚、挖掘、打桩、地下管道顶进、爆破并不是禁止性行为，而是应当经城市人民政府市政工程设施行政主管部门同意，取得施工许可证，并与城市桥梁的产权人签订保护协议，采取保护措施后才可以实施。所以，要注意收集前期手续办理情况的证据。

（三）行政处罚事项和行政处罚依据

1. 城市道路养护、维修的单位

（1）未定期对城市道路进行养护、维修或者未按照规定的期限修复竣工，并拒绝接受市政工程行政主管部门监督、检查。

行政处罚依据：《城市道路管理条例》第二十一条、第四十一条。

（2）未对设在城市道路上的各种管线的检查井、箱盖或者城市道路附属设施的缺损及时补缺或者修复。

行政处罚依据：《城市道路管理条例》第二十三条、第四十二条第一项。

（3）未在城市道路施工现场设置明显标志和安全防围设施。

行政处罚依据：《城市道路管理条例》第三十五条、第四十二条第二项。

（4）占用城市道路期满或者挖掘城市道路后，不及时清理现场。

行政处罚依据：《城市道路管理条例》第三十五条、第四十二条第三项。

(5) 紧急抢修埋设在城市道路下的管线，不按照规定补办批准手续。

行政处罚依据：《城市道路管理条例》第三十四条、第四十二条第五项。

2. 城市桥梁产权人或者委托管理人

(1) 未按照规定编制城市桥梁养护维修的中长期规划和年度计划，或者未经批准即实施。

行政处罚依据：《城市桥梁检测和养护维修管理办法》第十条第二款、第二十五条第一项。

(2) 未按照规定设置相应的标志，并保持其完好、清晰。

行政处罚依据：《城市桥梁检测和养护维修管理办法》第十三条、第二十五条第二项。

(3) 未按照规定委托具有相应资格的机构对城市桥梁进行检测评估。

行政处罚依据：《城市桥梁检测和养护维修管理办法》第二十一条、第二十五条第三项。

(4) 未按照规定制定城市桥梁的安全抢险预备方案。

行政处罚依据：《城市桥梁检测和养护维修管理办法》第十九条、第二十五条第四项。

(5) 未按照规定对城市桥梁进行养护维修。

行政处罚依据：《城市桥梁检测和养护维修管理办法》第十二条、第二十五条第四项。

(6) 擅自在城市桥梁施工控制范围内从事河道疏浚、挖掘、打桩、地下管道顶进、爆破等作业。

行政处罚依据：《城市桥梁检测和养护维修管理办法》第十四条第二款、第二十七条。

《城市桥梁检测和养护维修管理办法》第二十七条规定："单位和个人擅自在城市桥梁施工控制范围内从事本办法第十四条第二款规定的活动的，由城市人民政府市政工程设施行政主管部门责令限期改正，并可处1万元以上3万元以下的罚款。"

该条规定了责令限期整改与罚款并处，在实践中，一定要责令改正，并穷尽管理手段，确保桥梁安全。

二、城市道路路政违法行为取证重点、事实认定与行政处罚

在日常监督检查时，擅自占用或者挖掘城市道路的违法行为较为常见。案件来源主要是日常巡查发现和群众举报。

(一) 取证重点

1. 核查当事人企业法人营业执照、个体工商户营业执照、个人身份证明并取得复印件，证明违法主体身份，获得当事人的基本信息。

2. 当事人是法定代表人的，取得相关身份证明资料；委托代理人接受调查的，取得授权委托书及委托代理人身份证明，确认委托代理人受托的资格、事项和权限。

3. 核实当事人占用或挖掘城市道路行为是否取得许可：如取得许可的，核实许可种类，许可时间，许可范围和内容，核查占用期是否已满。

4. 对违法行为现场进行检查取证。制作现场检查笔录，最好制作现场勘验图，直观、如实记录现场情况，可以附现场照片。详细记录占用或挖掘的具体地点、长度、深度、面积等信息，确定裁量和赔偿依据。

5. 询问当事人，制作询问笔录。详细了解当事人的基本情况，实施行为的许可情况，违法行为的实施主体，实施违法行为的时间、地点、手段、后果等，听取当事人对事实的陈述、申辩。

（二）违法事实认定

《城市道路管理条例》第二十七条第一项规定："城市道路范围内禁止擅自占用或者挖掘城市道路。"

第三十一条第一款规定："因特殊情况需要临时占用城市道路的，须经市政工程行政主管部门和公安交通管理部门批准，方可按照规定占用。"

第三十三条规定："因工程建设需要挖掘城市道路的，应当持城市规划部门批准签发的文件和有关设计文件，到市政工程行政主管部门和公安交通管理部门办理审批手续，方可按照规定挖掘。

新建、扩建、改建的城市道路交付使用后 5 年内、大修的城市道路竣工后 3 年内不得挖掘；因特殊情况需要挖掘的，须经县级以上城市人民政府批准。"

注意：第一，城市道路范围内。城市道路范围，应该以规划部门设置的道路红线来定，道路红线范围，即为城市道路范围。建筑红线，也称"建筑控制线"，指城市规划管理中，控制城市道路两侧沿街建筑物或构筑物（如外墙、台阶等）靠临街面的界线。任何临街建筑物或构筑物不得超过建筑红线。建筑红线一般由道路红线和建筑控制线组成。道路红线是城市道路（含居住区级道路）用地的规划控制线。城市道路范围外违反规定的，不属于本条调整范围。第二，城市道路可以占用和挖掘，但应当依法履行审批手续。审批的部门也根据职责不同分别由市政工程行政主管部门和公安交通管理部门以及县级以上城市人民政府批准。所以取证时，不但要注意是否有审批手续，还要注意审批的部门。

（三）行政处罚事项和行政处罚依据

1. 擅自占用或者挖掘城市道路。

行政处罚依据：《城市道路管理条例》第二十七条第一项、第三十一条、第三十三条、第四十二条。《城市道路管理条例》第四十二条规定，违反本条例第二十七条规定的，由市政工程行政主管部门或者其他有关部门责令限期改正，可以处以二万元以下的罚款；造成损失的，应当依法承担赔偿责任。

挖掘道路造成损失的除责令限期整改、罚款外，还应当依据当地出台的城市道路挖掘修复费标准收取赔补偿费。

2. 履带车、铁轮车或者超重、超高、超长车辆擅自在城市道路上行驶。

行政处罚依据：《城市道路管理条例》第二十七条第二项、第二十八条、第四十二条。《城市桥梁检测和养护维修管理办法》第十六条、第二十八条。

需要注意的是，对于城市道路上超重、超高、超长车辆的认定，目前并没有明确的法律依据，实践中应以保护城市道路质量为前提，参照《中华人民共和国道路交通安全法实施条例》和《超限运输车辆行驶公路管理规定》，结合城市道路实际来认定。原则上，超重以车辆车货总质量不超过路面、随路桥梁的限定载荷为准（两者不一致的以下限为准），超高最高不得超过4.2m，超长车辆以不超出出厂时车身长度（最长不超过18m）为准。同时也要认识到，车辆超重、超高、超长有时是独立存在的，有时两种或三种情形并存。

在查处此违法行为时，主要适用《城市道路管理条例》，但涉及城市桥梁的可以适用《城市桥梁检测和养护维修管理办法》，即罚款处罚的下限为1万元。

3. 机动车在桥梁或者非指定的城市道路上试刹车。

行政处罚依据：《城市道路管理条例》第二十七条第三项、第四十二条。

4. 擅自在城市道路上建设建筑物、构筑物。

行政处罚依据：《城市道路管理条例》第二十七条第四项、第四十二条。

5. 在桥梁上架设压力在4公斤/平方厘米（0.4兆帕）以上的煤气管道、10千伏以上的高压电力线和其他易燃易爆管线。

行政处罚依据：《城市道路管理条例》第二十七条第五项、第四十二条。

6. 擅自在桥梁或者路灯设施上设置广告牌或者其他挂浮物。

行政处罚依据：《城市道路管理条例》第二十七条第六项、第四十二条。《城市桥梁检测和养护维修管理办法》第十八条、第二十六条。

7. 依附于城市道路建设各种管线、杆线等设施，不按照规定办理批准手续。

行政处罚依据：《城市道路管理条例》第二十九条、第四十二条第四项。

8. 未按照批准的位置、面积、期限占用或者挖掘城市道路，或者需要移动位置、扩大面积、延长时间，未提前办理变更审批手续。

行政处罚依据：《城市道路管理条例》第三十六条、第四十二条第六项。

三、城市供水用户违法行为取证重点、事实认定与行政处罚

在日常执法检查中，城市供水用户盗用或者转供城市公共供水的违法行为较为常见。

（一）取证重点

1. 通过现场检查手段收集违法证据。通过制作现场检查（勘查）笔录、摄像、拍照等手段，直观地记录违法现场的违法情形。若已经造成结算水表等城市公共供水设施损坏

的，还要拍摄损坏情况的照片，收集损坏水表等物证材料。

2. 调查供水企业。了解相关设施设备使用人的性质，收集相关身份信息；了解相关设备改装、毁坏等行为的受益方；取得反映水费缴纳不正常的费用清单，了解用水不正常的起始时间等。

3. 通过询问、查阅相关资料等方式，调查该用水户人口变化情况、企业生产状况等，了解其违法的相关情形，为自由裁量奠定基础。

4. 调查询问。对违法行为人及其相关人员进行询问，了解违法行为是否为当事人实施，实施违法行为的时间、地点、原因、后果等情形。

（二）违法事实认定

经调查取证证明：供水用户实施违反《城市供水条例》第二十五条规定，盗用或者转供城市公共供水的行为的，均可认定违法事实存在。

（三）行政处罚事项和执法依据

1. 未按规定缴纳水费的。

执法依据：《城市供水条例》第二十四条、第三十五条第一款第一项。

2. 盗用或者转供城市公共供水的。

执法依据：《城市供水条例》第二十五条、第三十五条第一款第二项。

《城市供水条例》第三十五条规定，盗用或者转供城市公共供水的，由城市供水行政主管部门或者其授权的单位责令限期改正，可以处以罚款；情节严重的，经县级以上人民政府批准，还可以在一定时间内停止供水。

四、排水户违法行为取证重点、事实认定与行政处罚

城镇排水主管部门应当依照法律法规规章的规定，对排水户排放污水的情况实施监督检查。实施监督检查时，有权采取下列措施：

第一，进入现场开展检查、监测；

第二，要求被监督检查的排水户出示排水许可证；

第三，查阅、复制有关文件和材料；

第四，要求被监督检查的单位和个人就有关问题作出说明；

第五，依法采取禁止排水户向城镇排水设施排放污水等措施，纠正违反有关法律、法规规定的行为。

城镇排水主管部门委托的专门机构，可以开展排水许可审查、档案管理、监督指导排水户排水行为等工作，并协助城镇排水主管部门对排水许可实施监督管理。

(一) 取证重点

在日常执法检查中，排水户不按照污水排入排水管网许可证的要求排放污水的违法行为较为常见。因此，要重点做好取证工作。

1. 核查排水许可证。详细了解排水许可证确定的排水类别、总量、时限、排放口位置和数量、排放的污染物项目和浓度；核实排放户身份信息。排水户是单位的，还应取得当事人的企业法人营业执照（事业单位法人证书、组织机构代码证）复印件；排水户是个体工商户的，取得当事人的个体工商户营业执照复印件。用以证明违法主体身份，获得当事人的基本信息和排水许可证的详细信息。

2. 现场核查。核查排放口位置和数量，制作现场检查（勘验）笔录，拍摄相片，固定相应证据；采取污水样品送检，确定排放类别、排放项目和浓度；情形严重的，还可以根据需要使用推杆、内窥镜等专业监测手段对污水井、污水管道内部情况进行现场取证；有污水预处理设施的还要对污水处理设施运行情况进行检查、收集相关证据。

污水取样送检时，可以委托检测机构采样，也可以自行采样。采样口为排水户的污水排放口，有多个排放口的要分别采样。现场污水采样的方法：一是准备取样容器；二是在该单位污水排放口随机抽取样品，条件允许时，取样前先用排放口的污水洗下瓶子后再取样；三是抽样容器封样，执法人员当场在样品容器上加贴封签（应记录采样的样品编号并粘贴在瓶口接缝处）。执法人员应当当场制作排污水质采样记录单，采样记录单应记录采样的单位名称、时间、地点、样品编号、执法人员及其执法证号等信息，并由当事人、陪同检查人员或在场人、执法人员签字确认。现场需要将采样口位置、现场采样及陪检人员的场景进行拍照。

3. 执法人员将样品送到有资质的水质检验机构进行检测，由水质检验机构出具签收单，并出具水质检测报告原件，判定是否符合有关污水排入城镇公共污水设施的排放标准，是否含有禁止排放的有害物质。

4. 调查询问相关人员。第一，询问排水户，询问其排水类别、总量、时限、排放口位置和数量、排放的污染物项目和浓度；告知对当事人现场采样的水质检测报告所显示采样样品水质超标情况；询问每月用水量、排放污水量、生产所用主要原材料、加工工艺、污水处理设施使用和维护情况等，进一步取得违法事实证据。第二，走访询问排水户周边群众，了解排水户排水总量、时限、排放口位置和数量、排放的污染物项目和浓度等真实情况。

5. 向生态环境部门调取相关监测数据。

(二) 违法事实认定

执法部门经调查取证证明：排水用户实施违反《城镇排水与污水处理条例》规定，未取得许可证向城镇排水设施排放污水等行为的，均可认定违法事实存在。

《城镇排水与污水处理条例》第二十一条第二款规定："排水户应当按照污水排入排水管网许可证的要求排放污水。"《城镇污水排入排水管网许可管理办法》第十三条规定："排水户应当按照排水许可证确定的排水类别、总量、时限、排放口位置和数量、排放的污染物项目和浓度等要求排放污水。"

认定构成该项违法行为，要把握两点：第一，排水户取得了排水许可证。第二，排水户没有按照排水许可证确定的排水类别、总量、时限、排放口位置和数量、排放的污染物项目和浓度等要求排放污水。排水类别、总量、时限、排放口位置和数量、排放的污染物项目和浓度几个事项只要违反了其中一项内容就构成该违法行为。

（三）行政处罚事项和行政处罚依据

1. 未取得许可证向城镇排水设施排放污水。

行政处罚依据：《城镇排水与污水处理条例》第二十一条第一款、第五十条第一款。《城镇污水排入排水管网许可管理办法》第十二条第一款、第十三条。

《城镇污水排入排水管网许可管理办法》第二十七条规定："违反本办法规定，排水户未取得排水许可，向城镇排水设施排放污水的，由城镇排水主管部门责令停止违法行为，限期采取治理措施，补办排水许可证，可以处 50 万元以下罚款；对列入重点排污单位名录的排水户，可以处 30 万元以上 50 万元以下罚款；造成损失的，依法承担赔偿责任；构成犯罪的，依法追究刑事责任。"

需要强调的是：第一，《城镇污水排入排水管网许可管理办法》规定了重点排污单位名录制度，对该类违法行为中列入重点排污单位名录的排水户，规定了 30 万元罚款的下限，执法部门应当遵照执行。第二，《城镇污水排入排水管网许可管理办法》第十二条第一款规定，在排水许可证的有效期内，排水口数量和位置、排水量、污染物项目或者浓度等排水许可内容变更的，排水户应当按照本办法规定，重新申请领取排水许可证。按照该规定，排水口数量和位置、排水量、污染物项目或者浓度等排水许可内容变更的，排水户没有按照规定重新申请领取排水许可证的，应当以未取得排水许可证论处。

2. 未按照污水排入排水管网许可证的要求排放污水。

行政处罚依据：《城镇排水与污水处理条例》第二十一条第二款、第五十条第二款，《城镇污水排入排水管网许可管理办法》第十三条、第二十八条。

《城镇排水与污水处理条例》第五十条第二款规定："违反本条例规定，排水户不按照污水排入排水管网许可证的要求排放污水的，由城镇排水主管部门责令停止违法行为，限期改正，可以处 5 万元以下罚款；造成严重后果的，吊销污水排入排水管网许可证，并处 5 万元以上 50 万元以下罚款，可以向社会予以通报；造成损失的，依法承担赔偿责任；构成犯罪的，依法追究刑事责任。"《城镇污水排入排水管网许可管理办法》第二十八条规定："排水户未按照排水许可证的要求，向城镇排水设施排放污水的，由城镇排水主管部门责令停止违法行为，限期改正，可以处 5 万元以下罚款；造成严重后果的，吊销排水许可证，并处 5 万元以上 50 万元以下罚款，对列入重点排污单位名录的排水户，处 30 万元以上 50 万元以下罚款，并将有关情况通知同级环境保护主管部门，可以向社会予以通报；造成损失的，依法承担赔偿责任；构成犯罪的，依法追究刑事责任。"

在处罚时应当考虑排水户未按许可证要求排放污水的行为所造成的危害后果的大小；是偶尔为之，还是长期行为；是否实施了减轻危害后果的措施，排放污染物种类中是否含有禁止排入公共排水设施的成分；是否及时纠正等情形，以确定自由裁量处罚幅度。

对列入重点排污单位名录的排水户，《城镇污水排入排水管网许可管理办法》规定处 30 万元以上 50 万元以下罚款，也就是设定了处罚的下限，应当遵照执行。

《城镇污水排入排水管网许可管理办法》同时规定，城镇排水主管部门规定了对列入重点排污单位名录的排水户作出处罚的，应当将有关情况通知同级生态环境主管部门。这项规定有利于发挥行业管理的联动作用，采取有效措施纠正违法行为，执法人员应该遵守。

3. 未缴纳污水处理费。

行政处罚依据：《城镇排水与污水处理条例》第三十二条第一款、第五十四条。

4. 未按照国家有关规定将污水排入城镇排水设施，或者在雨水、污水分流地区将污水排入雨水管网。

行政处罚依据：《城镇排水与污水处理条例》第二十条、第四十九条。《城镇污水排入排水管网许可管理办法》第四条、第二十六条。

5. 排水户名称、法定代表人等其他事项变更，未依法及时向城镇排水主管部门申请办理变更。

行政处罚依据：《城镇污水排入排水管网许可管理办法》第十二条第二款、第二十九条。

6. 排水户以欺骗、贿赂等不正当手段取得排水许可。

行政处罚依据：《城镇污水排入排水管网许可管理办法》第三十条。

7. 因发生事故或者其他突发事件，排放的污水可能危及城镇排水与污水处理设施安全运行，没有立即停止排放，未采取措施消除危害，或者并未按规定及时向城镇排水主管部门等有关部门报告。

行政处罚依据：《城镇污水排入排水管网许可管理办法》第十五条、第三十一条。

8. 拒不接受水质、水量监测或者妨碍、阻挠城镇排水主管部门依法监督检查。

行政处罚依据：《城镇污水排入排水管网许可管理办法》第十八条第二款、第三十四条。

9. 建设、施工等有关单位违法行为处罚事项与行政处罚依据。

（1）建设、施工单位混接雨水管网、污水管网。

行政处罚依据：《城镇排水与污水处理条例》第十九条第二款、第四十八条。该条例规定，在雨水、污水分流地区，新区建设和旧城区改建不得将雨水管网、污水管网相互混接。

（2）有关单位未在施工前与施工单位、设施维护运营单位共同制定设施保护方案并采取相应的安全保护措施。

行政处罚依据：《城镇排水与污水处理条例》第四十一条第二款、第四十三条第四款、第五十七条第一款。该条例规定，在城镇排水与污水处理设施保护范围内从事爆破、钻探、打桩、顶进、挖掘、取土等可能影响城镇排水与污水处理设施安全的活动，以及建设工程施工范围内有排水管网等城镇排水与污水处理设施的，有关单位应当与施工单位、设施维护运营单位共同制定设施保护方案，并采取相应的安全保护措施。

（3）建设单位未经同意拆除或者改动公共排水设施。

行政处罚依据：《城镇排水与污水处理条例》第四十三条第四款、第五十七条第二款。该条例规定，因工程建设需要拆除、改动城镇排水与污水处理设施的，建设单位应当制定拆除、改动方案，报城镇排水主管部门审核，并承担重建、改建和采取临时措施的费用。

10. 单位和个人违法行为处罚事项与行政处罚依据。

（1）损毁、盗窃城镇排水与污水处理设施。

行政处罚依据：《城镇排水与污水处理条例》第四十二条第一项、第五十六条。

（2）穿凿、堵塞城镇排水与污水处理设施（擅自拆卸、移动城镇排水设施）。

行政处罚依据：《城镇排水与污水处理条例》第四十二条第二项、第五十六条，《城镇污水排入排水管网许可管理办法》第十四条第三项、第四项，第三十二条。

（3）向城镇排水与污水处理设施排放、倾倒剧毒、易燃易爆、腐蚀性废液和废渣（向城镇排水设施排放有害气体和烹饪油烟等）。

行政处罚依据：《城镇排水与污水处理条例》第四十二条第三项、第五十六条，《城镇污水排入排水管网许可管理办法》第十四条第一项、第二项，第三十二条。

（4）向城镇排水与污水处理设施倾倒垃圾、渣土、施工泥浆等废弃物（向城镇排水设施内排放、倾倒油脂、污泥等易堵塞物）。

行政处罚依据：《城镇排水与污水处理条例》第四十二条第四项、第五十六条，《城镇污水排入排水管网许可管理办法》第十四条第三项、第三十二条。

（5）建设占压城镇排水与污水处理设施的建筑物、构筑物或者其他设施。

行政处罚依据：《城镇排水与污水处理条例》第四十二条第五项、第五十六条。

（6）排水户擅自向城镇排水设施加压排放污水。

行政处罚依据：《城镇污水排入排水管网许可管理办法》第十四条第五项、第三十二条。

11. 城镇污水处理设施维护运营单位违法行为处罚事项与行政处罚依据。

（1）因城镇排水设施维护或者检修可能对排水造成影响，未提前通知可能影响其排水的相关排水户，或者未事先向城镇排水主管部门报告，采取应急处理措施。

行政处罚依据：《城镇排水与污水处理条例》第二十五条、第五十一条。

(2) 未按照国家有关规定检测进出水水质的，或者未报送污水处理信息。

行政处罚依据：《城镇排水与污水处理条例》第二十九条第二款、第五十二条第一款。

(3) 擅自停运或者部分停运城镇污水处理设施。

行政处罚依据：《城镇排水与污水处理条例》第三十一条第一款、第二款，第五十二条第二款。

12. 从事污泥处置活动单位和个人违法处罚事项与行政处罚依据。

(1) 对产生的污泥以及处理处置后的污泥的去向、用途、用量等未进行跟踪、记录的，或者处理处置后的污泥不符合国家有关标准。

行政处罚依据：《城镇排水与污水处理条例》第三十条、第五十三条第一款。

(2) 擅自倾倒、堆放、丢弃、遗撒污泥。

行政处罚依据：《城镇排水与污水处理条例》第三十条、第五十三条第二款。

五、燃气违法行为取证重点、事实认定与行政处罚

(一) 未取得燃气经营许可证从事燃气经营活动的取证重点、事实认定与行政处罚

由于国家对燃气经营实行许可证制度，没有获得县级以上地方人民政府燃气管理部门核发燃气经营许可证，任何人不得从事燃气经营活动。

1. 取证重点

(1) 向违法行为人的服务对象，即燃气用户进行调查取证。现场检查燃气用户用气设施、与燃气经营企业签订的供用气合同；制作笔录，问明是由哪家燃气经营企业供气，何时开始供气，是否有相关（通气或开通）点火手续、收费单据等凭证，了解供气总量、供气单价以及总收费等情况；现场拍摄用户燃气流量计读数的照片等证据。

(2) 对违法现场进行检查。对违法现场燃气（天然气或者液化石油气）的储气、输气、调压等设施进行现场拍摄（一定要现场拍摄燃气流量计读数的照片）。若是利用瓶组式供气站供气的，还要拍摄反映瓶组式供气站所在地址的照片等证据。还应收集供气管网的图纸、供气合同、收费通知单、发票等；复制或收集能证明违法事实的相关文件、数据和设备运行记录等。也可以制作现场检查（勘验）笔录，详细记录执法人员依法开展检查的主要过程，检查中发现的问题、相关数据等，以及与案件有关的其他事实。

(3) 要确认违法行为人没有得到燃气经营许可权。取得燃气主管部门出具的未发证证明，以证明违法行为人不是具有燃气经营权的企业。

(4) 取得供气企业工商营业执照、燃气经营许可证、授权委托书及法定代表人、委托代理人的身份证复印件等证据，获取违法主体基本信息。

(5) 询问。对违法行为人的法定代表人或者其委托代理人进行进一步调查询问。确认违法行为是否存在，实施违法行为的主体为当事人实施，实施违法行为的起始时间、地

点、原因、后果等情形。问明该企业提供燃气的用户数量、起始时间、供气规模、总供气量、供气价格、门站进气价格、燃气经营的销售收入等，核实违法事实情况等内容，并告知被询问人该行为违反的相关规定。

2. 违法事实认定

《城镇燃气管理条例》第十五条第一款规定：国家对燃气经营实行许可证制度。第二款规定：符合前款规定条件的，由县级以上地方人民政府燃气管理部门核发燃气经营许可证。

认定是否构成该违法行为，要有证据证明以下三点：一是燃气经营许可证是否由县级以上地方人民政府燃气管理部门核发的，其他单位授予和签发的无效；二是燃气经营企业是否依法取得燃气经营许可证；三是燃气经营企业是否从事了燃气经营行为。

3. 行政处罚

《城镇燃气管理条例》第四十五条第一款规定："违反本条例规定，未取得燃气经营许可证从事燃气经营活动的，由燃气管理部门责令停止违法行为，处5万元以上50万元以下罚款；有违法所得的，没收违法所得；构成犯罪的，依法追究刑事责任。"

处罚裁量需要考虑以下因素：违法企业经营规模，违法经营的行为对取得燃气经营许可证的燃气经营企业的合法权益所造成侵犯的大小，经营时间的长短，对其燃气用户造成的损失大小，是否实施了减轻危害后果的措施，是否及时纠正等情形。

为消除隐患和不良影响，必须责令停止违法行为，有违法所得的没收违法所得。认定是否有违法所得，应当有证据证明经营期间销售数量、价格等，由科学计算而来。

（二）燃气用户违法行为取证重点、事实认定与行政处罚

主要针对燃气用户违反安全用气方面法规规定的禁止性行为如何进行查处。在日常执法检查中，在不具备安全条件的场所使用、储存燃气的违法行为较为常见。

国家相关技术规范对使用和储存燃气场所的安全条件有明确严格规定，在不具备安全条件的场所储存燃气，存在事故隐患和风险，一旦发生事故将会给人民群众生命财产造成损失。该违法行为主要表现为燃气用户及相关单位和个人使用和储存瓶装燃气的场所不符合《城镇燃气设计规范》（GB 50028—2006）或者《建筑设计防火规范》（GB 50016—2014）（2018年版）中有关规定的情况。

1. 取证重点

（1）现场检查。①收集视频资料。拍照或摄影取证时要尽可能将违法行为人和物品（液化气钢瓶满瓶）一起拍，还需要拍摄反映不安全情形以及违法行为发生地点（如门牌号、钢瓶存储点周围建筑物等）的照片，证实违法行为人是在不安全的条件下储存、使用燃气。②制作现场检查（勘验）笔录。现场检查（勘验）笔录是行政执法人员将现场检查勘验情况和结果如实记录而制作的笔录。内容包括：检查时间、地点，现场检查发现的具体情况，当事人的基本情况，检查中发现的不符合安全条件的问题，是存在安全隐患还是

已经造成危害等内容，有无与案件有关的其他事实。

（2）违法行为人是个人的，将个人的身份证正反面拍照；违法行为人是个体工商户的，将个体工商户营业执照、负责人身份证正反面拍照；违法行为人是单位的，将工商营业执照、授权委托书及法定代表人、委托代理人的身份证复印件各一份，证明违法主体，获取当事人基本信息。

（3）制发责令改正通知书，并核查当事人在规定期限内是否改正违法行为。

（4）整改期限到后一定要到现场进行复查，查看当事人是否按照要求整改，对应第一次发现违法行为时反映问题的照片来拍整改后的照片，以形成前后对比，并制作现场检查（勘验）笔录。主要包括：执法人员责令改正后，当事人改正情况。核实对第一次检查中发现的不符合安全条件问题的逐条改正情况，是否仍存在安全隐患还是已经造成危害等内容。有无与案件有关的其他事实。多次检查的现场，每次均应制作现场检查（勘验）笔录。

（5）调查询问。违法行为人是单位的，因为现场配合制作笔录的人员有可能为临时工，为了防止违法行为人事后否认，还要针对单位负责人或其委托代理人进行进一步调查询问；必要时，分别对供气单位和违法行为人制作询问笔录。主要询问当事人的基本情况，确认违法行为是否为当事人实施；逾期未改正违法行为的原因、后果等情形，由此证明当事人是在不安全的条件下储存、使用燃气且逾期未改正的违法事实。要写明抗法人员送达整改通知书的具体时间，整改通知书的具体内容，确认未按要求整改的事实，有无法定从重、从轻、减轻或免于处罚的情形或者与案件有关的其他事实。告知被询问人该行为违反的相关规定。

2. 违法事实认定

《城镇燃气管理条例》第二十八条第五项规定，燃气用户及相关单位和个人不得在不具备安全条件的场所使用、储存燃气。

在不具备安全条件的场所使用燃气的违法行为主要表现为用户安装的热水器未装烟道或者烟道未出户，以及在用于住宿的房间里使用燃气等情况；在不具备安全条件的场所储存燃气的违法行为主要是在不具备国家相关技术规范要求的安全条件的场所储存瓶装燃气的情况。

对于用户在室内不安全场所使用燃气的行为一般很难发现，除非发生了燃气事故，事后才证明此事故是使用直排式热水器，或者群租户住宿烧饭在一室等。对于在不具备安全条件的场所储存燃气的行为，一般是单位用户（饭店、宾馆等用户）存放钢瓶的场所不符合要求，也有可能是"黑气点"私自设置的瓶库。若是"黑气点"储存钢瓶点，可以按照"未取得瓶装燃气供应许可证从事燃气经营活动的违法行为"予以查处。

3. 行政处罚事项和行政处罚依据

（1）擅自操作公用燃气阀门。

行政处罚依据：《城镇燃气管理条例》第二十八条第一项、第四十九条第一款第一项。

（2）将燃气管道作为负重支架或者接地引线。

行政处罚依据：《城镇燃气管理条例》第二十八条第二项、第四十九条第一款第二项。

（3）安装、使用不符合气源要求的燃气燃烧器具。

行政处罚依据：《城镇燃气管理条例》第二十八条第三项、第四十九条第一款第三项。

（4）擅自安装、改装、拆除户内燃气设施和燃气计量装置。

行政处罚依据：《城镇燃气管理条例》第二十八条第四项、第四十九条第一款第四项。

（5）改变燃气用途或者转供燃气。

行政处罚依据：《城镇燃气管理条例》第二十八条第七项、第四十九条第一款第六项。

（6）在不具备安全条件的场所使用、储存燃气。

行政处罚依据：《城镇燃气管理条例》第二十八条第五项、第四十九条第一款第五项。

《城镇燃气管理条例》第四十九条第一款第五项规定，违反本条例规定，燃气用户及相关单位和个人在不具备安全条件的场所使用、储存燃气的，由燃气管理部门责令限期改正；逾期不改正的，对单位可以处 10 万元以下罚款，对个人可以处 1000 元以下罚款；造成损失的，依法承担赔偿责任；构成犯罪的，依法追究刑事责任。

燃气管理部门的执法人员发现违法行为人的违法行为后，首先应该责令其限期改正。只有违法行为人在规定的期限内不改正其违法行为的，才可以对其实施行政处罚。

注意：第一，《城镇燃气管理条例》对单位和个人规定了不同的罚款处罚幅度；第二，同时设置了相应的民事责任和刑事责任；第三，行政处罚不能取代民事责任和刑事责任。

处罚裁量需要考虑以下因素：违法行为人的行为安全隐患大小（储存使用的地点是独栋还是楼房、室内人员多少、钢瓶量的多少等），违法时间长短，已造成的事故大小，整改到位情形等。

（三）从事建设、施工的单位和个人违法行为的取证重点、事实认定与行政处罚

在日常执法检查中，建设单位未会同施工单位与管道燃气经营者共同制定燃气设施保护方案，或者建设单位、施工单位未采取相应的安全保护措施的违法行为较为常见。案件来源主要是日常巡查发现、发生挖断燃气管道等事故后接到报修电话或者群众举报。

1. 取证重点

（1）执法人员到该施工现场进行检查，进行现场勘验、检查、测量、绘图、拍照，留取相关证据材料。执法人员进行勘验检查取证的，应当通知建设单位、施工单位的工作人员到场，拒不到场的，可以请在场的其他人员见证。现场照片用以证明案发现场地点和现场违法情形和取证情况等。拍照取证时要尽可能将违法行为人和已实施挖掘工程的现场拍在一起，若已经造成事故，还需要拍摄燃气管道被损坏的情况、施工机械、周围地下燃气管线警示标识等的现场铭片。照片要拍摄远景、近景至少各一张，反映违法行为发生地点（如施工工地旁的道路铭牌、路灯杆编号、周围建筑物等）、已造成的危害等情形的照片，证实违法行为人已经开始施工作业和已造成的危害程度。复制或收集该建设工程的相关图纸及该建设项目施工合同等相关资料。

（2）制作询问笔录。分别对建设单位、施工单位的相关工作人员进行询问，问明工程项目的名称，在工程项目开工建设以前（或施工前）是否与××燃气公司联系，并会同施工单位与××燃气公司共同制定对燃气设施的施工保护方案，如果回答"没有"，就可以按照"建设单位未会同施工单位与管道燃气经营者共同制定燃气设施保护方案"立案了。如果其回答"有"，就要求当事人提供××燃气公司出具的相关管线技术交底材料和共同制定的燃气设施保护方案，若确有保护方案，但是燃气管道还是被挖断了，就要问明工程项目施工前是否采取了相应的安全保护措施、工程施工的起始时间、燃气管道是怎么挖断的等问题，如果其回答"是用挖掘机挖断的"，就要查看燃气公司提供的管线交底，以及与其共同制定的保护方案，在燃气管线附近开挖路面一定不能采用挖掘机等机械开挖方式，而只能由人工一点点挖，以便看到"黄色警示带"后，标出燃气管线的位置和走向，并采取设置隔离墙等相应的安全保护措施后再施工。但是，施工人员为了赶工期往往因手工挖掘太慢而采用机械开挖。

只要施工人员没有按照燃气公司技术交底或者保护方案的要求采取相应的安全保护措施，就可以按照"施工单位未采取相应的安全保护措施"立案了。以上询问做好记录，由现场被检查人员签字确认。

（3）若发生燃气事故，一般是燃气公司的抢修人员第一个到现场的，若执法人员赶到现场时被挖断管道已经被修好，或者已经覆土，就无法获得相关照片，就需要对××燃气公司的抢修人员进行调查询问，制作调查询问笔录，问明被施工单位损坏的燃气管道的管径、损伤情况，当时现场的施工机械等情况，若燃气公司能提供抢修现场的照片，也请他们一并提供。

（4）必要时还需要对××燃气公司相关的工作人员进行调查询问，以证明当事人违法事实和已经造成的危害后果。在笔录中要核实在××工程施工前，××公司（施工单位）是否事先与燃气公司有关技术部门联系；若联系了问有没有向其提供了相关燃气管线的技术交底资料，他们有没有会同燃气公司共同制定燃气设施保护方案；施工前有没有通知燃气公司，燃气公司是否派人到现场交过底等情况；提供所出具技术交底的复印件等证明材料。如果燃气管道被损坏，还要问明因抢修造成的损失、用户停气等后果。如果施工单位采取的施工方式与燃气公司技术交底要求或者所制定燃气设施保护方案的施工方式不一致，则可认为施工单位没有按照要求，采取相应的安全保护措施。

（5）根据调查结果，判定违法行为人是"建设单位"还是"施工单位"后，要求其提供营业执照、授权委托书及法定代表人、委托代理人的身份证复印件各一份。

（6）如果是在挖掘路面工程实施前发现违法行为的，执法人员要制发责令改正通知书，并核查当事人在规定期限内是否改正违法行为。

（7）制作调查询问笔录。制作调查询问笔录，对单位法定代表人或其委托代理人进行进一步调查询问。调查被询问人的身份，实施违法行为的时间、地点、手段、后果、动机等；查明工程的实施主体；了解其是否知道施工范围内有燃气设施，施工前与燃气公司联系情况，会同施工单位与燃气公司共同制定对燃气设施的施工保护方案情况，采取安全保护措施情况。如果燃气管道已经被挖断了，还需要记录已造成的损失、用户停气等后果，问明事故发生后是如何处理的，是否采取补救措施，是否依法赔偿损失，以及有无法定从重、从轻处罚的情形或者与案件有关的其他事实。

2. 违法事实认定

《城镇燃气管理条例》第三十七条第三款规定，建设工程施工范围内有地下燃气管线等重要燃气设施的，建设单位应当会同施工单位与管道燃气经营者共同制定燃气设施保护方案。建设单位、施工单位应当采取相应的安全保护措施，确保燃气设施运行安全；管道燃气经营者应当派专业人员进行现场指导。依据本条规定，建设单位未会同施工单位与管道燃气经营者共同制定燃气设施保护方案；建设单位、施工单位未采取相应的安全保护措施。有上述这两种违法行为的，即可以涉嫌违法。

对于该违法行为认定要把握以下几点：第一，构成该违法行为的主体是单位，即工程建设单位或施工单位；第二，工程建设单位和施工单位知道建设工程施工范围内有地下燃气管线等重要燃气设施；第三，建设单位和施工单位没有与管道燃气经营者共同制定燃气设施保护方案，或者没有采取相应的安全保护措施，确保燃气设施运行安全。

有证据证明上述三项都满足的，就构成相应的违法行为。

3. 行政处罚事项和行政处罚依据

（1）侵占、毁损、擅自拆除、移动燃气设施或者擅自改动市政燃气设施。

行政处罚依据：《城镇燃气管理条例》第三十六条第一款、第三十八条第一款、第五十一条第一款。

（2）毁损、覆盖、涂改、擅自拆除或者移动燃气设施安全警示标志。

行政处罚依据：《城镇燃气管理条例》第三十六条第一款、第五十一条第二款。

（3）建设单位未会同施工单位与管道燃气经营者共同制定燃气设施保护方案。

行政处罚依据：《城镇燃气管理条例》第三十七条第三款、第五十二条。

（4）建设单位、施工单位未采取相应的安全保护措施。

行政处罚依据：《城镇燃气管理条例》第三十七条第三款、第五十二条。

《城镇燃气管理条例》第五十二条规定："违反本条例规定，建设工程施工范围内有地下燃气管线等重要燃气设施，建设单位未会同施工单位与管道燃气经营者共同制定燃气设施保护方案，或者建设单位、施工单位未采取相应的安全保护措施的，由燃气管理部门责令改正，处1万元以上10万元以下罚款；造成损失的，依法承担赔偿责任；构成犯罪的，依法追究刑事责任。"

注意：第一，法律规定了行政处罚责任、民事赔偿责任和刑事责任，行政处罚不能代替民事责任和刑事责任。第二，行政处罚裁量需要考虑以下因素，是否有燃气公司的人现场指导，安全隐患大小，是否造成事故，或者所造成的事故和损失大小、损坏燃气管道后造成停气范围大小、是否履行了赔偿义务等情形。

六、城市照明设施管护违法行为取证重点、事实认定与行政处罚

在日常执法检查中，擅自在城市照明设施上张贴、悬挂、设置宣传品、广告的违法行为较为常见。

（一）取证重点

1. 现场拍摄照片。从近至远，拍摄在城市照明设施上张贴、悬挂、设置宣传品或者广告的内容、地点、数量、联系人、联系方式等。地点和数量可以通过拍摄该城市道路的路名牌、道路两侧建筑物门牌号、路灯编号等予以证明。若已经造成城市照明设施损坏的，还要拍摄损坏情况。

2. 现场检查（勘验）。可以根据宣传品或者广告上写明的单位名称和联系方式。要求有关单位派人到现场配合调查。填写现场检查的简要经过，包括检查的时间、地点、过程，检查的内容、范围、方式，被检查人或被检查单位的有关人员是否到场等；检查中发现的涉嫌违法张贴、悬挂、设置宣传品或者广告的内容和数量等；一案多处现场的，要分别制作笔录。有损失的，要详细记录损失的具体情况。必要时，可制作勘验图。

3. 取得满足书证要求的能反映违法行为人相关身份信息的复印件，落实违法主体身份。

4. 询问。制作询问笔录，对违法行为人进行询问，主要询问实施违法行为的起始时间，张贴、悬挂、设置宣传品或者广告的内容和数量，是否办理了相关审批手续，是否造成照明设施损毁，进一步核实违法事实情况等，并告知被询问人该行为违反的相关规定。

5. 取得损坏后是否采取措施的证据。《城市照明管理规定》第二十九条规定：损坏城市照明设施的单位和个人，应当立即保护事故现场。防止事故扩大，并通知城市照明主管部门。要注意收集这方面证据，作为处罚时裁量的依据。

（二）违法事实认定

《城市照明管理规定》第二十八条第三项规定，任何单位和个人不得擅自在城市照明设施上张贴、悬挂、设置宣传品、广告。

认定构成该违法行为，只要证实下列三点：第一，当事人实施了张贴、悬挂、设置宣传品、广告的行为；第二，宣传品、广告张贴、悬挂、设置的载体是城市照明设施；第三，该行为未经相关主管部门批准。

（三）行政处罚事项和行政处罚依据

1. 在城市照明设施上刻画、涂污。

行政处罚依据：《城市照明管理规定》第二十八条第一项、第三十二条。

2. 在城市照明设施安全距离内，擅自植树、挖坑取土或者设置其他物体，或者倾倒含酸、碱、盐等腐蚀物或者具有腐蚀性的废渣、废液。

行政处罚依据：《城市照明管理规定》第二十八条第二项、第三十二条。

3. 擅自在城市照明设施上架设线缆、安置其他设施或者接用电源。

行政处罚依据：《城市照明管理规定》第二十八条第四项、第三十二条。

4. 擅自迁移、拆除、利用城市照明设施。

行政处罚依据：《城市照明管理规定》第二十八条第五项、第三十二条。

5. 擅自在城市照明设施上张贴、悬挂、设置宣传品、广告。

行政处罚依据：《城市照明管理规定》第二十八条第三项、第三十二条。

6. 从事其他可能影响城市照明设施正常运行的行为。

行政处罚依据：《城市照明管理规定》第二十八条第六项、第三十二条。第六项是个兜底性条款，是指除列举行为以外，可能影响城市照明设施正常运行的行为。

《城市照明管理规定》第三十二条规定，由城市照明主管部门责令限期改正。对个人处以200元以上1000元以下的罚款；对单位处以1000元以上3万元以下的罚款；造成损失的，依法赔偿损失。

注意：第一，对个人和单位处罚额度有差别。第二，处罚裁量需要考虑以下因素，在城市照明设施上张贴、悬挂、设置宣传品或者广告的数量，是否已造成路灯灯杆歪斜、损伤等明显损害，造成损害是否及时保护报告，是否及时纠正等情形。造成损失的，要依法承担赔偿责任。

第八章　城市违法建设执法实务

第一节　违法建设基本概念和种类

目前，国家立法层面并没有"违法建设"或相似的概念表述，一般用于行政管理过程中作为违反法律、法规的建设活动的简称，有时也作为名词使用，指违反法律、法规建设而成的建筑物、构筑物或设施。

广义的违法建设应当包括违反各类法律、法规的建设行为，例如：违反《中华人民共和国土地管理法》非法占用土地新建建筑物，违反《中华人民共和国人民防空法》新建影响人防工程的建筑物，违反《中华人民共和国水法》建设妨碍行洪的建筑物等。狭义的违法建设主要是指违反《城乡规划法》等规划管理法律、法规的建设行为。

在《城乡规划法》的范畴中，由于"违法建设"行为发生地不同，查处的主体也不同。例如，城镇规划区的违法建设，一般应当由规划主管部门查处。但有的城市由城管部门集中行使对规划违法行为的处罚权；乡村规划区的违法建设，一般由乡、镇人民政府负责查处。本章主要讨论违反《城乡规划法》，由城管部门查处的在城镇规划区进行的违法建设。

根据《城乡规划法》规定，城镇规划区内的建设行为实施建设工程规划许可证管理制度，根据是否取得许可，是永久建筑许可还是临时建筑许可，临时建筑许可是否超期等具体规定，违法建设主要可以分为以下几类：

（1）未取得建设工程规划许可证进行建设。
（2）未按照建设工程规划许可证的规定进行建设。
（3）利用失效的建设工程规划许可证进行建设。
（4）未经批准进行临时建设。
（5）未按照批准内容进行临时建设。
（6）临时建筑物、构筑物超过批准期限不拆除的。

此外，根据一些地方性法规，还有一些其他类的违法建设，如《江苏省城乡规划条例》规定了对擅自新建地下建筑物、构筑物的处罚，擅自改变经规划审批的地下空间的使用功能、层数和面积的处罚等。

第二节 违法建设查处程序及注意的问题

对于违法建设案件的查处，作出的处理决定有罚款、没收、责令限期拆除等不同内容。根据《行政处罚法》的规定，实施罚款、没收等行政处罚，必须依据《行政处罚法》规定的立案、调查、处罚告知、处理决定等法定程序进行查处。而对违法建设单独作出责令限期拆除决定的，依据国务院法制办的相关答复，不属于行政处罚。但是，根据程序正当原则，作出责令限期拆除决定仍然需要参照行政处罚的规定履行必要的查处程序，保障当事人的各项权利。

根据《行政处罚法》《住房和城乡建设行政处罚程序规定》，依照普通程序查处违法建设案件主要有以下几个步骤。

（一）线索登记核查

根据《住房和城乡建设行政处罚程序规定》，执法机关对依据监督检查职权或者通过投诉、举报等途径发现的违法行为线索，应当在十五日内予以核查，情况复杂确实无法按期完成的，经本机关负责人批准，可以延长十日。经核查，符合下列条件的，应当予以立案：（一）有初步证据证明存在违法行为；（二）违法行为属于本机关管辖；（三）违法行为未超过行政处罚时效。相应地，不符合立案条件的，在核查后可以不予立案。对在建违法建设采取快速处置程序的，在核查时也可以建议采取立案之外的其他措施。

值得注意的是，一般的行政处罚案件追责时效为二年，涉及公民生命健康安全、金融安全且有危害后果的，上述期限延长至五年。但是，违法行为有连续或者继续状态的，从行为终了之日起计算。根据全国人大法工委的相关意见，违法建设行为因其带来的建设工程安全质量隐患和违反城乡规划的事实始终存在，应当认定其行为有继续状态，行政处罚时效应当自行为终了之日起计算。也就是说，在由相关执法机关对涉案违建下达处理决定之前，该违建案均未超过追责时效。

（二）立案

符合立案条件的，执法人员应当填写立案审批表，附上相关材料，报机关负责人批准。立案前核查或者监督检查过程中依法取得的证据材料，可以作为案件的证据使用。但是，先调查再立案必须有一定的理由，不得故意延迟立案的时间。

（三）调查

立案后执法人员应当及时依法开展调查取证工作。通常的调查方法有：听取当事人陈述，询问证人，调取、查阅房产证、土地证、建设工程规划许可证等书证，进行检测、检验、鉴定等。

在证据可能灭失或者以后难以取得的情况下，经本机关负责人批准，可以对证据先行登记保存。对于先行登记保存的证据，应当在七日内作出处理决定。

（四）告知

经过详细的调查取证，能够确定案件事实，需要对当事人下达行政处罚决定或者责令限期拆除决定的，应当填写告知审批表，附上相关材料和告知书草稿，报机关负责人审批。经过审批后向当事人下达事先告知书，告知当事人拟作出的决定内容及事实、理由、依据以及当事人依法享有的陈述权、申辩权。

值得注意的是对当事人处较大数额罚款、没收较大数额违法所得、没收较大价值非法财物的还应当告知当事人享有申请听证的权利。

下达责令限期拆除决定的，一般不需要告知听证权。因为责令限期拆除主要是要求当事人消除自身违法行为对规划造成的影响，纠错的意义远远大于惩戒的意义，一般不认为对当事人的合法权益造成重大影响，不属于《行政处罚法》规定的"其他较重的行政处罚"。但是，根据近年来各地法院的一些判例，对于有证据表明买受人通过较大数额购入了违法建设，对买受人下达责令限期拆除决定的，可视情况告知听证权。

违法建设案件经常存在"行政相关人员"，即除了当事人之外的利害关系人，例如房东、租客、房屋共有人等，行政机关也应当将经调查确定的案件事实和拟作出的处理决定告知行政相关人，听取其陈述、申辩。

此外，对于重大复杂疑难的案件，还应当履行重大执法决定法制审核、城管执法机关负责人集体讨论等程序。

（五）下达处理决定

送达告知书之后，当事人五日内未进行陈述、申辩，申请听证或者是听取了陈述、申辩、组织了听证之后经复核不需要变更原处理决定的，可以正式下达行政处罚或责令限期拆除决定。

关于办案的时限问题，《行政处罚法》第六十条规定："行政机关应当自行政处罚案件立案之日起九十日内作出行政处罚决定。法律、法规、规章另有规定的，从其规定。"《城乡规划法》第六十八条规定"限期拆除"属于行政命令，不属于行政处罚。一般会在九十日内作出限期拆除的行政命令，不属于"法律、法规、规章另有规定的，从其规定"的范畴。

另外，《住房和城乡建设行政处罚程序规定》规定，执法机关应当自立案之日起九十日内作出行政处罚决定。因案情复杂或者其他原因，不能在规定期限内作出行政处罚决定的，经本机关负责人批准，可以延长三十日。案情特别复杂或者有其他特殊情况，经延期仍不能作出行政处罚决定的，应当由本机关负责人集体讨论决定是否再次延期，决定再次延期的，再次延长的期限不得超过六十日。案件处理过程中，听证、检测、检验、鉴定等时间不计入前款规定的期限。城市管理部门查处违法建设案件，可以按照上述规定办理。

第三节　违法建设的取证与事实认定

违法建设案件调查取证时应查明当事人、建设时间、建设地点、建设的建筑物、构筑物或设施的具体结构、建设状态、工程造价等信息。

(一) 当事人的确定

根据《城乡规划法》规定，在城市、镇规划区内进行建筑物、构筑物、道路、管线和其他工程建设的，建设单位或者个人应当办理相关规划手续。故违法建设案件的当事人一般应当是出资建设涉案建筑物、构筑物或其他工程的单位或者个人，其可能是违法建设所附着的产权房屋的产权人或是违法建设所占用土地的土地权人，也可能是通过租赁等其他方式临时占有上述房屋或土地的人。特殊情况下，违法建设的买受人也可以作为违法建设案件的当事人，其虽不是违法建设的行为人，但其是违法建设的现实使用人、受益人，其所有、管理的房产具有违反行政管理秩序的状态，可认为其具有继续状态责任，执法部门可以责令其限期拆除，这符合行政法的比例原则、效率原则。

但是，不管最终认定何人为案件的当事人，在最初调查的时候，应当调查产权人。一方面是因为产权人通常持有产权登记证明、租赁协议等书证的原件，方便执法人员调查核实；另一方面是因为产权人即使不是违法建设案件的行政相对人（即当事人），也是该案件的行政相关人。执法机关有必要将立案查处、拟下达处理决定等情况告知产权人，听取产权人的陈述、申辩。根据初步调查到的证据，可以分以下几种情形确定当事人。

1. 行为人即产权人（土地权人）

一般来说，违法建筑的建设者既是产权人又是行为责任人时，认定其为当事人没有争议。产权人（土地权人）如果承认是自己出资建设了相关违建，结合产权登记或者土地登记信息，可以确定其就是案件的当事人。

值得注意的是，有的房屋产权为家庭成员共有、合伙人共有，应向每个产权人进行调查。调查询问笔录应一人一份，不得采用同一份笔录对多个人同时进行询问。各产权人陈述的事项应如实记录，如存在矛盾或不合理之处，执法人员应当进行追问、要求其提供证据，或者通过其他方法进行调查佐证，再根据查明的事实确定当事人。确认是多人共同出资的，应列明多个当事人。

2. 行为人是第三人

产权人陈述并非自己建设，而是第三人建设的，应当向第三人进行调查。实务当中，第三人一般是合法建筑或土地的承租人，出于使用需要，擅自进行了改建、扩建。第三人承认自己是出资人,且可以和产权人的陈述相印证的,以该第三人为当事人。执法人员可以向产权人和第三人调取租赁协议、产权证等必要证据。第三人不配合调查,但在调查时仍通过租赁等方式占有相关违法建设的,执法部门可以通过产权人、其他证人的证言,房屋租赁协议等书证等方式固定证据,认定第三人为当事人。

第三人已经不占有涉案违建,也不出面接受调查的,可以以调查时的产权人为当事人。这么做的依据是,根据民法的规则,建筑材料通过建设等方式添附在不动产上的,归不动产的产权人所有。虽然在有明确的建设者的情况下,违法建设的当事人应是该建设者,即实际出资人。但是,在没有明确的建设者的情况下,例如出资人是前任房主、以前的租客等情况,他和涉案违建及其附着的合法建设已经没有关联性,通常不愿意配合调查,甚至迁居至异地无法取得联系方式,出于行政效率和权利义务相统一的原则考虑,可以认定产权人为当事人。实务当中,执法部门可以再搜集一些前任房主、租客建设违建后通过转让、租金减免等方式将出资责任转移给产权人的证据,进一步增强认定产权人为当事人的合理性和合法性。

3. 买受人也可以作为案件当事人

违法建设的买受人也可以作为案件的当事人。一方面的理由基本和上文一致,即违法建设的行为责任人不管是前产权人,还是前租客,如果已经不再占有相关建筑物、构筑物的情况下,通常很难找到他进行调查,更不用说让他承担相关责任;另一方面,拆除相关违建显然对买受人的权益影响更大。违法建设因其特殊性,除了建设时的行为责任,还有消除对规划等的持续影响的状态责任。以买受人为当事人,责令其拆除违法建筑,恢复原状,是消除对现行管理秩序影响的必要手段,符合妥当性、合理性原则,也有助于提高行政效率。同时,考虑到买受人并非违法建设的行为人,根据必要、均衡的原则,可以不给予罚款的行政处罚。违法建设售出后,如果还查找到了原来的建设行为人,可以对其作出罚款的行政处罚,对其违反行政管理秩序的行为予以惩戒。

4. 无产权人也无法确定行为人

违法建筑建设没有附着于合法建筑上,所占用土地也没有明确的权利人的情况较少,但是实务当中也存在这种情况。例如,该地块本来是郊野荒地,随着城市化的进程,周围越来越繁华,逐渐被纳入管理范围,被执法部门发现或被群众举报,需要进行查处。这种情况应首先上门调查,请占有人接受调查、说明情况。通过占有人调查询问笔录,所在村、社区管理人员、网格员笔录,占有人提供的书证和村、社区提供的书证的证据相互论证,形成证据链,确定当事人。违法建设没有附着在产权房屋上,所占用土地也没有明确的土地权人,又无法确定建设行为人的,可以在公共媒体、门户网站、违法建设现场等发布公告,通知建设单位或者个人接受处理。有单位或个人申请主张权利的,执法部门应认真调查核实。公告期满仍然没有单位和个人接受主张权利的,有的地方性法规规定市、县(市)人民政府可以组织强制拆除或者没收。

（二）违建时间、地点的确定

违法建设的时间、地点主要依据当事人的调查询问笔录、证人证言确定，辅以其他书证佐证。例如，企业的注册时间、地点，租赁协议时间、地点，外部小区整体建设时间等，都可能从侧面证明违建的时间、地点信息，如果能和笔录内容相互印证，则违建的时间、地点确定无疑。

1. 违法建设的时间

确定违法建设的时间，应注意几个时间节点：1984年1月5日《城市规划条例》实施，1990年4月1日《中华人民共和国城市规划法》实施（2008年1月1日废止），2008年1月1日《中华人民共和国城乡规划法》实施。

根据《行政处罚法》，一般的违法行为，追责时效为二年，但是根据住房和城乡建设部《关于转发全国人大常委会法工委办公室〈对关于违法规划许可、工程建设强制性标准建设、设计违法行为追溯时效有关问题的意见〉的通知》（建法〔2012〕43号）："根据《意见》，违法建设行为因其带来的建设工程质量安全隐患和违反城乡规划的事实始终存在，应当认定其行为有继续状态，行政处罚时效应当自行为终了之日起计算，即在违法事实存续期间和纠正违法行为之日起二年内发现的，应当对违法行为进行处罚。"所以，即使是在2008年《城乡规划法》实施之前的违法建设，但是由于其客体（建筑物或者构筑物）持续存在，且并未依法办理（补办）建设工程规划许可证，即认定其违法行为持续存在，适用作出行政行为时有效的《城乡规划法》并无不妥。但是在2008年之前的建设，还应综合考虑其建设地点，例如，历史上是处于城市、镇规划区，还是乡、村庄规划区，以及是否后来由于区划调整转变为城市、镇规划区等情形。一般认为，1984年以前的建设不能认定为违法建设。1984年以后，2008年《城乡规划法》实施之前的房屋，如其一直处于城镇规划区，而又没有取得（补办）建设工程规划许可证或产权证明的，可以认定其为违法建设，但应综合考量具体案情、是否严重影响规划等因素，决定是否拆除，无法决定时应函询自然资源和规划部门意见。2008年之后的建设行为，应严格按照《城乡规划法》的规定申领建设工程规划许可证。

出现涉案房屋明显不是近年新建，但又无法查明具体建设时间的时候，应注意搜集各方证据，将时间固定在几个时间节点之内。对当事人明显有利于自己的陈述（如声称涉案建筑建设于1984年之前），而又无法提供佐证材料的，执法部门应进行核实。核实可以通过向邻居、所在村社区工作人员调查。自然资源和规划部门每年、每季度都会对所有土地进行航拍，必要时也可以到自然资源和规划部门相关科室进行查阅，通过航拍图的拍摄时间佐证建设时间。

2. 违法建设的地点

违法建设的地点因为从现实状态即可查明，即使存在门牌号码变动、表述误差等问题，也可以通过现场勘验的方式予以确定。违法建设的地点带来的争议主要是规划区的认定,城市、镇规划区和乡、村庄规划区适用不同的法律条款,管理部门、查处部门也不一致,难以确定的时候,可向自然资源和规划部门函询涉案地点是否位于城市、镇规划区。

(三) 违建的具体情况

违法建设案件需查清涉案建筑的具体情况,如层数、结构、面积、用途、造价等。

1. 建筑的层数、结构、面积等,以及其和周边建筑的具体相对位置,应在查案时予以明确,避免在拆除阶段引起纠纷。上述内容的证据主要有当事人陈述、证人证言,执法人员进行现场勘验的笔录、绘图、照片等材料。对于结构相对简单的建筑,执法人员可自行绘制。由于建筑、自然资源和规划部门在计算建筑面积的时候有详细的规定,如《建筑工程建筑面积计算规范》规定,建筑层高2.1米以上的建筑计算全面积,层高1.2米及以上至2.1米以下的计算1/2面积,坡屋顶建筑层高1.2米以下的不计算面积等。执法人员可大致了解,具体执法测绘中可按实际情况描述边长、面积、檐口高度等,不使用"建筑面积"而使用"面积""高度"等中性的词汇,避免误用专业词语带来的争议。在体量较大、结构复杂的案件中,也可聘请有资质的第三方测绘公司进行专业测绘。

2. 建筑的造价,主要会影响罚款案件的处罚金额。常见的证明建设工程造价的证据有施工合同、工程预算书、工程决算书等。违法建设案件中说的工程造价是指涉案建筑土建造价,而不包括用于装修的经费。有的地区,自然资源和规划部门会提供工程造价计算表,对常见的建筑结构对应的每平方米造价给出参考值,当体量较小的建筑,当事人提供的书证材料中证明的工程造价和参考值一致时,可直接予以采信,从而提高行政效率、节约行政成本。确定建筑造价的书证一般有竣工结算证明、施工合同,以及有资质的造价咨询机构的评估证明。对于当事人提供的竣工结算证明、施工合同明显低于一般工程造价的,执法机关应当委托有资质的造价咨询机构评估确定。

(四) 建设进度

查明涉案建筑的建筑进度,主要是要查明涉案建筑是否已完工。对于已完工的建筑,根据《行政强制法》第四十四条的规定,只能在下达拆除决定后,等待复议申请或起诉期限届满后才能进入强制执行程序。而对于未完工的建筑,2018年3月30日,最高人民法院行政审判庭庭长黄永维到第一巡回法庭调研,研究形成了《第一巡回法庭巡回区四省区行政审判法律适用若干疑难问题的意见》,其中第26条提到,通过分析《城乡规划法》第六十八条规定的具体内容,"规划部门对在建违法建筑物、构筑物、设施等作出责令停止建设或者限期拆除,实质是为制止违法行为、避免危害发生、控制危险扩大,对公民、法人或者其他组织的财物实施的暂时性控制行为,应当属于行政强制措施行为,不是行政强制执行措施;只有规划部门对已建成的违法建筑物、构筑物、设施等作出的限期拆除决定,当事人逾期不自行拆除,县级以上人民政府责成有关部门强制拆除的行为,才属于行政强制执行行为,受《行政强制法》第四十四条的限制。"

目前，很对地区在实务当中对正在进行的违法建设采取了快速拆除程序，即责令当事人自行整改，逾期不整改的即可根据《行政强制法》第十八条的规定，依照行政强制措施的程序予以拆除。对于正在进行的违法建设的查处，证实涉案建设是否完工尤为重要。执法人员在收到案件线索后，应在第一时间到达现场，通过视频录像、现场勘验等方式固定证据，证实涉案建设是否完工。此处指的"完工"主要是指涉案建筑已完成土建阶段；对于体量比较小的建筑物、构筑物或设施，如在几个小时内即可搭建完成的铁皮棚、活动板房等，虽然已经搭建完成了，但是执法机关在合理的时间内发现的，可视同正在进行的违法建设。

（五）涉案建筑是否经过许可等情况

违法建设和案件应查明建设行为是否取得相关许可，临时性许可是否过期，是否属于可以改正的情形等情况。建设行为的许可情况首先应向当事人直接询问，要求其提供房屋产权证、土地证、建设工程规划许可证等。常见的还有购房合同、公租房合同、宅基地批文等。当事人拒绝提供，或拒绝提供原件的，应当到有关部门进行核实。

常见的可以核查房产资料的部门有住房城乡建设部门下设的房地产档案馆、城市建设档案馆、产权登记中心等；核查建设工程规划许可证申领情况、土地使用情况的是自然资源和规划部门。房地产档案馆和产权登记中心可以查询到产权建筑的地址、面积、产权人；城市建设档案馆可以查询到大型建筑物的竣工图，曾经申领过建设工程规划许可证改建过的民房的申请材料。实务中，这些部门的工作人员可能会认为只有公检法等部门才能查询，但是根据《行政处罚法》第二十六条的规定，执法机关可以向有关机关提出协助请求，协助事项属于被请求机关职权范围内的，应当依法予以协助。遇到查询困难的，执法机关应积极和相关部门沟通，畅通执法协助渠道。

（六）涉案建筑是否属于尚可采取改正措施消除对规划实施的影响的情形

依据规划方面的法律法规对违法建设作出处理，关键点在于涉案建设是否属于尚可采取改正措施消除对规划实施的影响的情形，即通常所说的是否属于尚可改正的情形。判断是否属于尚可改正的情形，执法机关可以征求自然资源和规划部门的意见，也可以根据法律法规的规定自行判断。

1. 征求自然资源和规划部门的意见

当城管部门作为集中行使规划管理方面处罚权的执法机关对违法建设进行查处时，一般会发函给自然资源和规划部门，在确认涉案建设是否办理规划相关许可的同时，询问涉案建设是否属于尚可改正的情形。自然资源和规划部门明确回复"属于"或"不属于"的，城管部门可据此作出处理决定。对于比较有争议的案件，城管部门和自然资源和规划部门可召开联席会议、具体案件会商会议等方法进行讨论，城管部门根据查处情况和案件事实、对周边相邻权的影响等方面出具意见，自然资源和规划部门根据相应的规划技术规范出具意见，然后根据会商、记录的结果作出处理决定。会议记录作为内部讨论资料，可以不向群众公开，但是相关的技术规定可以在处罚决定书中予以引用，以证明处罚决定的合理性、合法性。

2. 根据法律、法规的规定自行判断

如果法律、法规有明确规定的，执法机关也可以自行判断是否属于尚可改正的情形。

《住房和城乡建设部关于印发〈关于规范城乡规划行政处罚裁量权的指导意见〉的通知》（建法〔2012〕99号）指出，只有下列两种情形属于尚可改正的情形："（一）取得建设工程规划许可证，但未按建设工程规划许可证的规定进行建设，在限期内采取局部拆除等整改措施，能够使建设工程符合建设工程规划许可证要求的。（二）未取得建设工程规划许可证即开工建设，但已取得城乡规划主管部门的建设工程设计方案审查文件，且建设内容符合或采取局部拆除等整改措施后能够符合审查文件要求的。"根据上述规定，对未取得建设工程规划许可证，也未取得建设工程设计方案审查文件的建筑物、构筑物或其他设施一律认定为不属于尚可改正的情形，从而下达限期拆除决定显得过于绝对。实务中仅依据建法〔2012〕99号文下达限期拆除决定的，很有可能得不到司法机关的支持。

实践中，有的地方性法规明确规定了属于尚可改正或者不属于尚可改正的具体情形，可以作为下达处理决定的依据。例如：《安徽省城乡规划条例》第五十四条第二款规定："前款所称未取得建设工程规划许可证或者未按照建设工程规划许可证的规定进行建设，尚可采取改正措施消除对规划实施的影响的，应当符合下列情形：（一）违法建设工程处于城乡规划确定的建设用地范围内，不影响控制性详细规划或者乡规划和村庄规划实施的；（二）违法建设工程不危害公共卫生、公共安全，不影响基础设施和公共服务设施正常运行的；（三）违法建设工程不违反城乡规划确定的自然资源、生态环境和历史文化遗产保护要求的；（四）违法建设工程未侵犯利害关系人合法权益、造成不良社会影响，或者经过改正后可以消除的。"

《江苏省城乡规划条例》第六十二条第二款规定："前款所称无法采取改正措施消除影响应当限期拆除的情形，包括：（一）占用城市道路、广场、绿地、河湖水面、地下工程、轨道交通设施、通信设施或者压占城市管线、永久性测量标志的；（二）占用各级文物保护单位保护范围用地进行建设的；（三）违反建筑间距、建筑退让城市道路红线、建筑退让用地边界等城市规划管理技术规定或者控制性详细规划确定的强制性内容的；（四）擅自在建筑物楼顶、退层平台、住宅底层院内以及配建的停车场地进行建设的；（五）其他无法采取改正措施消除影响的。"

对于没有地方性法规明确规定，或者不属于明确规定的情形的，执法部门应当通过自然资源和规划部门的意见、相关技术规范、对公共利益和他人合法权益的影响等多方面进行充分论证，方可作出处理决定。

第四节 违法建设处罚的法律依据及其适用

一、违法建设处罚的法律依据

根据前文所述，本章主要讨论在城镇规划区由城管部门集中行使处罚权查处的违反《城乡规划法》的违法建设。查处违反《城乡规划法》建设行为法律依据主要有：

《城乡规划法》第四十条第一款："在城市、镇规划区内进行建筑物、构筑物、道路、管线和其他工程建设的，建设单位或者个人应当向城市、县人民政府城乡规划主管部门或者省、自治区、直辖市人民政府确定的镇人民政府申请办理建设工程规划许可证。"

第四十四条："在城市、镇规划区内进行临时建设的，应当经城市、县人民政府城乡规划主管部门批准。临时建设影响建设规划或者控制性详细规划的实施以及交通、市容、安全等的，不得批准。

临时建设应当在批准的使用期限内自行拆除。

临时建设和临时用地城乡规划类的具体办法，由省、自治区、直辖市人民政府制定。"

第六十四条："未取得建设工程规划许可证或者未按照建设工程规划许可证的规定进行建设的，由县级以上地方人民政府城乡规划主管部门责令停止建设；尚可采取改正措施消除对规划实施的影响的，限期改正，处建设工程造价百分之五以上百分之十以下的罚款；无法采取改正措施消除影响的，限期拆除，不能拆除的，没收实物或者违法收入，可以并处建设工程造价百分之十以下的罚款。"

第六十八条："城乡规划主管部门作出责令停止建设或者限期拆除的决定后，当事人不停止建设或者逾期不拆除的，建设工程所在地县级以上地方人民政府可以责成有关部门采取查封施工现场、强制拆除等措施。"

第六十六条："建设单位或者个人有下列行为之一的，由所在地城市、县人民政府城乡规划主管部门责令限期拆除，可以并处临时建设工程造价一倍以下的罚款：（一）未经批准进行临时建设的；（二）未按照批准内容进行临时建设的；（三）临时建筑物、构筑物超过批准期限不拆除的。"

二、《城乡规划法》的法律适用

（一）法律适用的地域范围

根据上述《城乡规划法》规定，集中行使规划管理方面处罚权的城管执法部门，对违法建设或者是临时违法建设进行查处，适用的地域范围均应当是城、镇规划区。随着城市化的发展，一些地区原本属于乡、村规划区，后调整为城、镇规划区的，对于历史上存在的没有取得产权证明的房屋不能认定为违法建设，但是上述区域内的房屋如果进行翻、改建甚至是拆除重建的，应当取得《建设工程规划许可证》，否则即可认定为违法建设。

（二）法律责任的具体适用

根据《城乡规划法》的有关规定，违法建设的当事人可能需要承担的法律责任有停止建设、限期改正、罚款、限期拆除、没收实物或违法收入。

1. 责令停止建设

不管何种违法建设，执法部门首先应当责令其停工，然后查明各项事实后，根据是否属于尚可改正的情形作出后续处理决定。

2. 属于尚可改正的情形的，责令限期改正并处罚款

对于是否属于尚可改正的情形的判断，前文已经具体阐述，这里不再重复。对于属于尚可改正的，自然要先责令改正。即使没有《城乡规划法》的具体规定，根据《行政处罚法》的规定，行政机关实施行政处罚时，也应当责令当事人改正或者限期改正违法行为。改正的具体方法一般是补办《建设工程规划许可证》。执法部门应当督促符合条件的当事人及时补办《建设工程规划许可证》，不得仅关注罚款的收缴情况而不关注当事人改正的情况。

实务当中，还存在一些其他改正的方法。一些房屋因客观原因无法补办《建设工程规划许可证》，但仅仅是对原合法房屋进行了原址原样翻建，或者是在翻建过程中进行了少量的扩建、结构调整等，可以通过将扩建、改建部分改回原样等方法消除对规划和他人相邻权的影响。

对于属于尚可改正的情形的，在责令改正的同时还应当并处罚款。罚款的金额，《城乡规划法》规定的是："处建设工程造价百分之五以上百分之十以下的罚款。"住房和城乡建设部《关于规范城乡规划行政处罚裁量权的指导意见》第十二条规定："对违法建设行为处以罚款，应当以新建、扩建、改建的存在违反城乡规划事实的建筑物、构筑物单体造价作为罚款基数。已经完成竣工结算的违法建设，应当以竣工结算价作为罚款基数；尚未完成竣工结算的违法建设，可以根据工程已完工部分的施工合同价确定罚款基数；未依法签订施工合同或者当事人提供的施工合同价明显低于市场价格的，处罚机关应当委托有资质的造价咨询机构评估确定。"有的地方性法规对处罚的金额分具体情况作出了细化规定，还有的地方性法规对"建设工程造价"的计算作出了具体规定。

3. 不属于尚可改正的情形的，限期拆除，不能拆除的，没收实物或者违法收入，可以并处罚款

不属于尚可改正的情形的违法建设，以拆除为原则。责令限期拆除决定是否属于行政处罚目前尚存争议。根据国务院法制办的答复和复函来看，责令限期拆除不属于行政处

罚。但是从执法程序上来看，仍应遵守立案、告知、决定等行政处罚法规定的执法程序，以充分保障当事人的各项权利。限期拆除决定应当写明要当事人履行拆除义务的具体内容，即违法建设的具体位置、结构、面积等，而不能笼统地表述为"限期拆除相关违法建设"。

不能拆除的，可以下达没收的处理决定。住房和城乡建设部《关于规范城乡规划行政处罚裁量权的指导意见》规定，"不能拆除的情形，是指拆除违法建设可能影响相邻建筑安全、损害无过错利害关系人合法权益或者对公共利益造成重大损害的情形。""没收实物，是指没收新建、扩建、改建的存在违反城乡规划事实的建筑物、构筑物单体"。"违法收入，按照新建、扩建、改建的存在违反城乡规划事实的建筑物、构筑物单体出售所得价款计算；出售所得价款明显低于同类房地产市场价格的，处罚机关应当委托有资质的房地产评估机构评估确定。"全国人大法工委《关于对违法建设进行行政处罚计算违法收入有关问题的函》（法工委发〔2011〕1号）认为："没收的违法收入应当与依法没收的实物价值相当。"对于没收的现金收入，应当按照罚款的处罚方法缴纳到财政统一账户。没收的实体建筑物、构筑物如何进行处置，《城乡规划法》没有明确规定，各地可根据实际情况和相关规定，对辖区内的建筑物没收流程作出具体规定。一般来说，应当是在行政处罚决定生效后，移交县级以上人民政府或者其指定的部门处理。

在下达限期拆除或者没收决定的同时，可以并处罚款，也可以不处以罚款。根据住房和城乡建设部《关于规范城乡规划行政处罚裁量权的指导意见》，对于不可改正的违法建设，应当先下达拆除决定，对按期拆除的，不予罚款；对逾期不拆除的，依法强制拆除，并处建设工程造价10%的罚款。但是，对同一个违法建设下达两次处理决定容易造成当事人的困惑，也影响执法的严肃性。各地可以制定具体的裁量，规定不予处罚或者予以处罚的情形以及处罚的具体幅度。将违法建设的非行为责任人，而是状态责任人，如买受人作为当事人时，一般仅责令限期拆除，而不处以罚款。对于反复进行违法建设、屡教不改的当事人，则可以在责令限期拆除的同时并处罚款，以起到惩戒作用。

（三）临时违法建设的认定

对于不按照临时规划许可的内容进行建设，或者是超过批准期限不拆除的，认定为临时违法建设没有争议。而涉案建设没有取得任何规划方面的许可，将其认定为普通违法建设还是临时建设则存在一定的困难。

由于《城乡规划法》明确规定："临时建设和临时用地城乡规划类的具体办法，由省、自治区、直辖市人民政府制定。"故省级地方性法规应当对临时建设管理作出具体规定。例如，《江苏省城乡规划条例》第四十六条规定"在城市、镇规划区内进行下列临时建设，应当向城市、县城乡规划主管部门申请临时建设工程规划许可证：（一）在临时用地上建设的建筑物、构筑物；（二）在建设用地上因施工、管理等需要临时搭建的工棚、库房、管理用房、围墙等；（三）其他确需进行的临时建设。"

由于对临时建设的处罚幅度较高，结合对法条的文义理解，应当认为《城乡规划法》

对于普通建设和临时建设的规定属于普通条款和特殊条款的规定,凡是没有证据证明属于临时建设的,应当适用普通条款的规定。

第五节 违法建设案件的执行

对违法建设案件作出罚款、没收等处理决定的,应当按照《行政处罚法》第五章的规定申请人民法院强制执行。执行程序即通常的行政处罚案件执行程序。

《行政强制法》生效以前,对违法建设作出限期拆除决定的,很多地区城管执法部门会申请人民法院强制执行。但依据2013年4月3日起施行的《最高人民法院关于违法的建筑物、构筑物、设施等强制拆除问题的批复》"根据行政强制法和城乡规划法有关规定精神,对涉及违反城乡规划法的违法建筑物、构筑物、设施等的强制拆除,法律已经授予行政机关强制执行权,人民法院不受理行政机关提出的非诉行政执行申请"的规定,违法建设案件的限期拆除决定,必须由行政机关自行执行。事实上,很多地区的城管部门承担着执行限期拆除决定的具体实施责任,因此,本节主要讨论对违法建设案件下达限期拆除决定的执行依据、程序等内容。

(一)执行依据

《行政强制法》第四十四条规定:"对违法的建筑物、构筑物、设施等需要强制拆除的,应当由行政机关予以公告,限期当事人自行拆除。当事人在法定期限内不申请行政复议或者提起行政诉讼,又不拆除的,行政机关可以依法强制拆除。"

依据上述条款,对违法建设下达限期拆除决定后,当事人不申请行政复议、不提起行政诉讼,又不履行限期拆除决定,可以采取强制拆除的方式执行。当事人申请了行政复议,复议机关维持了限期拆除决定;或者当事人提起了行政诉讼,人民法院驳回了诉讼请求,认为限期拆除决定合法的,也可以强制执行。复议机关、人民法院认为限期拆除决定因存在程序瑕疵等原因而确认违法,但是并没有撤销限期拆除决定的,该决定仍然有效,也可以强制执行。总而言之,超过复议、诉讼期限,或者经复议、诉讼后,依然有效的限期拆除决定,均可以强制执行。

(二)执行主体

根据《城乡规划法》,违法建设案件的执行应当由县级以上地方人民政府责成有关部门实施。

责成的方式,有的以规范性文件的形式长期责成某部门实施,即批量责成;也有的就个案作出责成的批复,即一案一责成;还有的以政府文件的形式,就一定时间、一定区域内的案件进行临时批量责成。对于上述责成方式,最高院和各级人民法院均未明确表示反对。

《城乡规划法》并未明确责成的对象是何部门，而是宽泛地表述为"有关部门"，但是执法实务当中主要是责成下达拆除决定的执法机关或者属地政府。

1. 下达拆除决定的执法机关

由于限期拆除决定是由自然资源和规划部门，或者是集中行使规划方面处罚权的城管部门下达，故一些地区继续责成该机关强制执行。例如，《苏州市城乡规划条例》第四十四条规定："城乡规划主管部门作出责令停止建设或者限期拆除的决定后，当事人不停止建设或者逾期不拆除的，由城市管理行政执法部门依法采取查封施工现场、强制拆除等措施。"

2. 属地政府

由于违法建设的拆除涉及拆除经费的支出、社会矛盾的调处、信访稳定维护等方方面面的问题，故一些地区责成县（市、区）人民政府、园区管委会、乡（镇）政府、街道办事处强制执行。例如，《重庆市城乡规划条例》第九十四条第二款规定："有关部门和乡（镇）人民政府、街道办事处依法作出责令停止建设、限期整改、限期拆除或者回填的决定，当事人不停止建设、逾期未整改、逾期未拆除或者回填的，由作出行政决定的主管部门或乡（镇）人民政府、街道办事处提请区县（自治县）人民政府作出采取查封施工现场、强制整改、强制拆除或者回填等决定。区县（自治县）人民政府应当在实施强制拆除、整改或者回填七日前发布公告。强制拆除、整改或者回填所需费用由违法建设当事人承担。"此外，《行政处罚法》第二十四条第一款规定："省、自治区、直辖市根据当地实际情况，可以决定将基层管理迫切需要的县级人民政府部门的行政处罚权交由能够有效承接的乡镇人民政府、街道办事处行使，并定期组织评估。决定应当公布。"正面回应了此前关于街道办事处是否有执法权的质疑。

（三）执行程序

限期拆除决定的强制执行，除了由县级以上人民政府责成有关部门实施之外，还应遵守《行政强制法》第四章规定的程序。

1. 催告

对违法建设作出强制拆除的执行决定之前，应当下达催告书，再次限当事人一定时间自行拆除。催告书应载明下列事项：自行拆除的期限、自行拆除的具体对象、当事人依法享有的陈述权和申辩权。对于下达催告书的时间，《最高人民法院关于行政机关申请人民法院强制执行前催告当事人履行义务的时间问题的答复》（〔2019〕最高法行他 48 号）规定："当事人在行政决定所确定的履行期限届满后仍未履行义务的，行政机关即可催告当事人履行义务。行政机关既可以在行政复议和行政诉讼期限届满后实施催告，也可以在行政复议和行政诉讼期限届满之前实施催告。"上述两种方法都是可以的，故在限期拆除决定书规定的期限届满后即可下达催告书。实务中，一般是由被责成的部门在收到责成通知书后下达催告书。

2. 下达强制拆除决定和公告

催告书规定的期限届满后,当事人无正当理由仍未自行拆除的,可以下达强制拆除决定书。强制拆除决定书应载明下列事项:当事人的姓名或者名称、地址,强制拆除的理由和依据(一般即何时下达了限期拆除决定,当事人限期内未复议、诉讼或经复议、诉讼驳回当事人复议、诉讼请求的情况,而当事人又未履行限期拆除义务),强制拆除的方式和时间(考虑到实施拆除受天气等客观因素影响,强制拆除的时间可以为一段时间,但不宜过长),申请行政复议或者提起行政诉讼的途径和期限;行政机关的名称、印章和日期。

根据《行政强制法》第四十四条,实施强制拆除还应当由行政机关予以公告。此处的公告不同于文书送达中的公告送达,而应理解为违法建设案件强制执行程序中的一道特殊程序。强制拆除公告有两个用处,一是对当事人搭建违法建设且拒不拆除的行为进行公布,起到惩戒教育作用,故强制拆除公告应当张贴在违法建设外墙上,违法建设在院(围)墙内部的,可以张贴在院(围)墙上;二是再次给当事人一定的时间自行拆除,故强制拆除公告应当载明最后督促当事人自行拆除的期限。此外,有的地区还规定强制拆除公告中应当载明强制拆除的理由和依据、催告书、强制拆除决定书送达的情况。

强制拆除公告张贴的时间没有明确规定,但是由于强制拆除决定书需要按照《民事诉讼法》的有关规定送达,存在送达时间不确定的问题,而强制拆除公告的张贴则相对比较简单,故可以在成功送达强制拆除决定书后,立即制作强制拆除公告进行张贴。又因为强制拆除公告中再次规定了限当事人自行拆除的期限,故强制拆除决定书中载明的实施强制拆除的时间应当距送达时留有合理的时间,而强制拆除公告可以限当事人在实施强制拆除的时间到达前自行拆除。

在送达强制拆除决定书、张贴强制拆除公告时,可提醒当事人及时清运走违法建筑内的物品,避免造成不必要的损失。

3. 实施强制拆除

经过催告、下达强制拆除决定书和张贴强制拆除公告后,当事人仍不自行拆除的,可以组织实施强制拆除。较大规模的强制拆除行动应当制定行动方案,请公安、属地基层组织配合,以防止发生突发事件。实施强制拆除行动应当由两名以上执法人员参加,具体实施可由辅助人员、工人操作。拆除前执法人员应当开启执法记录仪,出示执法证件,阐明强制拆除的理由及依据,组织先行进场查看有无滞留人员,搬出并清点、记录违法建筑内遗留的物品,然后由拆除工人或机械进场实施拆除。整个强制拆除过程应当采用执法记录仪及其他音视频设备进行全过程记录,也可同时制作现场笔录进行文字记录。实施现场外围应有人员维持秩序并远景摄像,防止突发状况的发生,保护执法人员和现场群众的安全。强制拆除的费用依法应由当事人承担,强制拆除前搬运出的物品应当及时交给当事人,当事人未领取的,应当妥善保管,并通知当事人限期领取。强制拆除过程中应当尽量减少对当事人合法财产造成损害,但是强制拆除房屋不可避免对墙体、屋顶等,以及依附于墙体上的无法清除的财物造成损害的,执法机关不承担责任。

第九章　城市管理执法突发事件及舆情应对

第一节　妨碍执法行为处置

目前一些地方出现妨碍执法行为的现象,有的甚至演变为突发事件,造成恶劣影响。预防和处置妨碍执法行为最有效的办法是文明规范执法,文明规范执法既包括现场执法行为的规范,也包括预防和处置妨碍执法行为的规范。

一、应对妨碍执法行为一般处置原则

城管执法人员往往处于社会矛盾的焦点,不论是日常巡查,还是现场执法,都难以避免被群众围观甚至谩骂,被执法对象抢夺扣押物品、持械恐吓等情况也时有发生。针对这些情形,规范应对妨碍执法行为的处置原则,对于提高执法人员和领导者的处置能力,塑造良好的执法形象,维护法律权威,规避引发突发事件,都具有重要的现实意义。

(一)程序规范、注意言行

城管基层执法时,必须高度重视执法主体、程序和行为的合法性;必须要坚持依法行政、言行规范。现实中,妨碍执法行为不受执法者主观控制,但执法者可以理性执法,避免执法瑕疵,防范妨碍执法的场景和行为,即哪些妨碍执法场景可以规避,哪些妨碍执法行为需要运用处置技术稳妥应对。执法者不能简单粗暴,要控制情绪,注意形象,关注重点,巧妙取证,形成完整妨碍或抗法证据链,为司法保障提供证据。

(二)分工协作、严明纪律

执法现场分工配合,发挥整体防控作用,掌握事态,果断决策,防止被动、产生负面影响,兼顾树立执法权威。执法现场必须服从负责人统一指挥,依法迅速、规范、有序处置,严格执法现场纪律。在妨碍执法现场处置中,单靠现场队员处置效果是有限的,因此,基层队长及有关领导也应按照规范要求发挥领导层作用,共同协作才能取得最佳效果。

(三)因情施策、刚柔相济

应区分不同情况,采取不同的对策,攻心为主,有针对性地化解矛盾。要坚持可言

(宣传沟通)可防(正当防卫)不可殴(殴打执法对象)、可散不可聚、可顺不可急、可解不可结的处置方式,坚持以教育疏导为主,力争把问题解决在初始阶段。

(四)大局意识、防止升级

城管执法遭遇抵触的行为属于人民内部矛盾,要有顾全大局的意识。发生妨碍执法行为后,首先是耐心细致、态度诚恳地说服和劝导,其次是运用规范的应对措施处置。不得以暴制暴或以法律不允许的方式处理问题,防止激化矛盾、扩大危害后果。

(五)防范伤害、报警处置

遇到暴力抗法或伤害时,牢记以人为本,善待生命,不管是执法者还是执法对象,生命安全是第一位的。要确保执法人员和执法相对人的生命安全,减少财物损失,保障公众生命和财产安全。牢记抗法要报110,伤亡立拨120;现场记录要全面,抗法证据最关键;只要规范又文明,施暴人员定严惩。

当现场处置失效,事态升级,首先立即停止执法活动,避免事态进一步扩大。其次要及时向单位领导汇报并报警。如果出现正在暴力侵害的行为,在无法避险的情况下,必须敢于正当防卫,规避或减轻伤害。即使依靠现场执法力量控制了执法相对人,也需要公安民警出警处置,否则僵持下去后果难以预测。

二、妨碍执法行为的常见情形和应对方法

(一)拒绝签收、撕毁执法文书

送达执法文书环节遇到当事人不配合、阻挠行为时,不要强行让违法相对人签收,可当场宣读文书内容后留在受送达人的住所,并用执法记录仪记录送达过程,即视为送达。也可以按照《民事诉讼法》规定的其他方式送达。

(二)指责谩骂

此情形分为两类,一是执法对象谩骂,如仅谩骂而无过激行为,仅需告知对方:"谩骂执法人员,可认定你为阻挠执法,将会影响你违法行为的处理;造成重大影响的,将追究你的法律责任",切忌与执法对象对骂;二是围观群众谩骂,需告知对方:"我们正在依法执行公务,如有意见可通过合法渠道投诉或反映,但现在请你停止谩骂,否则你将涉嫌妨碍执行公务而被追责,你的所有行为我们都已现场摄像",注意不要与围观群众发生口头冲突。虽然上述告诫并不一定能制止谩骂行为,但可以利用现场执法记录仪摄录,是证明自己清白和后续公安机关处理不可或缺的重要证据。

(三) 群众围观、拍摄

这种情形一般在执法对象吵闹、谩骂或其他抗法行为发生后出现。面对群众的围观拍摄，在不影响正常执法的情况下，执法人员要自觉接受监督，要习惯在"镜头"下执法，不得强行干涉群众拍摄。有干扰执法的，执法人员应及时设置警戒线，有效使用执法记录仪，大型执法行动可使用无人机航拍，全程录像固定证据。同时，要向围观群众表明身份、说明情况，争取配合，可告知围观群众："我们正在依法执行公务，全程摄像，请勿围观，不要因为好奇而涉嫌妨碍执行公务和妨碍公共秩序被追责"等。根据现场情况可考虑停止执法行动，做好安全撤离的准备，防止围观群众人数快速增长进一步激化矛盾。

(四) 抢夺扣押物品

扣押物品必须依法实施，特别要注意执法全过程录音录像以及相关执法文书及时送达。不建议暂扣商贩兜售的活禽、水产、蔬菜、水果及其他保质期较短、容易腐败的商品。同时，扣押物品时需注意以下事项：

一是扣押时执法对象有抢夺动作苗头的，站在执法对象侧身的队员要立即反应，紧靠执法对象，并用身体阻拦执法对象与扣押物品接触。

二是扣押物品上车后执法对象仍有抢夺苗头的，应密切关注执法对象，防止抢夺过程中造成人身伤害，同时执法车辆和扣押物品要迅速离开现场。

三是执法对象紧追执法车辆的，执法车驾驶员应立即停车但不下车，等执法对象情绪稳定后再驾车离开，必要时可报警。

四是执法对象已爬上执法车且短时间内不愿离开的，可安排执法人员在确保安全的情况下劝导下车，不得强行拖拽，必要时可报警。

已经依法采取强制措施的物品，其物品的保管责任由执法机关承担，如果执法对象抢夺物品，就已经构成了妨碍执行公务的事实。因此，在避免抢夺的情况下，应该通过执法记录仪记录全过程，摄录抢夺过程的事实证据，做报警处理，而不是与执法对象现场争执。

(五) 抓衣领、拖拽等

发生此类现象时，被抓队员要双手抓住执法对象手腕，防止执法对象有进一步侵害行为，其他队员要转移执法对象注意力，设法让执法对象放开被抓队员，让该队员得以脱身；如果执法对象仍不放手，则立即报警，尽量避免强行掰开执法对象手腕，以免造成人身伤害。实施此类侵害的一般是妇女和老人，所以现场要有针对性地做劝解工作。

(六) 下跪抱腿

面对执法对象或其亲友突然下跪抱腿的，执法人员可站在下跪者身侧搀扶其起身，弯腰或半蹲进行劝说和法制教育，其他队员应主动担责与下跪者沟通，分散当事人注意力，使其尽快起身，被抱腿队员要伺机脱身。不听劝阻的，在全过程记录的前提下，应及时向队领导汇报并报警处理。一般抱腿者多为老年人或妇女，不建议采用硬掰、硬拽等手段，防止发生其他伤害。

（七）装病倒地或钻入车底

发生执法对象倒地装病情形的，要全过程记录，要告知执法对象："我们的执法行为已经全程摄像，如你确实有病，我们帮你叫救护车，但救护费用由你个人承担"。如执法对象仍不起身，可直接拨打120和报警，期间避免与执法对象有任何肢体接触。

发生执法对象钻入车底情形的，首先要将车辆熄火、拉紧手刹，车上所有人员下车并锁好门窗，预防他人动车导致执法对象伤亡，同时要向领导汇报情况并报警。禁止将执法对象强行从车下拖离，以免造成伤害，从而增加处理难度。造成围观的，要设置警戒安全区及时疏导交通，按照处置围观、拍摄的规范要求处置。

（八）渣土车抗拒查处

发现渣土车有抛洒滴漏现象时，城管执法人员首先应该从源头采取多种手段加以管控，其次才是对其违法行为进行查处。在道路上查处渣土车时，应注意以下问题：一是公安、城管和交通等部门要联合进行查处；二是查处过程中执法人员一定要与渣土车保持安全距离，切不可在渣土车行进的正前方或正后方对渣土车进行拦截，夜间查处一定要配备警示灯具和反光标志；三是检查渣土车时，不得站立在驾驶室踏板上和将头伸入驾驶室，当事人锁闭车门拒不开启车门配合调查的，应由交通警察制止、纠正；四是对于已经逃逸的渣土车，只要收集好现场证据，即可对渣土车所属公司或服务项目的管理方进行处罚。在没有交通警察配合的情况下，不要强行拦截行驶中的渣土车。联合执法时，要明确一名执法人员为现场指挥，负责分工和下达指令，确保应对处置有序进行。遇有强行冲卡的，除交通警察依据《中华人民共和国道路交通安全法》处理外，城管执法人员可以调阅监控、固定证据，违反《城市建筑垃圾管理规定》的，可立案查处违法处置建筑垃圾的行为。

（九）滞留办公室、破坏办公设施

对于行政相对人滞留办公室，出现破坏办公设施的情况，首先要有专门的接待室、询问室（监控设施齐全）；其次要有专门的接待人员负责讲解、劝说，期间不得让行政相对人进入其他办公区域，预防其打扰办公秩序、毁坏办公设施。在下班前半小时仍不愿离开，可报警或通知行政相对人所在村组、社区派人进行劝离。一般情况下，强行滞留的多为老弱病残，此类人员切不可强行拖离，防止造成伤害使矛盾升级。如仍不愿离开，建议夜间要有专人值守，做好救护等预案，防止滞留人员在办公区域内出现意外。

(十) 携带儿童要挟

在路面执法时，遇有违法者带有随行儿童的，执法人员要先对儿童进行安抚，既能在孩子心中树立良好的执法形象，又能对当事人产生心理感化，彰显人文关怀，规避现场失控。一般情况下，有儿童在现场时不要采取强制措施，否则容易给年幼儿童造成心灵伤害。

三、严重妨碍执法行为的应对方法

(一) 持械恐吓、袭击

执法巡查时，遇到执法对象持械（刀、棍等）威胁的，应立即停止执法行为，及时报警并向上级汇报，由一名队员与其进行对话劝说，一名队员用执法记录仪摄像取证。上级领导应在第一时间赶到现场，控制事态，为公安民警的出警处置争取时间。

现场执法时，遇到执法对象持械（刀、棍等）威胁、袭击的，根据不同案情背景处置。

1. 如果是按照现场执法规范组织实施的，现场执法前与公安保障单位沟通对接，执法对象举刀行凶的行为已经作为暴力抗法的视频证据摄录取证，指挥人员应下达"停止执行、注意安全"的命令，各现场执法人员应注意保持与当事人的安全距离，及时报警后公安人员会及时出警处置。从执法预期的角度来说，尽在掌控之中的事，已达到了现场取证、依法追究妨碍执法责任的目的。

2. 如果没有按照现场执法规范组织实施的，则由一名队员与其进行对话劝说，一名队员继续用执法记录仪记录，其他队员要迅速运用防护装备（盾牌、防刺服、防割手套等）自卫，并由两名或若干队员分不同方向，向执法对象绕行至其身后，如有机会可夺其器械并控制，防止侵害；如不能夺取器械，应使用盾牌将执法对象控制在墙角或巷道内隔离起来，等待警察到来处置并可协助公安民警将抗法者扭送至公安机关。

3. 如既没有按照现场执法规范组织实施，又没有携带防护装备的，说明该执法单位的执法规范化建设相当薄弱，该场景的出现是极其危险的。当执法对象突然对队员发起攻击时，一方面要停止现场执法行为，另一方面所有执法人员要全力避险或自卫确保安全，同时要及时报警并报告上级，请求帮助。

当执法对象正在侵害的行为被控制后，城管人员不得出现殴打执法对象的行为，等待警察前来进行处置，要避免防卫过当造成人身伤害等后果。

(二) 驾车冲撞

驾车冲撞是种极端的危险行为，所以在执法行动前要对执法对象的情况及社会关系有所了解，尽量做到有的放矢。在现场执法前，尤其是执法对象可能有过激反应的，应当协调公安机关保障。执法现场切不可让执法对象坐在执法区域附近的机动车中观看执法，在无把握的情况下，要在执法区域外设置路障并密切注意执法对象的动向，有条件的情况下对当事人予以控制，以防不测。总之，在处置妨碍执法现场，要做到情绪冷静、观察仔细、果断处置、动作有效，以保证执法队员和执法对象人身安全为第一前提。

（三）自残、自杀

如遇执法对象用自残、自杀的方式威胁时，应立即停止执法行动，进行劝解并立即报警，同时通知应急处置的相关部门（如消防、救护、公安等）。执法队员与执法对象要保持距离，预防其有极端行为。例如拆违时，遇有执法对象用跳楼、点煤气瓶、泼洒汽油、喝农药等极端方式进行威胁时，执法人员不能掉以轻心，劝解方式要慎重，避免细节疏忽而酿成惨剧，要以确保执法对象及执法人员生命安全为前提。

四、城管执法部门组织集中整治遭遇妨碍执法行为的处置方法

集中整治是战役层面的概念，现场执法方式才是整治活动需要对典型案件采取强制措施的战术运用。开展集中整治要分别制定整治方案和采取强制措施的现场执法预案，二者的内容和作用都不同，不能混淆。时机选择要适当，尽量避开上下班人流高峰、交通要道口和学校上学、放学等敏感时间段，防止人员快速聚集而造成不测后果。

（一）停止强制措施的执行、做好自身防卫

组织集中整治或专项整治等行动，主要是重点解决老、大、难等问题。在运用现场执法方式实施强制措施时，当事人往往处于非理性的极端状态，其行为可能表现出不讲道理、不顾后果、不择手段，危害性大。妨碍执法行为一旦发生，按照妨碍执法应对方法处置，现场指挥人员视情命令停止强制措施。现场各执法单元（小组）及其执法人员，要严格按照预案分工，认真履行职责，自觉维护执法形象。现场指挥人员可以根据现场情况指派机动单元（小组）人员承担维护交通秩序和其他需要临时加强的工作。当执法人员的人身安全受到正在进行的不法侵害时，要敢于正当防卫。

（二）高度克制和冷静、收集突发事件证据

执法人员要保持冷静，防止妨碍或暴力抗法行为升级。同时，执法队员不能因违法者语言的挑衅而言行有失、授人以柄。各执法单元（小组）要发挥执法记录仪的作用，多角度现场取证，形成突发事件证据链，固定保存证据。需要说明的是：因为事前准备充分，现场控制有力，违法相对人抗法行为尽在掌控之中，证据收集才是重点。

(三) 第一时间报警并向领导组汇报

集中整治或专项行动领导组是集中整治的第一责任人，要及时掌控情况。执法现场指挥人员是现场执法的第一责任人，发生妨碍或暴力抗法后现场指挥人员直接向领导组报告，由领导组直接指挥、调度和保障。公安保障未到现场之前，现场组织者应尽全力控制现场，防止事态升级。需要说明的是：现场执法预案包含公安保障措施及方式。

(四) 公安及领导现场处置

公安保障力量接到命令后，按照保障预案，及时到位果断处置。现场指挥人员按照预案完成既定执法任务并清理执法现场。执法单位要主动配合公安部门，提供依法执法和妨碍执法两个方面的证据，保持与公安部门的沟通，跟踪案件的处理情况。

领导组负责人到达现场要敢于指挥，果断决策。需要说明的是：发生严重暴力抗法情形时，领导组负责人可以发挥高效的领导层作用，更有利于控制事态，防范突发事件发生。

(五) 舆论宣传及善后处置

及时报道城管执法信息，做好舆情应对的准备工作。对受伤人员进行慰问、安抚，选择适当时间和地点（场合）对执法对象进行回访。

五、已经造成人员伤亡情形的紧急处置方法

(一) 立即停止执法行为，救治伤员。呼叫120急救，将被害人员送医院抢救。生命第一位，财产第二位。

(二) 控制或记录施暴人。如果是在现场执法时发生的，应按照现场执法预案及时协助公安民警控制、抓获施暴人；如果不是发生在执法现场或者其他无预案、人员不足、无力控制施暴人的现场，不要强行控制施暴人，可采取避险措施，防止二次伤害；如果施暴者逃脱，不要强行阻拦，可指派专人尾随或记住重要容貌特征，逃逸交通工具、路线等信息，及时提供给公安、司法机关缉拿施暴人。

(三) 及时报警和汇报。打110报警，并向本单位领导汇报。

(四) 冷静取证。控制情绪，维护现场，记录施暴者特征信息，获取犯罪嫌疑人实施不法侵害行为的证据。

(五) 公安处置和善后工作。现场执法人员应配合公安部门处置，提供执法现场证据；对受害人的伤情进行法医鉴定；城管部门对伤亡人员进行安抚，跟踪处理全过程，根据伤情鉴定结果分别提起公诉、自诉。

(六) 舆情应对。把握"黄金4小时"原则，及时向有关部门和社会通报情况，跟踪

动态，掌控舆情，应对舆论，提升新媒介素养。

（七）事后应当及时总结经验教训。

六、妨碍执法处置成功案例

（一）××县××城管局××中队处置妨碍执法案件经过

2017年5月19日上午10点05分××中队值班人员接到电话投诉，位于××路人行道上有人在汽车上卖水果，占道经营无法通行。接到电话后，该区域执法巡查小组前往调查处理。

10点15分到达现场，当事人饶某和妻子许某正在卡车上摆卖水果，车辆将整个人行道堵塞，过往的行人只能绕行通过。按照分工执法队员刘某用执法记录仪摄像记录过程，协管队员付某配合执法队员房某宣传法律规定和纠正违规行为。房某向当事人饶某出示了证件，并介绍了同事的身份和姓名，告知饶某占道经营行为的危害和法律规定，介绍了本县设置的摊点群地点和可以摆卖的时间，劝说饶某停止违法摆卖水果。饶某和妻子许某口头答应立即改正。于是，执法队员刘某制作责令限期整改违法行为通知书，向饶某宣读了内容并直接送达，要求其限期纠正违法占道经营行为。

在复查时发现，饶某和妻子许某继续原地摆卖水果。执法队员刘某再次现场责令其停止经营行为，并要求他到中队接受调查和处理。这时许某开始辱骂执法队员，饶某态度蛮横，威胁要杀了执法队员。执法队员刘某观察到现场有矛盾激化的可能，及时用电话向中队领导汇报了现场情况。中队领导要求，不要激化矛盾，稳定对方情绪，继续宣传教育，核实当事人及家庭具体情况后，回队研究处理。执法队员刘某告知饶某："如果既不配合到中队调查处理，也不纠正占道经营行为，执法中队下一步将采取措施，立案查处"。饶某不以为意，执法队员刘某带队离开现场。

中队领导听取了执法队员刘某等三名同志的汇报并回放了现场视频资料，进一步确认了相对人基本情况和执法队员的宣教过程、文书送达等情况。当事人饶某和许某系外地人员，身体状况健康，经宣传纠正无果，态度蛮横，已经不适用简易程序处罚违法行为，决定在下班高峰期过后，对违法工具先行登记保存，并向局领导作了汇报，分管局领导同意中队意见，并指示公安派驻在该局的治安中队配合行动。中队领导带着案件相关资料与公安民警对接沟通案情，做好前期准备工作。

在通知时间内，全中队28人集合完毕，部署现场执法工作。现场分为宣教和文书送达组2人、外围安全隔离组8人、机动防控安全组8人（4男、4女）、执行组6人、现场观察记录组2人、物品运输车驾驶员1人，指挥1人。另有县公安局派驻治安中队3人在单位待命，做好了接警处置的准备。

到达现场后，饶某和妻子许某还在现场摆卖，中队长命令各组按计划行动，各组根据分工快速站位，开展工作。外围安全隔离组拉起了安全隔离带，将相对人和违法工具进行了隔离；机动防控安全组对现场刀具等危险品进行了转移控制，4名男队员和4名女队员分别防范饶某和妻子许某的抗法行为；宣教和文书送达组队员出示了证件，表明了身份，接近相对人送达法律文书，告知了执法全过程记录；执行组开始登记违法工具；现场观察记录组分别远、近两个角度用执法记录仪记录。在送达证据先行保存通知书（含物品清单）后，饶某表面上很配合，说他自己开车到中队接受处理，但一转身，随即从其汽车驾驶室掏出一根长约60公分的铁管（防控组队员一时疏忽防控、无计可施），饶某对执法队员进行恐吓、威胁，并叫嚣"谁敢扣我物品，我就弄死谁"。为避免饶某情绪过激和局面失控，队长要求各组注意防范安全，命令执行组先暂缓行动，表明其现场负责人身份与饶某沟通，控制现场情绪。同时，报警并向局分管领导汇报现场情况。

宣教组按照预案配合队长继续耐心宣讲，并告知饶某："你现在的行为不仅违反了《城市市容和环境卫生管理条例》的规定，而且涉嫌妨碍执行公务，依据《治安管理处罚法》和《刑法》的规定，造成严重后果的，相关部门将给予拘留甚至判刑的处罚；只要你配合执法，我们将依据你的违法后果给予从轻处理，请你冷静考虑下后果。"

报警5分钟后，公安派驻治安中队民警赶到现场，询问了双方情况并当场要求：（1）饶某不得妨碍执法，必须先行配合执法中队执行公务，如果是执法中队违法行政而造成损失的，由执法中队承担赔偿责任；（2）关于饶某认为执法中队野蛮执法的问题，公安要求双方一起到治安中队接受调查，根据调查结果公正处理；（3）执法中队安排办案人员提供相关执法文书和视频资料。在民警同志的说服教育下，当事人将车辆开到执法中队。随后，饶某和执法中队办案人员随公安民警一起到治安中队配合民警调查。

因执法中队程序合法、视频资料完整翔实，当事人对自己的暴力阻碍执行公务行为供认不讳，当地公安部门对其作出治安拘留5日，并处200元罚款的处理，并督促当事人依法接受城管部门500元的行政处罚，圆满地完成了执法任务。

（二）案例分析

1. ××县××中队严格执行了执法全过程记录制度，发挥了执法记录仪的作用，把宣传教育、现场纠正、送达法律文书和现场执法的各个环节都进行了视频记录，形成了一系列抗法证据链。既约束了执法人员的言行，也保证了执法程序的合法性。

2. 执法队员执法巡查中规范执法、文明劝导、理性管理、按程序办案，遇到困难能及时汇报，规避了执法巡查中的矛盾激化。

3. 执法中队领导能认真对待一线疑难问题，快速决策，对需要采取强制措施的案件能制定预案，严格按照规程实施现场执法，中队领导工作细致、敢于担当、处置恰当，既妥善应对了暴力抗法的现场，又解决了占道难题。

4. 县城管局分管领导认真负责、主动协调，保证了基层中队的现场执法能及时组织实施。

5.××县公安局派驻城管治安中队认真履行职责、及时出警、果断处置、严肃处理,保障了城管执法的安全和效果,树立了法律权威。

(三) 办案小结

××县××城管局认真贯彻住房和城乡建设部"721 工作法"和执法全过程记录制度,执法巡查班组不随意强制,需要采取强制措施的由基层执法单位组织,事先做好协调和预案,现场处置规范有效,公安保障及时有力,为基层城管执法提供了强有力的执法保障。基层执法中队面对抗法行为,慎思考、按规范、敢担当、会组织、善处置,是预防和处置暴力抗法的基础和关键。

第二节 城管执法人员刑事保障

在全国各地城管执法过程中,经常发生城管执法人员遭到行政相对人的辱骂、殴打、集体围攻、毁坏城管执法装备设施等行为,这些行为在法律上既有可能产生民事责任,也有可能产生刑事责任。这两种责任可以并存,实施了严重侵害城管综合执法人员人身权益的行政相对人,不会因承担刑事责任而免除其民事责任,也不会因其承担了民事责任而免除其刑事责任。实践中发生侵犯城管执法人员人身权利的常见犯罪有:妨害公务罪;煽动暴力抗拒法律实施罪;伤害罪;侮辱罪、诽谤罪。本节重点向大家介绍违法与犯罪的概念及犯罪的基本特征,上述几种常见犯罪的罪名、犯罪构成和《刑法》处罚依据。

一、违法与犯罪的概念及犯罪的基本特征

(一) 违法概念及构成要件

现在有很多人都认为违法就是犯罪,其实不然,违法和犯罪是两个不同的概念。违法在理论界认为可分为一般违法行为和严重违法行为。一般违法行为是指违法情节比较轻微,对社会危害性不大,违反《刑法》以外的其他法律法规的行为。违法的外延极为广泛,包括刑事违法(犯罪)、民事违法和行政违法等行为;而严重违法行为则是触犯《刑法》并应当受到刑罚处罚的行为。在此主要讨论一般违法行为。

一般违法构成要件。实践中我们判定一个行为是否构成一般违法,主要是看其行为是否符合一般违法构成要件。凡是符合一般违法构成要件的,即可认定违法;凡是不符合违法全部构成要件的,则不能认定违法。理论上一般违法构成要件包括:

(1) 违法是一种危害社会的行为,但仅有违法的思想意识活动不能构成违法,行为人必须要实施一种危害社会的行为;

(2) 违法必须有被侵犯的客体,也称之为违法客体,即违法行为侵犯了法律所保护的

社会关系与社会秩序，对社会造成了一定的危害；

（3）违法是行为人有故意或过失的行为，即行为人有主观方面过错的行为；

（4）违法的主体必须是达到法定责任年龄和具有责任能力的自然人和依法设置的法人，也就是违法主体必须符合法定的条件，才能成为违法主体，因此，只有行为人的行为完全符合违法构成要件，才能认定违法。

（二）犯罪概念及犯罪的基本特征

犯罪是严重危害社会、触犯《刑法》并应当受到刑罚处罚的行为。《中华人民共和国刑法》（以下简称《刑法》）第十三条规定："一切危害国家主权、领土完整和安全，分裂国家、颠覆人民民主专政的政权和推翻社会主义制度，破坏社会秩序和经济秩序，侵犯国有财产或者劳动群众集体所有的财产，侵犯公民私人所有的财产，侵犯公民的人身权利、民主权利和其他权利，以及其他危害社会的行为，依照法律应当受刑罚处罚的，都是犯罪，但是情节显著轻微危害不大的，不认为是犯罪。"依据这一概念，犯罪具有以下三个基本特征：

1. 严重的社会危害性。犯罪是严重危害社会的行为，必须达到严重程度。这是犯罪最本质的特征，也是犯罪行为与一般违法行为之间的本质区别。

2. 刑事违法性。犯罪是违反《刑法》规定的行为，是指行为人所实施的不仅是严重危害社会的行为，而且是违反了《刑法》条文所确立的禁止性规范。也就是说危害社会的行为必须同时是触犯《刑法》禁止性规定的行为，才能构成犯罪。这是《刑法》罪刑法定原则的具体体现。

3. 应受刑罚处罚性。犯罪必须是应受刑罚处罚的行为，只有应当受到刑罚处罚的危害社会的行为，才被认为是犯罪。

犯罪的上述三个特征之间的关系是辩证统一的，社会危害性是犯罪的本质特征，刑事违法性和应受刑罚处罚性是从社会危害性特征派生出来的，这三个犯罪特征相互联系，不可分开，是确定任何一种犯罪都必须具备的缺一不可的条件，也是区分罪与非罪的标准。

二、妨害公务罪的概念、犯罪构成与刑法处罚依据

以案析法：朱某某妨害公务案

2016年7月12日，南宁市兴宁区朝阳街道办事处联合城区的城管市容大队综合执法队、公安、交警、工商、环卫等部门，对明秀东路、泸田路周边等地的流动摊点乱摆、夜市烧烤等乱象进行整治。当晚22时许，在对被告人朱某某的夜市摊点占道经营问题进行查处时，朱某某与一些身份不明人员与执法人员发生争执、对峙，并阻挠执法，还抢夺被查处的物品，并趁现场混乱的情况下手持水管与其他身份不明人员共同击打城管人员邓某、杨某某，致邓某、杨某某轻微伤。一审法院认为，被告人朱某某以暴力、威胁方法阻

碍国家机关工作人员依法执行职务,其行为已构成妨害公务罪。依照《刑法》第二百七十七条第一款的规定,判决被告人朱某某犯妨害公务罪,判处有期徒刑九个月。

这是一起典型的妨害公务罪案件。

(一) 妨害公务罪的概念

妨害公务罪是指以暴力、威胁方法阻碍国家机关工作人员依法执行职务的行为。

(二) 妨害公务罪的犯罪构成

1. 客体要件。妨碍公务罪客体要件是侵犯了国家的正常管理活动。行为人妨害国家机关工作人员依法执行公务的犯罪行为,是对国家正常管理活动的干扰和破坏,这是本罪社会危害性的重点,也是本罪区别于单纯侵害公务人员人身、财产的犯罪行为的关键所在。

上述案中,城管执法人员在对被告人朱某某的夜市摊点占道经营进行查处时,朱某某与一些身份不明人员因为查处问题与执法人员发生争执、对峙,阻挠执法,还抢夺被查处的物品,并趁现场混乱的情况下手持水管与其他身份不明人员击打城管人员邓某、杨某某,致邓某、杨某某轻微伤。该行为侵犯了国家正常的城市管理与执法活动,符合公务罪的客体要件。

2. 客观要件。也称为客观方面,是指行为人实施的妨害国家正常管理活动的行为表现。妨害公务罪在客观方面的主要行为表现是以暴力,或者威胁的方法,阻碍国家机关工作人员依法执行职务的行为。具体来说:

(1) 依法执行职务,是指国家机关工作人员,在国家法律法规规定的职权范围内,运用其合法职权从事的公务活动。例如,朱某某妨害公务案中的城管执法人员就属于国家机关工作人员,其行政执法活动是公务活动。

(2) 国家机关工作人员必须是依法执行职务,而不是超越职权范围内的活动。如果是国家机关工作人员实施超过职权范围内的活动,或者滥用职权侵犯市民群众利益的活动,受到他人阻止的,不构成妨害公务罪。

朱某某妨害公务案中的城管执法人员查处城市流动摊点乱摆、夜市烧烤的行政执法活动就是依法执行职务行为。

(3) 行为人必须是以暴力或者威胁的方法阻碍执行公务。本罪客观方面所说的暴力,是指行为人对正在依法执行职务的国家机关工作人员的身体实施了暴力打击或者人身强制;本罪客观方面所说的威胁,是指行为人以杀害、伤害、破坏财产、破坏名誉等对正在依法执行职务的国家工作人员,进行威逼、胁迫,企图迫使国家机关工作人员放弃执行职务的行为。

本案朱某某与一些身份不明人员与执法人员发生争执、阻挠执法,抢夺被查处物品,并趁现场混乱的情况下手持水管与其他身份不明人员击打城管人员邓某、杨某某,致邓某、杨某某轻微伤的行为完全符合妨害公务罪客观要件。

（4）行为人实施的妨害公务行为时间必须是国家机关工作人员已经着手执行职务、尚未结束之前。

本案朱某某实施的妨害公务行为时间是在城管执法人员已经开始查处城市流动摊点乱摆、夜市烧烤的依法执行职务行为、尚未结束之前发生的。

附相关规定：《最高人民检察院关于以暴力威胁方法阻碍事业单位编制人员依法执行行政执法职务是否可对侵害人以妨害公务罪论处的批复》（高检发释字〔2000〕2号）规定："对于以暴力、威胁方法阻碍国有事业单位人员依照法律、行政法规的规定执行行政执法职务的，或者以暴力、威胁方法阻碍国家机关中受委托从事行政执法活动的事业编制人员执行行政执法职务的，可以对侵害人以妨害公务罪追究刑事责任。"

3. 主体要件。妨害公务罪的主体为一般主体，凡是达到刑事责任年龄，并具有刑事责任能力的自然人都可以成为本罪的主体。《刑法》第十七条第一款规定："已满16周岁的人犯罪，应当负刑事责任。"

本案朱某某年满十六岁，已达到刑事责任年龄，是具有刑事责任能力的自然人，符合妨害公务罪主体条件。

4. 主观要件。妨害公务罪在主观方面表现为故意犯罪。也就是行为人明知对方是正在依法执行职务的国家机关工作人员，而故意对其实施暴力或者威胁，使其不能执行职务的行为。但是如果行为人不知道对方是正在依法执行职务的国家机关公务员，而加以阻挠的，则不构成妨害公务罪。

本案朱某某与一些身份不明人员抢夺被查处物品，并乘现场混乱的情况下手持水管与其他身份不明人员击打城管人员邓某、杨某某行为具有主观故意，是故意犯罪。

本案评析：本案朱某某以暴力、威胁方法阻碍国家机关工作人员依法执行职务，完全符合妨害公务罪全部构成要件，其行为已构成妨害公务罪。应当依据刑法给予刑罚处罚。

（三）妨害公务罪的处罚依据

《刑法》第二百七十七条规定："以暴力、威胁方法阻碍国家机关工作人员依法执行职务的，处三年以下有期徒刑、拘役、管制或者罚金。

以暴力、威胁方法阻碍全国人民代表大会和地方各级人民代表大会代表依法执行代表职务的，依照前款的规定处罚。

在自然灾害和突发事件中，以暴力、威胁方法阻碍红十字会工作人员依法履行职责的，依照第一款的规定处罚。

故意阻碍国家安全机关、公安机关依法执行国家安全工作任务，未使用暴力、威胁方法，造成严重后果的，依照第一款的规定处罚。

暴力袭击正在依法执行职务的人民警察的，处三年以下有期徒刑、拘役或者管制；使用枪支、管制刀具，或者以驾驶机动车撞击等手段，严重危及其人身安全的，处三年以上七年以下有期徒刑。"

据此，一审法院依照《刑法》第二百七十七条第一款的规定，判决被告人朱某某犯妨害公务罪，判处有期徒刑九个月。

三、煽动暴力抗拒法律实施罪的概念、犯罪构成与刑法处罚依据

以案析法：广西一市场城管执法遭群体围攻起哄，5人在执法过程中受伤

据当地媒体报道：2018年9月4日上午，广西柳州柳东新区"五车"整治办公室副中队长莫某理带领王某光、蒲某吉、莫某奇3名执法队员，对柳东新区雒容镇非法"五车"占道行为开展日常路面巡查整治工作。10时10分左右，巡查至荣庆路上与广信路交汇处西北角时，发现一辆外地桂E牌照的燃油机动三轮车违法占用人行道停放。

根据柳州市"五车"整治相关文件要求，柳州城市道路范围内严禁无牌无证及外地牌照三轮车（机动、电动、人力）上路行驶及违规停放。经现场查验，当事人杨某未能出示该车辆的行驶证。为进一步核实车辆的合法性，执法人员开具证据登记保存通知书，要求杨某配合先将车子暂扣处理，但其态度强硬拒不配合执法工作，试图将三轮车强行开走，执法人员急忙上前控制阻止。

随后，杨某再次爬上三轮车，并大喊煽动围观市民阻挠正常执法秩序。现场一下便聚集了约30名围观市民，而城管执法力量有限，莫善理于10时19分拨打110报警电话并及时向上级领导汇报、请求增援。

11时左右，柳州市公安局柳东分局雒容派出所110民警赶到现场，经了解，当事人的三轮车停在人行道上，确实违反了城市道路管理相关法律法规，对当事人杨某进行了宣传教育，要求其配合执法人员开展调查工作。同时，民警也劝导围观市民离开，随后事态暂时得到控制，民警也撤离了现场。

11时23分，市城管执法局柳东分局市容中队执法人员赶到，协助柳东新区"五车"整治办公室对现场进行拉设警戒线、维护控制现场秩序。此时，围观市民中有一名男子喊出"执法队员打人"的口号，引发旁人跟风起哄以及用手机拍照摄像。

11时40分，当执法人员再次对杨某的车辆实施依法暂扣时再次遭到暴力抗法，于是，果断采取强制措施对杨某进行控制，在此过程中，杨某激烈反抗并阻止队员查扣其车辆，一通乱抓乱咬乱踢，有5名队员的双手被抓伤咬伤。

此时，现场聚集群众已增至约200人，受个别挑头煽动人员的影响，很多不明真相的群众也开始不断起哄、冲击警戒现场，跟着指责并推搡扭打执法人员。在众多执法人员的努力下，12时左右，终于将涉案车辆暂扣拖离现场，现场事态已稳定控制，交通秩序也恢复正常。下午1时，5名受伤的执法人员也到附近医院进行了治疗。

据城管执法部门表示，将尽快收集整理当日群体围攻起哄、暴力抗法的相关资料到公安机关报案，部分涉事人员是否涉嫌寻衅滋事，还有待公安机关调查定性。目前，此事仍在进一步处理中。

依据上述媒体报道,可以判定这不是简单的寻衅滋事犯罪,而是一起城管执法中典型的群体暴力抗法行为,其性质是刑事违法,涉嫌犯有煽动暴力抗拒法律实施罪。下面结合本案例,对煽动暴力抗拒法律实施罪进行介绍与分析。

(一)煽动暴力抗拒法律实施罪概念

煽动暴力抗拒法律实施罪是指行为人故意煽动、鼓惑、挑动群众暴力抗拒国家法律、行政法规实施的行为。

(二)煽动暴力抗拒法律实施罪犯罪构成

1. 客体要件。煽动暴力抗拒法律法规实施罪侵犯的客体是国家法律、行政法规的实施秩序。煽动暴力抗拒的法律、行政法规包括现行的法律、行政法规和已经颁布生效尚未实施的法律和行政法规。

本案受杨某和个别挑头煽动人员的影响,很多不明真相的群众开始不断起哄、冲击警戒现场,跟着指责并推搡扭打执法人员的行为已经严重侵犯了国家法律、行政法规的实施秩序,严重妨碍了国务院行政法规《城市市容和环境卫生管理条例》和《城市道路管理条例》的实施秩序,侵犯了煽动暴力抗拒法律实施罪的客体。

2. 客观要件。本罪在客观方面行为表现是煽动群众暴力抗拒国家法律、行政法规实施的行为。也就是在执法现场一般群众本无暴力抗拒法律、行政法规实施的意思,或者虽然有但尚未着手实行的情况下,有行为人实施煽动行为,使群众产生或者坚定暴力抗拒法律、行政法规实施的意思,并在行为人蛊惑下,参与实施了暴力抗拒国家法律行政法规实施的行为。

(1) 本罪所说的煽动,也就是煽惑、鼓动,是指行为人以鼓动性语言或文字劝诱、引导,促使其他人去实施犯罪活动的行为。煽动鼓动的方式有:用语言文字、图形等方式;通过广播电视、报刊、网络等媒体方式;利用演说、张贴、散发、邮寄等方式。行为人通过上述方式煽惑、鼓动群众以暴力方式抗拒国家法律行政法规的实施。

(2) 本罪所说煽动的群众,一般应理解为 3 人以上(包括 3 人)的特定的或者不特定的多数人,也就是说行为人煽动的对象,即群众至少是 3 人才符合本罪客观要件,否则,不构成本罪。

(3) 本罪所说的暴力,是指行为人用武力,或者其他强制性手段阻碍法律、行政法规的实施。

(4) 本罪所说的抗拒,是指抵抗、拒绝,即故意不遵守法律、行政法规,违反公民的守法义务,并且故意公然对抗并拒绝法律、行政法规的强制性实施行为。

结合本案杨某实施的一系列煽动、暴力和抗拒城管实施法律法规的行为,不难看出,杨某实施的行为完全符合本罪的客观要件:首先,执法人员开具证据登记保存通知书,要求杨某配合先将车子暂扣处理时,杨某试图将三轮车强行开走,被执法人员控制阻止。随后，杨某再次爬上三轮车，并大喊煽动围观市民阻挠正常执法秩序，现场一下便聚集了约30名围观市民阻挠法律法规的实施。其次，当执法人员再次对杨某的车辆实施依法暂扣时，杨某激烈反抗并阻止队员查扣其车辆，一通乱抓乱咬乱踢，有5名队员的双手被抓伤咬伤。此时，现场聚集群众已增至约200人，受个别挑头煽动人员的影响，很多不明真相的群众也开始不断起哄、冲击警戒现场，跟着指责并推搡扭打执法人员，使城管法律法规实施活动受阻，无法继续实施。由此可见，杨某的行为完全符合煽动群众暴力抗拒国家法律、行政法规实施罪客观要件。

3. 主体要件。本罪的主体为一般主体，凡是达到刑事责任年龄，具有刑事责任能力的自然人，均能成为本罪主体。

经事后查实，杨某和个别挑头煽动人员及参加抗拒法律法规实施的200名左右群众均符合本罪犯罪主体要件。

4. 主观要件。本罪在主观方面是故意，并且具有煽动群众暴力抗拒国家法律、行政法规实施的目的，即行为人实施煽动行为，其目的在于混淆视听，蛊惑人心，煽动群众暴力抗拒国家法律、行政法规的实施。

本案杨某和个别挑头煽动人员及参加抗拒法律法规实施的群众都是故意，并且具有煽动群众暴力抗拒国家法律、行政法规实施的目的。符合本罪主观要件。

本案评析：在杨某和个别挑头煽动人员的蛊惑下，有200人左右不明真相的群众冲击警戒现场，指责并推搡扭打执法人员，暴力抗拒法律法规实施之行为，符合煽动暴力抗拒法律实施罪全部要件，对杨某与挑头煽动暴力抗拒法律实施的其他人员应当依据《刑法》规定，按照煽动暴力抗拒法律实施罪定罪处罚。

（三）刑法处罚依据

《刑法》第二百七十八条规定："煽动群众暴力抗拒国家法律、行政法规实施的，处三年以下有期徒刑、拘役、管制或者剥夺政治权利；造成严重后果的，处三年以上七年以下有期徒刑。"

犯煽动暴力抗拒法律实施罪没有造成严重后果的，处三年以下有期徒刑、拘役、管制或者剥夺政治权利。造成严重后果的，处三年以上七年以下有期徒刑。司法实践上，所谓造成严重后果一般包括：

1. 犯罪行为严重妨碍了法律、行政法规实施的；
2. 犯罪主体所煽动的暴力行为导致人身伤亡的、财产损失的；
3. 犯罪行为导致社会动荡不安的，引起群体性事件，造成重大社会影响的。

四、故意伤害罪的概念、犯罪构成与刑法处罚依据

以案析法：兰州警方通报"城管被瓜农伤害致死案"

2018年8月29日，甘肃省兰州市公安局通报了"7·18"城管执法人员被伤害致死案件情况。通报称，经过兰州市公安局专案组一个多月的调查走访、勘查现场、调阅视频、询问受害人、询问犯罪嫌疑人等工作。目前，7月18日发生在兰州市城关区雁北路的"7·18"城管执法人员被伤害致死案主要事实已查清。

经查，7月17日21时许，城关执法局雁滩中队副队长李某文带领三名队员，在雁北路某小区前巡查执法时，发现王某宏、王某文、王某武父子三人占道经营卖瓜。在执法过程中，4名执法人员遭到王某宏父子三人阻挠。执法人员拨打110报警后，城关公安分局雁园路派出所民警迅速赶赴现场依法处置，经疏导训诫后双方离开。

7月18日上午11时许，该执法中队副队长李某文带领队员王某军、丁某涛等15名队员前往北面滩二村开展日常巡查工作时，再次发现王某宏父子三人占道经营。在清理整顿中，当执法人员扣押地秤时，三人辱骂阻挠，王某武手持榔头殴打执法人员，在榔头被夺下后，王某武又持刀将执法人员王某军、丁某涛、李某文捅伤，致丁某涛肝脏、脾脏破裂、手臂肌腱断裂，李某文胃部、肝脏破裂；在受害人王某军被捅伤倒地后，王某文手持木板对倒地的王某军进行殴打，随后王某武又举起地秤连续打砸王某军，导致王某军死亡。

7月19日，犯罪嫌疑人王某宏、王某文、王某武被城关公安分局依法刑事拘留；7月25日，针对犯罪嫌疑人王某武自称有精神病的情况，经司法精神病鉴定，王某武作案时有完全刑事责任能力；8月9日，城关区检察院以涉嫌故意伤害罪对犯罪嫌疑人王某文、王某武批准逮捕，依法将王某宏释放。

依据上述媒体报道，这是一起典型城管执法中发生的故意伤害罪。下面结合本案例，对故意伤害罪进行介绍。

（一）故意伤害罪的概念

故意伤害罪是指行为人故意非法伤害他人身体健康的行为。

（二）故意伤害罪犯罪构成

1. 客体要件。也就是本罪侵犯的客体是他人的身体权，所谓身体权是指自然人以保持机体器官和其他组织的完整性为内容的人格权。本要件所说人格权一般应当包括生命权、身体权和健康权。

2. 客观要件。本罪在客观方面表现为行为人实施了非法损害他人身体的行为。具体来说：

（1）行为人要有损害他人身体的行为。损害他人身体的行为方式，可以表现为积极的作为，比如拳打脚踢、刀砍枪击、棒打石砸、火烧水烫等；也可以表现为消极的不作为方式。但无论是由行为人本人直接实施的，还是间接实施的，也无论是针对人身何种部位，采取什么样的方式，只要是行为人出于故意，能造成他人的人身健康伤害的，即可构成伤害罪。

（2）损害他人身体的行为必须是非法进行的。法律所允许的某种致伤行为则不构成伤害罪。例如，正当防卫给不法侵害人造成伤害而未过当的，就不构成故意伤害罪。

（3）损害他人身体的行为，必须是已经造成了他人人身一定的损害，才能构成本罪。按照伤害结果的程度划分主要有轻伤，重伤或死亡三种情况。如果行为人的损害没有达到轻伤以上的伤害等级，则不能以伤害罪论处。

故意伤害不同于一般的殴打行为，例如，一般性的拳打脚踢、推拉撕扯行为。虽然有些殴打行为表面上给他人身体造成了一定的损害，但显著轻微不构成轻伤的，不能以故意伤害罪论处。因此，在区分故意伤害与一般殴打行为时，既要考虑行为是否给人体组织及器官机能造成了损害，又要考察损害的程度。2014年1月1日生效的最高人民法院、最高人民检察院、公安部、国家安全部、司法部联合发布的《人体损伤程度鉴定标准》将人体损伤程度分为五级：重伤一级、重伤二级、轻伤一级、轻伤二级、轻微伤。根据刑法相关规定，故意伤害他人身体，致人轻伤以上的，构成故意伤害罪。

3. 主体要件。伤害罪的主体为一般主体。凡达到刑事责任年龄，并具备刑事责任能力的自然人均能构成本罪主体，其中已满14岁未满16周岁的自然人，有故意伤害致人重伤或死亡行为的，应当负刑事责任。

4. 主观要件，本罪在主观方面表现为故意。即行为人明知自己的行为会造成损害他人身体健康的结果，而希望或放任这种结果发生。所以，在实践上可按实际伤害结果来确定是故意轻伤还是故意重伤。

本案评析：2018年7月18日上午11时许，该执法中队副队长李某文带领队员王某军、丁某涛等15名队员前往北面滩二村开展日常巡查工作时，再次发现王某宏父子三人占道经营，在清理整顿中，当执法人员扣押地秤时，三人辱骂阻挠，王某武手持榔头殴打执法人员，在榔头被夺下后，王某武又持刀将执法人员王某军、丁某涛、李某文捅伤，致丁某涛肝脏、脾脏破裂、手臂肌腱断裂，李某文胃部、肝脏破裂；在受害人王某军被捅伤倒地后，王某文手持木板对倒地的王某军进行殴打，随后王某武又举起地秤连续打砸王某军，导致王某军死亡。

依据故意伤害罪犯罪构成理论分析，卖瓜摊贩王某宏父子三人故意非法伤害城管执法人员王某军、丁某涛、李某文行为已构成故意伤害罪，并且犯罪手段特别残忍，造成王某军死亡和丁某涛、李某文两人重伤的严重后果，依法应当给予严惩。

（三）刑法处罚依据

根据《刑法》第二百三十四条规定："故意伤害他人身体的，处三年以下有期徒刑、拘役或者管制。犯前款罪，致人重伤的，处三年以上十年以下有期徒刑；致人死亡或者以特别残忍手段致人重伤造成严重残疾的，处十年以上有期徒刑、无期徒刑或者死刑。本法另有规定的，依照规定。"

五、侮辱罪的概念、犯罪构成与刑法处罚依据

以案析法:发朋友圈辱骂城管,俩女子被拘又罚款。

据淮北新闻网报道,如今越来越多的人在朋友圈分享开心的事,吐槽不爽的事。可是朋友圈不是法外之地,发布不当的言论或者辱骂他人,可能会惹来不小的麻烦。

某年7月14日傍晚,刘桥镇城管执法中队的小张和小李来到刘桥派出所报警称:有人在微信朋友圈对他们进行辱骂,图片视频配有辱骂的文字,十分恶劣。

接到报警后,值班民警赵忠峰、王松立即展开调查取证工作,固定相关电子证据,积极与网安部门联系落地查人,在县局相关部门的配合下查明违法嫌疑人的身份。

7月17日上午,民警将两名嫌疑人依法传唤到刘桥派出所接受调查。经了解得知,小冉和小玉都是90后女孩。14日下午,两人在农贸市场路口违规摆放桌子为其供职的驾校做招生宣传,城管执法队员依法对其违规行为予以纠正。

对此心生不满的两人,随后用各自的手机发布有辱骂城管执法队员文字的小视频上传到朋友圈,该信息迅速在微信圈大量转发传播,造成了极坏的影响,严重侮辱了城管队员小张和小李的人格,损害了城管执法人员的形象。

小冉和小玉对发有辱骂刘桥城管、拍摄当时两名队员执法的视频图像供认不讳。17日下午,小冉和小玉被处以行政拘留7日,分别罚款700元、600元,并处以收缴手机的治安处罚。

依据上述媒体报道,结合本案例,对侮辱罪、诽谤罪进行分析。

(一)侮辱罪的概念

侮辱罪,是指使用暴力或者其他方法,公然贬损他人人格,败坏他人名誉,情节严重的行为。

(二)侮辱罪犯罪构成

1. 客体要件。侮辱罪侵犯的客体是他人的人格尊严权和名誉权,人格尊严权和名誉权是公民的基本人身权利。人格尊严权是指社会对公民自己或者他人的人格价值和社会价值的尊重;名誉权是指以名誉的维护和安全为内容的人格权。侮辱罪的犯罪对象只能是自然人。

2. 客观要件。本罪在客观方面行为表现是以暴力或其他方法,公然贬损他人人格,破坏他人名誉,情节严重的行为。本案就是指行为人通过暴力或者非暴力的动作侮辱行政执法人员,或者通过言辞、文字、图画等侮辱、诽谤城管行政执法人员,因而构成本罪。本罪的行为特征是:

(1)有侮辱他人的行为。行为的主要手段有:一是暴力侮辱人身。这里所讲的暴力,仅指作为侮辱的手段而已,例如,行为人以粪便泼人的动作等,不是殴打、伤害身体的暴

力。二是采用语言进行侮辱，即用恶毒刻薄的语言对被害人进行嘲笑辱骂，使其当众出丑，难以忍受。例如，散布被害人的生活隐私，生理缺陷等。三是文字侮辱，即以大字报、小字报、图画、漫画、信件、书刊或者其他公开的文字等方式，泄露他人隐私，诋毁他人人格，破坏他人名誉。

（2）侮辱行为必须公然进行，所谓"公然"侮辱，是指当着第三人甚至众人的面，或者利用可以使不特定人或者有多数人听到、看到的方式对他人进行侮辱。

（3）侮辱的对象必须是特定的人，特定的人可以是一人，也可以是多数人，但必须是具体的可以确认的人。

（4）公然侮辱他人的行为，还必须达到情节严重的程度，才能构成本罪。所谓情节严重，主要是指手段恶劣，后果严重等情形，例如，当众撕光被害人衣服；向被害人身上泼洒粪便等污物；对执行公务的人员进行侮辱，造成恶劣影响的等。

3. 主体要件。本罪主体为一般主体，凡是达到刑事责任年龄，且具有刑事责任能力的自然人，均能构成本罪。

4. 主观要件。本罪在主观上表现为直接故意，并且具有贬损他人人格，破坏他人名誉的目的，间接故意、过失不构成本罪。

（三）刑法处罚依据

《刑法》第二百四十六条规定："以暴力或者其他方法公然侮辱他人或者捏造事实诽谤他人，情节严重的，处三年以下有期徒刑、拘役、管制或者剥夺政治权利。

前款罪，告诉的才处理，但是严重危害社会秩序和国家利益的除外。

通过信息网络实施第一款规定的行为，被害人向人民法院告诉，但提供证据确有困难的，人民法院可以要求公安机关提供协助。"

本案评析：因城管执法队员曾经依法对小冉和小玉违规行为予以纠正，小冉和小玉对此心生不满，随后用各自的手机发布有辱骂城管执法队员文字的小视频，上传到朋友圈，该信息迅速在微信圈大量转发传播，造成了极坏的影响，严重侮辱了城管队员小张和小李的人格，损害了城管队员的形象。该行为属于用其他方法公然侮辱他人的人格尊严权和名誉权，其行为符合侮辱罪的客观要件。但因情节严重程度还没有达到侮辱罪的犯罪构成全部要件，因此，由公安机关给予小冉和小玉行政拘留 7 日，分别罚款 700 元、600 元，并处以收缴手机的治安处罚。

六、诽谤罪的概念、犯罪构成与刑法处罚依据

（一）诽谤罪的概念

诽谤罪，是指故意捏造并散布虚构的事实，足以贬损他人人格，败坏他人名誉，情节

严重的行为。

(二) 犯罪构成

1. 诽谤罪的客体要件。本罪侵犯的客体与侮辱罪相同，是他人的人格尊严、名誉权，侵犯的对象是自然人。

2. 客观要件。本罪在犯罪客观方面的行为表现，是行为人捏造事实并散布某种虚构的事实，足以贬损他人人格、名誉，情节严重的行为。本罪的行为特征如下：

（1）须有捏造某种事实的行为，即诽谤他人的内容完全是虚构的。

（2）须有散布捏造事实的行为。所谓散布，就是在社会公开的扩散；足以贬损，是指捏造并散布的虚假事实，完全可能贬损他人的人格和名誉，或者事实上已经给被害人的人格、名誉造成了实际损害。

（3）诽谤行为必须是针对特定的人进行的，但不一定要指名道姓，只要从诽谤的内容上知道被害人是谁，就可以构成诽谤罪。

（4）捏造事实诽谤他人行为必须属于情节严重的，才能构成本罪。所谓情节严重，主要是指多次捏造事实诽谤他人的；捏造事实造成他人人格名誉严重损害的；捏造事实诽谤他人造成恶劣影响的；诽谤他人致其精神失常，或者导致被害人自残自杀的等情况，都属于情节严重的行为。

（5）追溯标准。根据2013年《最高人民法院、最高人民检察院关于办理利用信息网络实施诽谤等刑事案件适用法律若干问题的解释》第二条规定，利用信息网络诽谤他人，具有下列情形之一的，应当认定为《刑法》第二百四十六条第一款规定的"情节严重"：1) 同一诽谤信息实际被点击、浏览次数达到五千次以上，或者被转发次数达到五百次以上的；2) 造成被害人或者其近亲属精神失常、自残、自杀等严重后果的；3) 两年内曾因诽谤受过行政处罚，又诽谤他人的；4) 其他情节严重的情形。

3. 主体要件。本罪主体是一般主体，凡达到刑事责任年龄、具有刑事责任能力的自然人，均能构成本罪。

4. 主观要件。本罪在主观上必须是故意，行为人明知自己散布的是足以损害他人名誉的虚假事实，明知自己的行为会发生损害他人名誉的危害后果，并且希望这种结果的发生。

七、城管执法人员受到犯罪行为侵害后的刑法处置

城管执法人员在执法过程中如果发生侵犯其合法权益的犯罪行为，应当如何保障自己的人身权益是一个迫切需要解决的问题。本部分重点阐述犯罪行为结束后，城管执法人员如果受到人身伤害或者人格权、名誉权侵害，在刑法上应当如何处置。

(一) 向公安机关、司法机关报案或者提出刑事控告

城管执法人员在执法过程中如果发生侵犯其合法权益的犯罪行为,除了实施正当防卫保障自己的人身权益与财产安全的措施之外,还应当保存固定证据后,向公安机关、司法机关报案或者提出刑事控告,通过司法手段保障自己的合法权益。

1. 报案与刑事控告。《中华人民共和国刑事诉讼法》(以下简称《刑事诉讼法》)第一百一十条规定:"任何单位和个人发现有犯罪事实或者犯罪嫌疑人,有权利也有义务向公安机关、人民检察院或者人民法院报案或者举报。

被害人对侵犯其人身、财产权利的犯罪事实或者犯罪嫌疑人,有权向公安机关、人民检察院或者人民法院报案或者控告。

公安机关、人民检察院或者人民法院对于报案、控告、举报,都应当接受。对于不属于自己管辖的,应当移送主管机关处理,并且通知报案人、控告人、举报人;对于不属于自己管辖而又必须采取紧急措施的,应当先采取紧急措施,然后移送主管机关。

犯罪人向公安机关、人民检察院或者人民法院自首的,适用第三款规定。"

《刑事诉讼法》第一百一十一条第三款规定:"公安机关、人民检察院或者人民法院应当保障报案人、控告人、举报人及其近亲属的安全。报案人、控告人、举报人如果不愿意公开自己姓名和报案、控告举报的行为,应当为他保守秘密。"

依据《刑事诉讼法》上述规定,城管执法人员应当对执法中发现的犯罪事实或者犯罪嫌疑人都有权利和义务向公安、司法机关报案;对于执法中受到的不法侵害,城管执法人员作为受害人可以直接向公安、司法机关告发,要求予以刑罚处罚。

刑事控告一般是指被害人及其近亲属或其诉讼代理人,对侵犯被害人合法权益的违法犯罪行为,依法向公安、司法机关告发,要求予以惩处的行为。

公安机关、人民检察院或者人民法院对于报案、控告、举报,都应该接受,不能拒绝。

2. 受理刑事控告流程。现实生活中如果发生了刑事案件,一般情况下都是由公安机关首先受理侦查的。而公安机关受理刑事案件有自己的一套受理流程。

(1) 公安机关对于公民扭送、报案、控告、举报或者自首的,都应当立即接受,问明情况,并制作笔录。

对报案人、控告人、举报人、自首人提供的证据材料应当登记,并制作证据清单。

(2) 制作受案登记表,并出具回执。

(3) 迅速进行审查,以确定是否属于刑事案件。

如伤害案件,要立即进行法医鉴定,确定构成轻伤或者重伤(属于犯罪)及轻微伤(不构成犯罪);死亡案件,要立即进行尸检,确定属自杀、他杀或者猝死;交通肇事案件,要立即去现场确定双方的责任。

立案前的初步审查,可以采取询问、查询、勘查、鉴定和调取证据材料等措施。

(4) 经过审查，认为有犯罪事实，但不属于自己管辖的案件，立即报县级以上公安机关负责人批准，将案件移送有管辖权的机关。对于不属于自己管辖又必须采取紧急措施的，应当先采取紧急措施，再办理移送手续。

(5) 经过审查，属于告诉才处理的案件（自诉案件），告知当事人向人民法院起诉。

对被害人有证据证明的轻微刑事案件，告知被害人可以到人民法院起诉。被害人要求公安机关受理的，公安机关应当处理。

(6) 经过审查，对于不构成犯罪需要给予行政处罚的，依法予以处理或者移送有关行政部门。

(7) 经过审查，认为有犯罪事实需要追究刑事责任，且属于自己管辖的，经县级以上公安部门负责人批准予以立案。

经过审查，认为没有犯罪事实，或者有依法不追究刑事责任情节的，经县级以上公安机关负责人批准不予立案。并将不予立案决定书三日内送达控告人。

综上所述，公安机关受理了刑事控告案件，不等于立案；同时，受理了不一定都立案。

3. 公诉与公诉案件。公诉是指检察机关对侦查机关（调查机关）侦查终结（调查终结），移送审查起诉的案件，依法定职权进行审查，决定向人民法院提起公诉、出庭支持公诉、对刑事判决进行审查，或依法决定不起诉的诉讼活动。公诉案件，也就是刑事公诉案件，是指由各级检察机关依照法律相关规定，代表国家追究被告人的刑事责任而提起诉讼的案件。

《刑事诉讼法》第一百八十条规定："对于有被害人的案件，决定不起诉的，人民检察院应当将不起诉决定书送达被害人。被害人如果不服，可以自收到决定书后七日以内向上一级人民检察院申诉，请求提起公诉。人民检察院应当将复查决定告知被害人。对人民检察院维持不起诉决定的，被害人可以向人民法院起诉。被害人也可以不经申诉，直接向人民法院起诉。人民法院受理案件后，人民检察院应当将有关案件材料移送人民法院。"

依据此条规定，需要再次说明的是：城管执法人员是作为公诉案件中的被害人提出刑事控告的。所以，如果公安、司法机关对其刑事控告立案并提起公诉的刑事案件，都会将有关司法文书送达给被害人，被害人在刑事诉讼中的各个阶段有权维护自己的合法权益。

（二）被害人直接向法院提起刑事自诉案件

《刑事诉讼法》第一百一十四条规定："对于自诉案件，被害人有权向法院直接起诉。被害人死亡或者丧失行为能力的，被害人的法定代理人、近亲属有权向人民法院起诉，人民法院应当依法受理。"

实践中，受到不法侵害的城管执法人员在被鉴定为轻伤而不能提起公诉的刑事案件，城管执法人员作为被害人可以依据《刑事诉讼法》第一百一十四条规定，直接向人民法院提起刑事自诉案件。

1. 自诉案件。自诉案件是"公诉案件"的对称。也称之为刑事自诉，是指被害人、被害人的法定代理人、近亲属为了追究被告人的刑事责任而直接向人民法院提起的诉讼。

2. 自诉案件的特点：

（1）由被害人或者他的法定代理人直接到人民法院起诉，不经过公安或者检察机关。

（2）在法院审理过程中，适用调解，原告在法院判决前可以同被告人自行和解，也可以撤回起诉。

（3）被告人在自诉案件审理过程中可以提出反诉。所谓反诉，就是被告人作为被害人控告自诉人犯有与本案有联系的犯罪行为，要求人民法院进行审判。

（4）自诉人对一审判决不服（无论是作为被害人还是作为他的法定代理人），有权向上级人民法院提出上诉。对已经生效的判决或者裁定不服，有权提出申诉。

3. 起诉条件与提起自诉的程序。城管执法人员作为被害人提起刑事自诉需要符合以下条件：

（1）有适格的自诉人；

（2）有明确的被告人和具体的诉讼请求；

（3）属于自诉案件范围；

（4）被害人有证据证明；

（5）属于受诉人民法院管辖。

如果符合上述自诉条件，被害人应当向法院提交刑事自诉状；如果需要同时提起附带民事诉讼的，应当提交刑事附带民事自诉状。这样人民法院才可以受理刑事自诉案件。

4. 自诉案件的范围。根据《刑事诉讼法》第二百一十条及《刑法》的相关规定，自诉案件的范围如下：

（1）告诉才处理的案件，主要包括：侮辱诽谤案，但严重危害社会秩序和国家利益的除外；暴力干涉婚姻自由案；虐待；侵占案。

（2）被害人有证据证明的轻微刑事案件，主要包括：故意伤害案；非法侵入住宅案；侵犯通信自由案；重婚案；遗弃案；生产、销售伪劣商品案；侵犯知识产权案，但严重危害社会秩序和国家利益的除外；《刑法》分则第四章、第五章规定的对被告人可能判处三年有期徒刑以下刑罚的案件。以上八类案件，被害人直接向人民法院起诉的，人民法院应当依法受理。

（3）被害人有证据证明对被告人侵犯自己人身、财产权利的行为，应当依法追究刑事责任，而公安机关或者人民检察院不予追究被告人刑事责任的案件。

对于轻伤案件，可以自诉，也可以公诉。被害人要求公安机关处理的，属于公诉。

第三节　城市管理执法舆情应对

近年来，涉及城管的舆情事件频频发生，成为社会关注焦点，个别影响恶劣的事件甚至导致社会舆论对城管执法地位及其存在的合理性产生质疑。梳理涉及城管的舆情事件，进行分析研判，探究城管舆情事件背后的特征和规律，可以为做好舆情应对工作提供帮助、借鉴。

一、城市管理执法舆情的表现类型

常见的城管执法舆情主要包括以下几种类型：

（一）不规范执法类

1. 执法人员混穿制服鞋帽、乱佩戴标志标牌等形象不雅问题。
2. 执法人员与群众沟通过程中存在不礼貌、不克制的言语以致发生争吵和冲突，引发群众围观议论。
3. 执法程序不合法不规范，引发群众质疑和反对。
4. 执法方法不恰当不合理，造成当事人不便，损害当事人利益等，使当事人不配合乃至对抗。
5. 执法行为明显不当，粗暴执法、过激执法，甚至以拳脚相向、器械伤人等造成人身伤害，危及当事人身体健康或财物。

（二）工作作秀类

此类舆情主要是一些工作人员热衷于形式主义、留痕主义，通过主动营造特定形象，意图传达看似正能量的信息，而制造出的虚假景象。比如：为了宣传热心助人，摆拍帮助小摊小贩；为了宣传公益，摆拍志愿者扫街。

（三）作风不端类

此类舆情与个别政府工作人员行为不端、作风不良所导致的舆情类似，主要包括生活作风不端和工作作风不正两方面。比如：生活奢靡、穿戴不菲；作风不检点有违社会公德；工作作风简单粗暴或者对群众满不在乎。

（四）工作失误类

此类舆情体现了一些人在工作中态度不端、意识不强、能力不足等问题。比如：一些文书材料语句不通顺、错别字连篇被上传网络；一些执法人员素质不高、知识欠缺，与当事人沟通不畅，闹出笑话。

（五）造谣生事类

此类舆情主要由当事人或个别群众采取扭曲真相或虚构事实的表述，辅以虚假图片、视频等材料,意图借助舆论力量,满足个人需求或损害城管形象。比如2023年5月15日,××市一网民造谣发布视频"一男子蹲在地上怀抱一倒地女子",并配文"××市城管打死一名摆摊妇女"。

(六)追逐热点类

此类舆情由个别群众和媒体关注热点事件,意图打造"爆款新闻"引发。往往与其他各类舆情互相掺杂,交相推进,甚至可能有外部反动势力参与。比如×县城管劝离男子占道摆摊,男子把货物全扔地上,部分舆论和媒体却批评城管。

城管执法工作中的任何环节和任意切面,都潜藏着舆情爆发的可能性。以上几种类型是概括地划分,不同类型也存在互相交叉的情况,难以涵盖城管执法舆情的所有方面。只要暴露在公众场合或者与人交流,我们就应时刻注意执法者的身份和职责,在一举一动中做到高标准、严要求,切实规范自身言行,最大程度避免负面舆情的发生。

二、城市管理执法舆情的发展阶段

按照不同发展时段,舆情可分为产生阶段、散播阶段、高峰阶段、衰落阶段。

在产生阶段,随着周围群众关注和聚集事件现场,冲突信息上网,舆情随即发酵。在此阶段舆情初步显现,潜伏着爆发风险。主要表现为在网络中最初出现的,能够显示发布者、评论者对事件的倾向性观点和态度,具有争议性、关注度乃至情绪性,包括视频、图片、文字的内容。

在散播阶段,大量网民围观,各类网络媒介追逐热度,介入报道和推广,参与人群越聚越多,分析探讨乃至谣言喧腾涌动,情绪互相分享与传染,舆情事件影响范围快速持续扩大,可能呈现出指数级、裂变式传播的特征。

在高峰阶段,舆论由点对点传播到面对面覆盖,流行范围最广、影响程度更深。随着当事双方发声回应,媒介深入互动,持续挖掘和报道,讨论焦点层出不穷,事件充分散播,公众参与数量到达高峰,不断推动舆论发展,但舆情整体热度上升趋势逐渐放缓。

在衰落阶段,随着事实逐渐明晰,矛盾得到解决,加之舆论管控加码,以及公众情绪慢慢回归理性,舆情也会逐渐退潮和降温。但互联网是有记忆的,如若城市管理者对舆情处理不当,或者不及时找到正确和有效的处置方法,即使舆情衰弱,但话题刺激源的存在,仍然可能让舆情出现回潮甚至固化,这将对城市管理整体形象造成难以弥补的伤害。

实际上,舆情是网络社会的集体狂欢,也因个体的关注度、好奇度不同,存在难以捉摸的情况,这在不同程度上影响着舆情整体进展。所以对舆情状态的观测仅是一种预测,难以"窥一斑而见真实全貌"。但我们也不应因可能"做得多就错得多"或者"什么都不做也不影响结果",而对舆情采取鸵鸟战术。正确的做法,应该是积极主动,严阵以待,采取措施,让舆情应对掷地有声。

三、城市管理执法舆情的应对原则

（一）事前预防。事后处置具有被动性、复杂性、破坏性、不确定性的缺陷，事前预防具有主动性、明确性、制度性、可预见性的优势。应提前打上"预防针"，让舆情事前预防"先行一步"。

（二）坦诚面对。面对舆情，首先就要做到正视问题，坦然应对，及时处置。

（三）快速反应。抓住舆情初期的"黄金时间"，快速采取措施，将舆情扑灭在萌芽状态，让影响和损失降至最低。

（四）动态跟踪。养成对舆情动态时时关注、紧盯不放的良好习惯，对舆情全面了解熟悉，用超前眼光看清舆情真实走向。

（五）公开公正。把信息公开、公平处置当作处理舆情的"标准答案"，做到快速查明真相、公平处理事件、及时公开信息。

（六）依法依规。依据《中华人民共和国治安管理处罚法》《中华人民共和国网络安全法》《互联网信息服务管理办法》《国务院办公厅关于在政务公开工作中进一步做好政务舆情回应的通知》（国办发〔2016〕61号）等规定，依法依规做好舆情处置工作。

（七）分类处置。实事求是，结合实际，根据舆情不同种类、不同情形、不同时段采取不同措施，最大限度避免"文不对题""答非所问"等问题。

四、城市管理执法舆情应对办法

舆情应对是个系统工程，需要精心谋划、统筹协调、协作配合、多点施策，城管执法部门在舆情应对工作中应加强与上级部门及公安机关的联系，形成科学预防、快速反应、有效处置的工作态势。

（一）加强宣传引导

要加强城市管理政策法规宣传，让广大人民群众充分理解、支持和参与城市管理工作。要认真对待群众反映的城市管理问题，及时妥善解决，回应社会关切。要充分利用报刊、电视、广播、网络等媒体平台，加大对城市管理执法工作和先进典型的宣传力度，讲好城管故事，充分展现城市管理执法队伍良好精神风貌以及严格规范公正文明执法的实际成效。

（二）做好舆情防范

城管执法人员自身应做到执法规范，服务到位，努力打造"政治城管、人民城管、法治城管、智慧城管、文明城管"。

1. 树立"防范舆情就是舆情处置最好用手段"的意识。

2. 持续开展法律法规教育,提升执法人员专业能力和服务意识,提高服务型执法水平。

3. 加强与各类媒体的日常联系沟通,把握舆论主导权,利用线下、线上媒介,持续进行正面宣传,改善城管形象。

4. 强化执法监督,切实做到严格规范公正文明执法。

(三)成立管理机构

县级以上城市管理执法部门应当设立舆情管理机构,负责对城管执法舆情的预防研判、沟通回复、协调化解工作,舆情管理机构应建立健全舆情应对相关工作制度。

(四)建立网络举报受理体系

1. 公开举报方式。通过公开举报电话、邮箱、来信地址,官网开辟举报模块等,接收群众反映的问题。

2. 受理举报问题。对举报信息调查核实,并依法依规处置。

3. 做好信息反馈,将处理情况及时反馈当事人。

(五)加强舆情监测

1. 舆情应对机构安排专门人员,可利用专业监测软件,重点关注抖音、微博、微信公众号等热点平台,加强日常监测和突发事件监测,全面筛选收集涉及本单位的舆情信息。

2. 非工作时间段注意关注舆情动向,避免监测盲区。

3. 可对接网信、公安等部门,共享舆情信息。

(六)准确研判舆情

1. 明确研判标准,根据事件性质、关注程度、影响范围等,对舆情分级分类。

2. 开展涉及群众利益工作时,做好事前研判,分析可能产生的舆情风险和隐患,评估可行性。

3. 对重大复杂舆情,可通过跟踪走访、抽样调查、协同会商等方式,对舆情风险深入研判,分析舆论关注点、研判发展趋势。必要时可制定处置预案。

(七)快速报告信息

1. 发现重大舆情和可能引发重大舆情的苗头性、倾向性问题,形成舆情报告,并及时报给领导。

2. 加强对接,如有必要及时报告上级党委、政府或城管部门,以获取支持。

3. 报告应当及时、客观、全面、准确，不迟报、谎报、瞒报、漏报。报告内容包括基本事件情况、涉及平台名称、参与舆情人员大概数量、初步处置建议等。

（八）主动发布信息

1. 明确信息发布层级、主体、方式、内容等事项，统一信息发布口径，及时准备信息发布通稿。

2. 不同阶段发布不同信息。初期主要表明立场，亮明态度；中期主要表明采取的措施，取得的阶段性效果；后期表明处置结果，并做好正面宣传引导，维护城管执法形象。

3. 根据实际需要，按照上级部门安排，受理记者采访申请，做好媒体引导和服务，快速传播正面信息，有效引导社会舆论。

4. 事件调查和处置环节涉及较多专业信息时，适时邀请政法部门及相关专家参与信息发布，避免媒体误读和公众误解。

5. 密切关注舆情发展态势，围绕不同阶段媒体和公众关注的问题和疑虑，有针对性地正面解释说明，动态回应关切，同时批驳谣言和错误观点。

（九）开展应急管理

1. 制定舆情应急管理方案，明确应急管理标准，达到标准立即启动应急处置机制。

2. 进行专题会商，统筹线上线下，协调开展舆情管控，利用各类媒体推进信息发布联动和互补。

3. 迅速开展事件调查核处，加大问题处理力度，妥善解决群众合理诉求，消除舆情炒作源头，实现舆情管理与事件处理同步进行。

4. 加强事件现场管理。可参照本章第一节第四项"应急处置规范"进行现场应急处理。

（十）及时评估总结

舆情过后，认真总结引导处置工作中的经验教训，完善应对热点舆情的思路和措施，不断提高舆情应急处置水平。

第十章 城市管理执法智慧应用

执法智慧应用主要是在先进的执法理念的基础上,对执法机制进行优化创新,实现对城管执法业务"制度+科技"式的双重赋能。

在坚持"统筹规划、共建共享、互联互通、注重实效、保障安全"的原则下,建立清晰的市—区(县)—镇(街)三级执法管理体系,同时针对城市管理执法业务建立统一的管理规范与流程,明确各级城管部门在各个业务领域的工作开展机制和联动职责,打造一体化的城市管理组织,提升城市管理队伍总体的战斗力。

智慧执法系统主要利用互联网、物联网、移动通信、云计算以及大数据分析等技术,建立可视化、实时化、精细化、流程化的城市管理智慧执法平台,打造城管业务场景管理闭环,从而提供智能化的城市治理服务,推动跨部门、跨领域、跨行业数据交换共享,实现对城管业务的精准指挥、人员的精细管理、决策的精确执行,提升城管执法效能和公众满意度。

第一节 智慧执法办案

一、智慧执法办案有效解决办案业务难点

对于执法办案工作,在不同层面存在诸多的风险点有待解决和规避。

1. 对于城管执法局领导来说,主要存在两个方面的难点。一是执法办案风险难管控,主要表现为办案程序不规范、案件证据不全面、执法文书质量低、案件败诉率高、对基层综合执法业务监督指导效能低等。二是队伍执法能力难提升,主要表现为缺乏行之有效的办案能力培养方法以及办案能力提升手段。

2. 对于城管执法局法制部门来说,主要存在四个方面的难点。一是文书质量参差不齐,主要表现为样式选择错误、内容填写错误、与案件情况不一致等。二是办案程序不够规范,主要表现为瞒案不报、立案延迟、随意撤案、一事多案等。三是法律依据选择困难,主要表现为法规不知如何选择、法律依据适用错误等。四是自由裁量难以统一,主要表现为自由裁量标准不一、自由裁量差异较大等。

3. 对于一线执法队员来说,主要存在四个方面的办案难点。一是文书制作困难,主要表现为纸质文书携带不便、人工选择文书费时、手工填写速度慢、缺乏参考模板等。二

是案由选择使用困难，主要表现为法律法规选择困难、法律法规错选漏选等。三是裁量无依据，主要表现为自由裁量缺乏参考、裁量选择主观随意。四是办案程序无指引，主要表现为办案程序无标准、办案材料无引导、证据采集无规范。

二、智慧执法办案机制设计

建立覆盖市—区（县）—镇（街）三级一体化的智慧执法办案系统。

1. 统一案件管理。执法力量下沉，队员分散，亟需一套灵活有效的信息化手段，统一管理执法队伍和案件业务。运用专业的办案系统，无缝全覆盖市局、区局、街镇所有执法人员，全力提升执法规范化建设的整体水平。

2. 统一办案程序。运用信息化系统对执法办案程序进行统一规范化设计，对重要环节实行节点控制，能够有效保证严格执法，避免办案的随意性。通过系统使各程序环节环环相扣，最大限度降低了时间和人力的浪费。

3. 统一办案规范。制定统一的法规依据库。根据执法事权范围，梳理制定统一的法规案由，统一名称、编码、条款说明、处罚项及裁量标准等。制定统一的格式化文书。梳理制定各环节所涉格式化文书，明确文书打印内容，标准化 PC 端和政务微信端操作流程等。制定统一的执法装备配置标准和原则，包括配置原则、配置标准、采购要求、技术参数要求、管理要求等。

4. 统一办案数据。办案数据统一自动生成，系统提供各执法人员办案数量、类别、进度、完成率、排名等方面的数据，为落实执法办案责任制、建立绩效评价体系提供重要的信息支持，实现了人案数一体，精准化管理。

三、智慧执法办案功能应用

1. 行政处罚案件办理。实现覆盖案件登记、立案、调查、告知、处罚、结案、归档全流程的案件办理功能。

2. 行政强制案件办理。实现覆盖案件登记、立案、调查、告知、处罚、结案、归档全流程的案件办理功能。

3. 行政执法三项制度。《国务院办公厅关于全面推行行政执法公示制度执法全过程记录制度重大执法决定法制审核制度的指导意见》（国办发〔2018〕118号）对全面推行行政执法三项制度作出了具体部署、提出了明确要求。通过建设执法全过程记录子系统来进一步规范城管执法流程，实现城管行政执法过程音视频记录，强化视频监督力度，做到执法过程的音视频记录和智能化关联。通过建设执法公示子系统，形成统一的执法信息公示平台，及时通过政府网站及政务新媒体、办事大厅公示栏、服务窗口等平台向社会公开行政执法基本信息、结果信息。通过建设重大法制审核子系统，规范各级重大法制审核机构，统一重大法制审核条件及审核内容，固化重大法制审核报送、初审、材料补充、法制审核全流程，监督各级城管执法部门以及乡镇人民政府依法开展行政执法，提升重大法制审核实效，保护公民、法人和其他组织的合法权益。

4. 案件质量评价。随着城管执法体制改革全面推进，城市管理相对集中行政处罚权的范围进一步扩大，职权的划转让案件制作遇到更多的挑战，对案件制作水平也提出了新的更高的要求。为进一步提高行政执法案卷质量，规范案卷制作标准，加强对城管行政执法案件的监管，通过案件质量评价子系统的建设，建立案件质量考核体系，确认案件质量考核内容、标准、主体，满足案件办理过程打分、案卷评查报告推送等要求。同时通过案件质量考核了解执法队员在案件办理过程中的薄弱点，从而加强对薄弱点的培训。

四、应用典型案例：上海市城管执法网上办案系统

上海市城市管理行政执法局（以下简称上海城管）于2019年建立了全市统一的执法网上办案系统，实现了全市城管执法的4个标准化（办案流程标准化、操作规范标准化、办案文书标准化、办案证据标准化），建立了上海城管执法办案标准化程序，从而规范执法人员案件办理过程。同时实现了城管执法4个统一化，建立了上海城管执法统一化标准，从而实现系统统一化、统计口径统一化、执法案由统一化、裁量标准统一化。提升了上海城管执法智能化水平，实现了城管执法办案智能化、分析智能化、决策智能化。

1. 首违免罚彰显柔性执法

系统中设置了首违免罚事项清单，执法队员在执法过程中会对相关信息进行登记留痕，登记后系统会根据历史信息以及首违免罚清单自动匹配，如果符合首违免罚条件，系统自动进入首违免罚程序（图10-1），可以作出不予处罚或者免罚的操作。有效落实《行政处罚法》中关于首违免罚、首违不罚的要求。

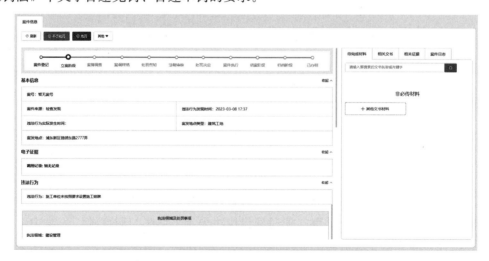

图 10-1 首违免罚程序

2. 在线缴款让案件执行更便捷

在线缴款主要两种方式，一种方式是扫描行政处罚决定书中的二维码进行线上缴款（图 10-2）。

通过银联云闪付、支付宝或微信扫描此二维码缴纳罚款。

上海市浦东新区人民政府￥￥街道办事处
2023 年 04 月 26 日

（本文书一式三份，一份交当事人，一份交代收银行，一份存卷）

图 10-2　在线缴款

另一种方式是线上收到行政处罚决定书（图 10-3），点击后进行线上缴款。

图 10-3　处罚决定书

3. 案件视频关联有效落实全过程记录

所有案件的关键流程环节均关联了当时的音视频记录（图 10-4），有效落实执法全过程记录制度要求。

4. 电子证照让执法业务办理更便利

系统与大数据中心的电子证照库进行打通，在执法业务办理过程中，不再需要执法相

图 10-4　音视频记录

对人出示相关证件，直接调用电子证照（图 10-5），有效减少了相对人的工作量，提高了业务办理效率。

图 10-5　电子证照调用

5. 法规宝典有效降低队员学法、选法、用法的难度

城管执法事项多，涉及的法律法规很多，学习和查阅的难度较大。系统将所有的法律法规进行结构化梳理和展示（图 10-6），并将法条拆分成违法行为库和裁量基准嵌入办案系统中，队员在选择执法案由时系统直接提示相关信息，确保法律法规的引用、执法案由的选择不会出现错误。

6. 文书宝典让队员再也不怕做案件、写文书

将所有执法文书形成格式范本固化到系统中，执法人员能够随时随地查询学习文书填

图 10-6　城管法规宝典

写规范（图 10-7），同时嵌入办案的文书制作环节中，从而有效保障文书质量。

图 10-7　执法文书格式范本

7. 案例宝典让执法队员获得更好的执法办案指导

海量案例的深度分析，充分借鉴正面案例的经验，汲取负面案例的教训，同时紧跟社会热点案例，有效指导队员的执法办案工作（图 10-8）。

图 10-8　行政执法案例宝典

8. 办案小助手让执法更加高效

通过执法相对人身份信息可以关联其全市的历史违法信息（图 10-9），让执法更加有依有据、信息互通。

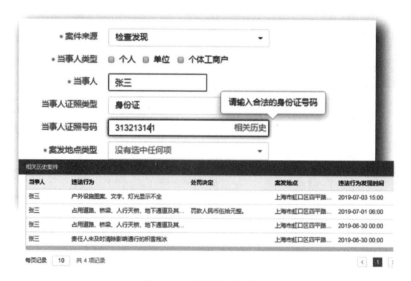

图 10-9　违法记录查询

历史同类型案件处罚区间分布参考（图 10-10），有效帮助执法队员选择更合适的裁量。

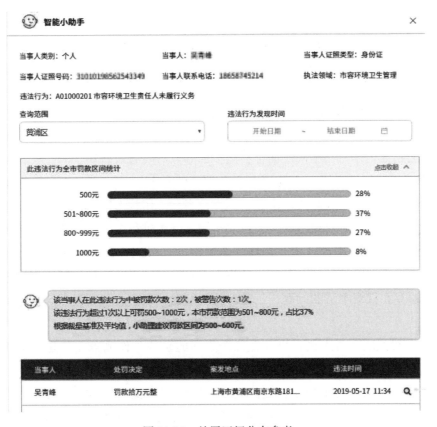

图 10-10　处罚区间分布参考

9. 案件质量评查有效保障执法规范性

在系统中直接对每个案件进行质量评价，从而及时发现案件办理过程的共性问题、重点问题，并形成案件质量评查报告和后续改进建议。评分明细表，见图 10-11。

图 10-11　评分明细表

第二节 智慧执法勤务

一、智慧执法勤务有效解决勤务工作难点

对于执法勤务工作，在不同层面存在诸多的难点需要有效解决。

1. 对于城管局领导来说，主要存在两个方面的勤务工作难点。一是勤务状态无法实时掌控，无法实时掌握一线队伍的出勤、巡查、当前工作状态等情况。二是执法资源无法实时调度，无法直接实时对执法队伍、执法车辆等资源进行灵活的指挥调度。

2. 对于执法中队长来说，主要存在三个方面的勤务工作难点。一是队伍勤务管理缺乏抓手。队伍勤务缺乏计划性，任务的接收和下发缺乏信息化支撑，线下效率较低。二是基层队伍普遍存在权责不清的问题。三是对队伍的勤务状态、任务进展、巡查问题情况无法实时掌控。

3. 对于一线执法队员来说，也存在三个方面的勤务工作痛点。一是队员工作质量体现难。队员每天有大量的任务需要处理，流程烦琐，且工作内容、工作量都无法记录和体现，干多干少一个样，影响队伍积极性。二是问题处置效率低，现场发现问题后登记、上报、处置、反馈等线下进行，业务效率低。三是协管人员管理难。协管人员流动快、变化性大，对业务不熟悉，造成培训成本高、管理难。

二、智慧执法勤务机制设计

1. 建立统一执法责任网格体系。制定统一勤务管理规范、标准化流程，合理划分执法区域、分配执法力量、明确相应职责，整合各领域行业的社会治理网格，做到多格融合，统一管理，有效推进日常勤务高效开展。

2. 建立统一标准的勤务台账，如人员定位、勤务计划、勤务巡查等数据。

3. 建立市—县—街镇纵向一体化勤务指挥机制，将分散的执法力量拧成一股绳，有效提升日常勤务响应的及时性和高效性。

4. 形成队员工作日志。打通执法业务各个领域的数据，全过程记录队员从上班到下班的工作情况，自动生成工作日志。

三、智慧功能应用

1. 勤务计划管理。勤务计划管理提供日常勤务、节假日勤务、夜间勤务计划制作及上报，便于领导及时了解全体执法人员工作安排情况。

2. 任务管理。通过系统进行任务下发，执法队员通过移动端接收到任务后进行处理，然后将处理情况通过移动端进行反馈。

3. 勤务指挥调度。通过局指挥中心大屏进行 GIS 可视化调度，实时显示执法人员、执法车辆分布情况；调取无人机、车载视频、执法记录仪等多渠道实时监控画面，实现即时命令下达传递和指挥。

4. 考勤管理。城管执法队员通过移动端上报各类签到考勤等信息，系统后台自动统计各类考勤信息的审核和汇总了解队员的日常考勤情况。

5. 问题处理。队员在外巡查过程中主动发现问题并进行登记和处理，包括问题发现、上报、处理、反馈、复查等。

6. 任务派发。系统自动根据问题发生时间、地点、类型等相关信息，将问题信息分配至当前责任区域的在岗执法人员，并全过程记录、留痕，通知相关上级领导。

7. 勤务数据管理。包括勤务日志、勤务数据统计汇总、出勤人数统计、巡查类型统计等。

四、应用典型案例：虹口城管网上勤务系统

虹口区城市管理执法局（以下简称虹口城管）针对业务中的痛点开发了网上勤务管理系统——"智慧城管"。在勤务数据管理方面，针对队员、中队干部、局机关等不同的角色，开发不同功能的执法勤务 App 版面，全体工作人员必须按要求使用操作。同时，系统实时记录队员一天的工作轨迹，以"时间轴"的形式自动生成队员当天勤务工作日志。2019 年，全局队员接收并处理通过"智慧城管"系统下发的任务共计 2808 件，登记并处理在巡查中主动发现的问题共两万五千余起；已开发的地图应用子系统基于 GIS 地图指挥平台，通过整合执法车辆、人员、视频监控点定位及处罚案件、勤务、投诉、督察等各类业务数据，实现城管执法全方位、可视化的管理。

1. 实现了队员勤务排班计划（图 10-12）

图 10-12　出勤安排

2. 实现了队员一天的全过程记录（图10-13）

图10-13　工作日志

第三节　智慧执法考核

一、智慧执法考核有效解决考核业务难点

对于执法考核工作，在不同层面存在诸多的痛点需要有效解决。

1. 对于城管局领导来说，主要存在三个方面的考核工作难点。一是考核落实难，虽然制定了量化考核指标，但是缺乏有效的数据支撑，主要依靠主观评定，影响考核效果，量化考核无法真正落地。二是考核结果的准确性、客观性无法保证，由于考核缺乏科学的考核体系和标准，缺乏有效手段对队员表现进行全过程记录，考核工作主要依靠人工主观打分。三是考核不精细、难激励，考核的精细化程度不够，考核过程及结果无法实时可见，队员无法在考核过程中实时调整和改进现有的工作以达到更好的考核结果。

2. 对于一线执法队员来说，主要存在三个方面的考核工作难点。一是考核体系不够科学，不能反映出工作的真实情况，现有的考核体系无法对真实工作表现进行科学全面的评估，容易出现以点概面的情况。二是考核评分的主观性较强。目前领导的打分依据比较缺乏，主要还是部门领导的主观印象分，执法队员往往觉得考核结果不准确不公平。三是考核结果与个人晋升、收入挂钩不足。考核结果就是一个分数，加之客观性、准确性不足，执法队员对于考核持一种消极的态度。

3. 对于考核管理人员来说，存在两个方面的考核工作难点。一是传统考核模式工作量大。传统的考核方式，在考核内容比较全面的情况下，考核的日常记录、打分、计算等需要耗用大量的时间和精力。二是考核打分依据搜集难。很多的考核依据都是过程性的，如果不实时进行留痕和记录，日后考核打分时将变得无据可依。

二、智慧执法考核机制设计

1. 建立全面量化考核机制，提升执法积极性。建立统一考核机制及规范，通过系统自动抓取队员案件办理数量、处理时效等基础数据，做到多维度、全方面综合考核（图 10-14）。

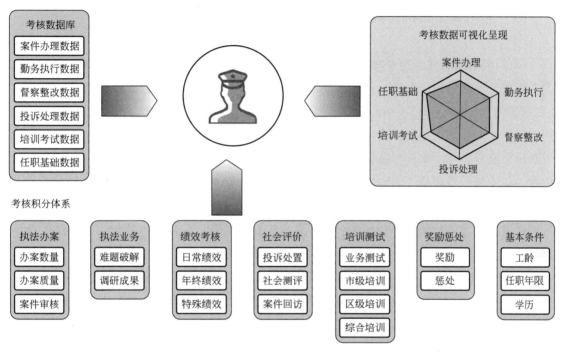

图 10-14　考核机制

2. 制定统一的行政执法考核管理规范。主要包括考核工作的组织、考核主体、考核对象、考核内容、考核标准、打分方式、考核结果的使用等。

3. 建立分级考核机制。实现市级对区级考核、区级对街镇级考核，有效满足各级城管执法机构对下级考核需求的差异化要求。

4. 建立考核结果与个人晋升挂钩机制。将考核结果应用起来，形成考核的闭环管理，杜绝只考核、不应用的尴尬局面。

三、智慧功能应用

1. 绩效考核智能化设定。主要对考核关系、考核维度、考核指标、指标分值、评分方式等进行智能化设定。

2. 绩效数据智能化采集打分。灵活运用系统自动抓取和手动填报两种方式，业务系统中留痕的数据可以自动抓取，系统外的数据可以根据实际管理要求手动导入模板，再由系统自动打分。

3. 绩效结果智能化应用。考核结果自动与队员的晋升、评优、评奖等挂钩，系统会根据评优条件自动匹配出合格对象供领导参考。

4. 绩效数据智能化研判。对绩效结果进行多维度的统计分析，同时，能够诊断出当前队员管理中存在的主要问题和薄弱环节，为队伍建设提供参考依据。

四、应用典型案例：虹口城管精细化考核系统

"虹口城管精细化考核系统"建立了一套科学智能的"一线队员个人绩效考核机制"。个人绩效考核分为执法办案、勤务督察、政工工作、后装工作及组织评价五部分，实行"多劳多得""失职追责"的加、减分结合原则。通过"智慧城管"系统实时生成的岗段签到、问题处理、网上办案、诉求办理等大量基础数据，自动生成队员一天的工作量，以此为基础生成月、季、年度汇总数据。从及时率、任务量、实效性三个方面进行自动考核，由过去凭主观印象评价变为以客观数据评价，真正建立激励约束机制，鼓励干事创业，强化目标管理，突出执法实效，构建完善评价体系。局考核领导小组每月就虹口城管精细化考核系统自动得出的队员得分和排名情况进行汇总、整理、分析，以形成多角度的综合智能化考核评价系统，实现公开公正。

虹口城管精细化考核系统包含了人员培训、考核晋升两大核心模块。基于案件办理数据、勤务执行数据、督察整改数据、投诉处理数据、培训考试数据、任职基础数据6个数据维度，建立360度全方位评估体系，确保考核的全面性、科学性，将考核结果作为晋升的依据。

虹口城管精细化考核系统能够实现大多数考核指标自动由系统量化打分，有效降低考核工作量，解放人员力量，提高考核结果准确性、可信性，提升晋升公平性。对于考核数据的来源做出统一的规定，明确手动填报的信息和系统自动抓取的数据，通过系统自动评分与人工审核确认相结合的模式，生成全面的考核评分（图10-15）。

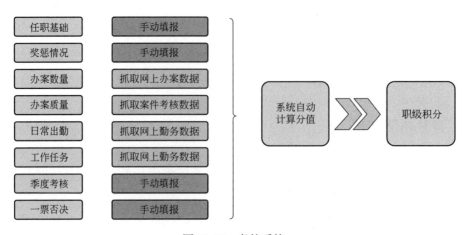

图10-15　考核系统

虹口城管精细化考核系统与综合培训相结合，提升执法人员业务技能。执法培训管理集成了培训资源库、培训师资管理、培训课程管理、培训报名、培训签到、在线考试、在线视频学习、培训统计汇总等培训管理各方面的内容，有效推进培训工作的开展。培训形式采用线上＋线下相结合，有效提升培训效率以及培训效果。

虹口城管精细化考核系统应用后，将绩效考核落地难、考准难、考实难"三难"问题，依托"智慧城管"系统来评价。该系统通过"网上勤务、网上办案、网上督察、网上诉处、网上考核、专项执法、基础数据库及信息处理分析系统"七大模块，实现执法执勤、任务处理、法制办案、社区工作、投诉管理等业务项目24小时全天候痕迹化管理，通过系统生成的客观数据，为作出干部画像提供了有益尝试。

该系统整合分散的执法业务模块，灵活运用系统自动抓取和手动填报两种方式，可对每名一线执法队员每天、每月、季度、全年等任一时段进行考核打分。业务系统中留痕的数据可以自动抓取，系统外的数据可以根据实际管理要求手动导入模板，再由系统自动打分，这大幅简化考核内容，减轻队员负担，且加减分审核全程公开透明可追溯，队员可随时查看本人考核得分，以及本人在中队考核排名情况（图 10-16）。局考核领导小组通过该系统能够诊断出当前队员管理中存在的主要问题和薄弱环节，为队伍建设提供参考依据。

图 10-16　个人考核记录

虹口城管精细化考核系统的影响力在于价值激励。自系统使用以来，真正体现了两个激励导向：一是鼓励了一线队员多干多得。二是鼓励了中队加强管理提升效能。就干部个人而言，解决干与不干、干多干少、干好干坏一个样的问题。从更高层次看，依托这一考核机制，将确保城管执法队伍下沉之后分而不散，有助于队伍继续朝着规范化、法治化、专业化方向的发展。根据上海市城管执法局组织的城管执法工作社会满意度测评显示，虹口区局城管执法工作社会满意度在中心城区排名从 2016 年的第 8 位，上升至 2017 年的第 3 位，并在 2018—2020 年间连续三年名列中心城区第一。2019 年初，住房和城乡建设部全国市长研修学院授予该局"智慧城管精细化执法现场教学基地"称号;虹口"智慧城管"项目荣获"2019中国智慧政务创新成果奖"。

第四节 智慧执法督察

一、智慧执法督察有效解决执法督察业务难点

1. 对于领导来说,主要存在三个方面的督察工作痛点。一是执法督察任务追溯难。督察任务的执行情况很难及时进行跟踪和追溯。二是督察工作情况统计难、可视化程度低。各维度的执法督察工作开展和成效情况很难有效进行统计。三是不易对执法督察业务进行全局性的把控,缺少宏观层面的直观展现手段,对全局性的工作部署和计划制定带来不便。

2. 对于执法督察人员来说,主要存在四个方面的督察工作难点。一是现场督察信息记录难。督察现场信息记录效率低下,存在信息错误录入风险。二是问题发现被动化,缺少智能化主动发现手段。督察问题发现依靠被动巡查,城管督察队员资源不能做到"有的放矢"。三是发现问题上报、派发不及时,实时性差。督察问题上报和派发方式效率低下,往往错过最佳处理时间,导致问题严重化。四是督察计划制定难、下发效率低。督察计划制定容易存在"经验主义",不利于督察工作的高效开展。

二、智慧执法督察机制设计

1. 规范执法督察流程。制定统一的执法督察工作流程。

2. 统一执法督察内容。一是实效督察,针对街面和小区实际管理效果的实效督察;

二是行为督察，针对城管执法队员行为规范的督察；三是专项督察，主要针对领导交办的特定事项、重复投诉等特定问题的专项督察；四是办案质量督察，主要针对办理案件的规范性进行督察，以保证案件质量，降低行政复议和行政诉讼的风险。

3. 明确督察标准。建立督察标准规范库，通过信息化手段支撑，为督察员提供便捷、高效、直观的督察标准参考。

4. 呈现督察数据。将督察数据与办案、勤务、投诉件、绩效等数据进行融合，通过大数据分析后以动态、丰富、创新的可视化效果进行呈现，便于对督察工作的情况进行总体掌握和把控。

5. 形成督察建议。通过数据分析，罗列相关问题及建议措施，自动生成督察建议书，通过后续跟进监管，将督察工作的重点从前期发现延伸到后续推进、效果跟踪、后评估等环节。

三、智慧功能应用

1. 督察全过程管理。覆盖计划目标、问题登记、任务下发、反馈复查的督察全过程管理，实现业务闭环。

2. 个人督察应用矩阵。督察计划、督察任务、督察地图、督察日志、信息上报、消息中心等组成的个人应用矩阵。

3. 督察数据分析，提供多维度的督察数据统计分析及可视化呈现。

4. 通过功能应用实现。

（1）督察工作"4A"化。即 Anywhere、Anytime、Anyone、Anyway。通过智能移动端应用，对督察工作的目标、结果、责任、时效进行清晰下达与督办，减少督察人员重复操作。

（2）督察工作全程可视化。各类督察任务执行进度查看，定时自动更新、自动统计，任务可穿透跟踪，直接反映进度，强化评价考核，加强审计督察。

（3）督察信息可溯化。督察跟踪异地化，上级领导可向下级单位多层追溯，全面展示督察工作多级办理情况。

第五节　非现场执法

一、非现场执法适用性

非现场执法是以车载视频、移动布控、固定探头等智能感知设备为视频发现源头，以智能分析预警为核心，城管监管对象为基础数据库，实现城管违法行为事件的智能识别和取证、非现场执法处置、非现场处罚、线上缴纳罚款等违法事件闭环处置流程。

非现场执法主要适用于发生数量多、重复性高、回潮性高、人力投入多、判定简单的违法行为，诸如跨门经营、占道洗车、占道设摊、工地监管、渣土运输等。

二、非现场执法实施条件与效果

1. 实施条件

非现场执法的实施需要一定的条件。实施的基础条件是智能设施设备和技术的运用（车载视频设备、城管球机、第三方视频资源）。实施的核心条件是违法当事人信息的真实完整，监管对象信息数据库的建设和维护以及当地立法的支撑。

2. 实施效果

（1）非现场执法能够有效解决城管执法人员人手紧张的问题，让执法工作由传统的人海战术变为人机交互模式。

（2）拓宽发现机制，全天候全时段办案。对于回潮性特别强的违法行为，诸如跨门营业、占道洗车、乱设摊、渣土车等，有效降低了人力消耗。

（3）执法模式变革，人力密集型转向人机交互型。通过非现场执法，城管执法方式也有了进一步转变，初步实现由传统的人力密集型向人机交互型转变。

（4）提高办案效率、提升执法实效。从人工拍照取证，到制作现场检查笔录，再到开具行政处罚决定书平均需要 27 天；非现案件从发现到审核到履行完毕平均耗时小于 4 天，相比传统办案模式效率大幅度提升。

（5）街面信访投诉量下降，百姓满意度大幅提升。非现场执法前后对比，街面类信访投诉同比下降 16％。

三、非现场执法实施措施

（一）非现场执法公告

做好非现场执法的相关公告，需要对非现场执法事项、电子监控设备及其覆盖区域进行公告，让社会提前知悉非现场执法的相关事宜。

（二）执法对象纳管

在执法对象库的基础上进行执法对象纳管，即确定对象信息，在此基础上与该对象签订纳管协议，在协议中明确非现场执法的相关条例和规则并与执法对象达成一致，并与执法对象建立信息沟通渠道，进行手机等通信方式的绑定，以确保后续的各类提醒和告知信息能够及时准确地送达。

（三）违法行为非现发现

充分运用 AI 智能算法，对执法对象的违法行为进行智能识别并预警，对违法行为进行取证和留存,并将预警信息分发至相关部门。

(四) 违法行为非现处置

对于发现的违法行为,进行违法对象的确认,然后通过短信、AI 智能语音电话的形式将相关提醒和告知信息传递至违法对象,进行违法行为的告知和确认并要求其进行整改。违法对象在收到整改信息后,按照相关要求进行整改,并将整改结果进行反馈。执法部门在收到整改反馈后可以进行线上的整改复核,从而形成违法行为从发现到处置的业务闭环。

(五) 违法行为非现处罚

对于发现的需要进行行政处罚的违法行为,则进入行政处罚程序,进行立案查处。在线进行行政处罚的相关流程操作。

四、应用典型案例:杨浦城管"AI 车巡"

杨浦区城市管理执法局(以下简称杨浦城管)组建了智能执法巡逻车队,实现对沿街商户跨门经营、占道设摊、占道堆物、乱晾晒、乱堆物等违法行为的智能发现,巡逻车行驶在路上,车载摄像头拍摄商家的行为,如果发现有违法行为,系统会自动判定并进行预警。区城管执法局指挥中心实时核实商户信息,并及时发送提醒短信与语音电话,告知店铺进行整改。10 分钟后,店铺根据短信提示,完成整改和反馈。

这样的"车巡"+AI 自动识别,已经成为杨浦城管指挥中心每天的工作常态。通过前端智能发现设备自动甄别、固定违法证据,对商户进行短信、语音告知提醒的同时,同步安排执法人员进行处置,充分发挥问题快速发现、快速处置的优势,助力杨浦城管治理工作的高效开展(图 10-17)。

图 10-17 智能执法

第六节　执法对象分类分级监管

一、执法对象监管工作难点

1. 监管对象数量多、领域广。执法对象监管是城市管理工作中的一项重要内容，监管对象数量众多，而且经营活动涉及到各行各业，给城管监管工作带来较大的挑战。

2. 对象监管内容多、专业性强。不同领域的监管内容差异性大，且部分领域监管的专业性较强，城管在日常巡查和监管中，缺乏有效的机制和手段来辅助城管队员的常态化监管工作。

3. 对象监管工作量大、缺乏重点。城管在日常监管巡查中，需要进行全面的排查，"胡子眉毛一把抓"，没有重点和针对性，工作量大且效果差，低效率地消耗了有限的城管资源。

4. 监管缺乏联动机制，监管效果差。监管过程中需要进行相关的联动，包括数据的联动、业务的联动等，只有这样才能提升监管的效率和效果。

二、执法对象监管机制设计

1. 建立常态化监管和服务机制。通过建立监管对象常态化监管和服务机制，融入服务理念，嵌入监管要求，明确监管策略，有效保证监管对象管理的高效化、精细化。

2. 建立"一店一档一码"数据库。数据是一切管理的基础，通过建立"一店一档一码"数据库，实现监管对象信息的全面采集、记录、分析和应用，实现监管和服务全过程、全要素信息的实时留痕入库。

3. 建立监管对象分类分级机制。通过建立监管对象分类分级机制，不同类型的监管对象有着不同的监管内容和监管要求，不同级别的监管对象有着差异化的监管策略和监管建议，从而有效保证将有限的城管资源发挥出最大的管理效能。

4. 建立监管对象良性互动机制。传统的单向强加型管理模式已经不能适应城市治理的要求，通过建立监管对象良性互动机制，积极鼓励监管对象主动参与到其自身的管理活动中，通过推动监管对象的自治、共治来提升管理效果。

三、智慧化功能应用

1. 监管对象信息管理。对监管对象的信息进行全方位的管理，包括基本信息、服务信息、管理信息、巡查信息、违法信息、信用信息等。

2. 监管对象巡查管理。在对监管对象巡查过程中，支持对监管对象的基本信息核查、巡查信息登记，管理信息、违法信息、信用信息的查询等功能。

3. 监管对象自查管理。监管对象在自查过程中，支持监管对象自查信息上报、整改情况上报、管理情况上报等功能。

4. 监管对象信用评价管理。在对监管对象的信用管理过程中，支持监管对象信用评价、信用评级、红黑名单管理、信用激励及联合惩戒等功能。

5. 监管对象分类分级监管。在对监管对象的分类分级监管过程中，支持监管对象分类、分级、分级监管策略、分级监管建议等。

6. 智慧监管功能的应用效果。

（1）有效落实"721"工作法。能够有效落实七分服务、二分管理、一分执法的工作方法，在监管过程中，提升服务理念，变被动管理为主动服务，变末端执法为源头治理，通过加强对监管对象的服务来提升管理和执法效果。

（2）实现精准监管。在城管人力、物力、财力等资源有限的情况下，能够有效实现重点领域精准监管、重点对象精准监管、重点问题精准监管，有效提升城管资源使用效率和工作效果。

（3）实现监管对象自治共治。摆脱传统的基于行政命令的单一强加型管理模式，一方面加强对监管对象的服务，另一方面让监管对象参与到城管部门对其的管理活动中，实现监管对象积极主动加强自身管理，不需要外部力量的强加，实现监管对象自治和共治。

（4）实现监管对象良性互动。通过 AI 智能呼叫技术主动告知监管对象相关信息，通过短信智能发送技术主动提醒监管对象相关信息，监管对象根据告知和提醒信息及时进行整改活动、办理相关手续，并通过系统主动上报反馈相关信息，实现城管与监管对象的良性互动。

（5）实现监管对象全要素监管。对监管对象的监管内容较多，通过监管对象数据库的建立，能够实现对监管对象全方位、全要素、常态化的监管和服务。

（6）实现监管全过程留痕。能够实现城管部门在进行监管和服务的过程中，所产生的监管内容、监管结果、服务内容、服务满意度等大量的过程数据实时留痕在系统中，做到可追溯、可统计、可分析。

四、应用典型案例：上海市城管执法对象监管系统

按照《国务院办公厅关于推广随机抽查规范事中事后监管的通知》（国办发〔2015〕58号）和《上海市城管执法系统日常执法随机抽查工作实施方案》（沪城管执〔2016〕147号）要求，加强"双随机一公开"工作的信息系统建设。上海市城市管理行政执法局于 2020 年建设了执法对象监管系统。

系统主要依托市大数据中心的政务数据共享交换工作机制，通过自建数据和共享数据的方式，建设了沿街经营单位、餐厨垃圾、废弃油脂、生活垃圾分类、建筑工地、小区及物业、沿街广告设施、店招店牌、灯光设施、夜间施工许可、出租车营运、优秀历史保护建筑、房地产经纪机构及人员、房地产开发企业等22个全市城管执法监管对象数据库，同时系统基于对象数据，开发了"双随机一公开"、集中整治和分类分级监管三大应用。

通过执法对象监管系统（图10-18）的建设应用，建立和完善了抽查对象信息库和执法人员信息库；同时各级城管执法部门科学制定抽查计划，实现抽查对象、抽查人员的"双随机"；上海城管还探索与"智慧城管勤务通"等平台的融合，规范随机抽查流程和抽查结果统计等工作，按季度公示全市城管执法系统随机抽查情况和查处结果，提高随机抽查的工作效能。

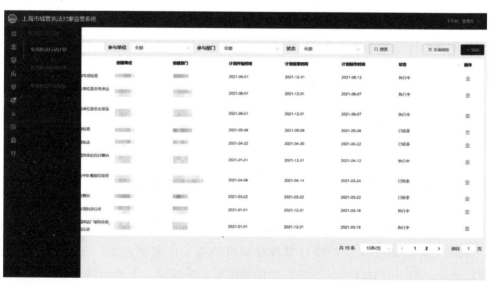

图10-18 执法对象监管系统

同时对所有的对象进行分级分色（图10-19），采用差异化的监管策略。

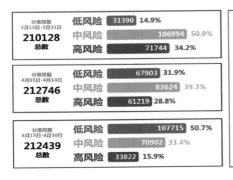

图 10-19　分级分色